NTOA 9

Onuki • Gnosis und Stoa

NOVUM TESTAMENTUM ET ORBIS ANTIQUUS (NTOA)

Im Auftrag des Biblischen Instituts
der Universität Freiburg Schweiz
Herausgegeben von Max Küchler
in Zusammenarbeit mit Gerd Theißen

Zum Autor:

Takashi Onuki, geb. 1945 in Hamamatsu/Japan, studierte in Tokio Religionssoziologie, klassische Philologie (B.A. 1968) und neutestamentliche Wissenschaft und Patristik (M.A. 1972). Von 1974 bis 1976 arbeitete er bei Prof. Rudolf Schnakkenburg in Würzburg, von 1976 bis 1979 bei Prof. Ferdinand Hahn in München (Dr. theol.). Seit 1980 lehrt er an der Tokyo Joshi Daigaku Universität.
Veröffentlichungen neben vielen Zeitschriftenaufsätzen vor allem: «Gemeinde und Welt im Johannesevangelium» 1984 und «Das Licht der Welt» 1984 (japanisch).

NOVUM TESTAMENTUM ET ORBIS ANTIQUUS 9

Takashi Onuki

Gnosis und Stoa

Eine Untersuchung zum Apokryphon des Johannes

UNIVERSITÄTSVERLAG FREIBURG SCHWEIZ
VANDENHOECK & RUPRECHT GÖTTINGEN
1989

CIP-Titelaufnahme der Deutschen Bibliothek

Onuki, Takashi:

Gnosis und Stoa: e. Unters. zum Apokryphon des Johannes / Takashi Onuki. – Freiburg Schweiz: Univ.-Verl.; Göttingen: Vandenhoeck u. Ruprecht, 1989

(Novum testamentum et orbis antiquus; 9)

ISBN 3-7278-0606-0 (Univ.-Verl.) Gb.

ISBN 3-525-53909-6 (Vandenhoeck u. Ruprecht) Gb.

NE: GT

Veröffentlicht mit Unterstützung des Hochschulrates
der Universität Freiburg Schweiz
und der Alexander von Humboldt-Stiftung, Bonn

Paulusdruckerei Freiburg Schweiz
Computersatz «LOGOS» D. Trobisch, Mannheim
ISBN 3-7278-0606-0 (Universitätsverlag)
ISBN 3-525-53909-6 (Vandenhoeck und Ruprecht)

INHALTSVERZEICHNIS

VORWORT

Die vorliegende Arbeit ist während eines Forschungsaufenthaltes an der Universität Heidelberg von August 1986 bis August 1987 entstanden. Sie widmet sich der gnostischen Schrift *Das Apokryphon des Johannes* und versucht nachzuweisen, daß ihr Abfassungszweck wesentlich von Polemik gegen stoische Lehrtraditionen bestimmt wurde. Dieses Interesse hat sich im Laufe ihrer Überlieferungsgeschichte sogar noch verstärkt.
Obwohl es äußerst interessant gewesen wäre, konnte die Rolle, die die mittelplatonische Lehrtradition als Vermittlungsglied dabei gespielt hat, nur am Rande berücksichtigt werden. Da die einschlägigen Quellen und die Forschungsliteratur in Japan sehr schwer zugänglich sind, bleibt mir nur zu hoffen, daß ein anderer Zeit und Gelegenheit finden möge, dieser Fragestellung nachzugehen. Es würde mich sehr freuen.

Herr Prof.Dr.Gerd Theißen hat mir während des Forschungsaufenthalts fördernd beigestanden und das Manuskript zusammen mit Herrn Hubert Meisinger sprachlich überprüft. Dafür möchte ich ihnen an erster Stelle danken. Ebenso herzlich bedanke ich mich bei den beiden Sekretärinnen, Frau W.Schmidt-Thomée und Frau H.Wolf, die aus der schwierigen Vorlage eine lesbare und korrekte Reinschrift fertiggestellt haben und bei Herrn Dr.David Trobisch, der die Erstellung der Druckvorlage ermöglichte. Auch Kollegen und Freunden in der neutestamentlichen Sozietät und dem Dekanat sei mein Dank ausgesprochen für ihr freundliches Entgegenkommen. Meine beiden Lehrer, Herr Prof.Dr.R.Schnackenburg (Würzburg) und Herr Prof.Dr. F.Hahn (München) haben auch diesmal den Forschungsaufenthalt helfend unterstützt. Dafür bin ich ihnen zu herzlichem Dank verpflichtet.

Der Alexander Humboldt-Stiftung gebührt mein bester Dank nicht nur für das Forschungsstipendium, sondern auch für den großzügigen Druckkostenzuschuß, mit dem diese Publikation erst möglich wurde. Ebenso herzlich danke ich Herrn Prof.Dr.M.Küchler (Fribourg/Schweiz) für die Aufnahme der Arbeit in die Reihe "Novum Testamentum et Orbis Antiquus".

Iruma bei Tokio

April 1988
Takashi Onuki

ABKÜRZUNGSVERZEICHNIS

I. Die Abkürzungen der Theologischen Realenzyklopädie (zusammengestellt von S.Schwertner), Berlin 1976 gelten für:

1. kanonische Bücher des Alten und des Neuen Testaments
2. außerkanonische Schriften neben dem Alten und Neuen Testament einschließlich der Schriften von Qumran und Philo von Alexandrien
3. rabbinische Schriften
4. Zeitschriften, Serien, Lexika, Quellenwerke

II. Die vier Versionen des "Apokryphon des Johannes" werden jeweils abgekürzt:

AJ II	=	Nag Hammadi Codex II 1,1-32,9
AJ III	=	Nag Hammadi Codex III 1,1-40,11
AJ IV	=	Nag Hammadi Codex IV 1,1-49,28
AJ BG	=	(Papyrus) Berolinensis Gnosticus 8502, 19,6-77,7

Die Seiten- und Zeilenangabe richtet sich nach den koptischen Manuskripten.

III. Für die sonstigen Nag Hammadi-Schriften, die in der vorliegenden Arbeit erwähnt werden, gelten die folgenden Abkürzungen. Die Angabe des Codexbandes und der Traktatennummer richtet sich nach J.M.Robinson (ed.), The Nag Hammadi Library in English, Leiden/New York 1977, XIII-XV

ActPt	Die Taten des Petrus und der zwölf Apostel	(NHC VI,1)
ÄgEv	Das Ägypter-Evangelium	(NHC III,2; IV,2)
Allog	Allogenes	(NHC XI,3)
ApcAd	Die Apokalypse des Adam	(NHC V,5)
1ApcJac	Die erste Apokalypse des Jakobus	(NHC V,3)
2ApsJac	Die zweite Apokalypse des Jakobus	(NHC V,4)
ApcPl	Die Apokalypse des Paulus	(NHC V,2)
ApcPt	Die Apokalypse des Petrus	(NHC VII,3)
Askl	Asklepios	(NHC VI,8)
AuthLog	Authentikos Logos	(NHC VI,3)
Dial	Der Dialog des Erlösers	(NHC III,5)
EpPt	Epistula Petri ad Philippum	(NHC VIII,2)
Eug	Eugnostos, der Selige	(NHC III,3;V,1)
EV	Evangelium Veritatis	(NHC I,3;XII,2)

EvMar	Das Evangelium nach Maria	(BG 1)
EvPhil	Das Evangelium nach Philippus	(NHC II,3)
EvThom	Das Evangelium nach Thomas	(NHC II,2)
ExAn	Die Exegese über die Seele	(NHC II,6)
HA	Die Hypostase der Archonten	(NHC II,4)
Inter	Die Interpretation der Gnosis	(NHC XI,1)
LibThom	Das Buch des Thomas	(NHC II,7)
2LogSeth	Der zweite Logos des großen Seth	(NHC VII,2)
Marsanes		(NHC X,1)
Melch	Melchisedek	(NHC IX,1)
Nebr	Nebront oder Vollkommener Verstand	(NHC VI,2)
Noêma	Der Gedanke unserer großen Kraft	(NHC VI,4)
Norea	Der Gedanke der Norea	(NHC IX,2)
OgdEnn	De Ogdoade et Enneade	(NHC VI,6)
Or	Oratio	(NHC VI,7)
ParSem	Die Paraphrase des Sêem	(NHC VII,1)
Protennoia	Die dreigestaltige Protennoia	(NHC XIII,1)
Rheg	Der Brief an Rheginus über die Auferstehung	(NHC I,4)
Silv	Die Lehren des Silvanus	(NHC VII,4)
SJC	Die Sophia Jesu Christi	(BG 3; NHC III,4)
StelSeth	Die drei Stelen des Seth	(NHC VII,5)
TracTri	Tractatus Tripartitus	(NHC I,5)
UW	Vom Ursprung der Welt	(NHC II,5; XIII,2)
Zostr	Zostrianus	(NHC VIII,1)

IV. Die stoischen Lehrüberlieferungen werden, wenn nicht anders vermerkt, immer aus Johannes von Arnim, Stoicorum Veterum Fragmenta, 4Bde (1903-1924), Nachdr. Stuttgart 1968 zitiert. Ihre deutschen Übersetzungen stammen, ebenfalls wenn nicht anders vermerkt, vom Autor der vorliegenden Arbeit selbst, was auch für übersetzte Zitate der nicht stoischen antiken Werke gilt.

SVF I	= Volumen I :	Zeno et Zenonis Discipuli
SVF II	= Volumen II :	Chrysippi Fragmenta Logica et Physica
SVF III	= Volumen III:	Chrysippi Fragmenta Moralia, Fragmenta successorum Chrysippi
SVF IV	= Volumen IV :	Indices (ed.M.Adler)

V. Für die sonstigen antiken Autoren und ihre Werke gelten grundsätzlich die Abkürzungen von "Lexikon der Alten Welt", Zürich/Stuttgart 1965, Sp.3439 - 3464.

KAPITEL 1: VORBEMERKUNG

1.1: Das Problem

In der Spätphase des Hellenismus war Philosophie zu einer Mode geworden. Darüber klagt Zeus in einem Dialog Lukians:

"Heutzutage ... siehst du ja überall nichts als Mäntel, Stecken und Schnappsäcke, allenthalben nichts als lange Bärte und ein Buch unterm Arm; alles philosophiert für dich; auf allen Promenaden stoßen sie zu ganzen Scharen und Phalanxen aufeinander; da ist keiner, der nicht auch für einen Zögling der Tugend angesehen sein will. Nicht wenige werfen sogar die Profession von sich, die sie bisher getrieben haben, greifen nach dem kynischen Mantel und Tornister, lassen sich an der Sonne zu Mohren brennen und ziehen nun als Leute, die aus Schustern und Zimmergesellen plötzlich zu Philosophen geworden sind, in der Welt herum und verkündigen deine Tugenden. Kurz, es wäre leichter, daß einer, der in einem Schiffe fällt, nicht auf Holz stieße, wie das Sprichwort sagt, als daß ein Auge, wohin es auch sieht, einen Philosophen verfehlen könnte."[1]

Lukian schildert hier seine eigene Zeit. Dieselbe Lage persifliert er in einem anderen Dialog, der zurecht mit "Versteigerung der Philosophie" überschrieben werden könnte. Von der ganzen Palette der griechischen Philosophien ist es die stoische, die darin am ausführlichsten behandelt wird. Sie wird deshalb nicht von ungefähr mit folgenden Worten von Hermes zur Versteigerung (auctio) aufgerufen:

"Gut! Ich merke schon eine Weile, daß viele Lust zu ihm haben und bloß auf ihn warten. Hier, meine Herren, biet' ich die Tugend selbst aus - einen Mann, an dem gar nichts auszusetzen ist. Wer hat Lust, alles allein zu wissen?"[2]

So, wie es hier ironisch geschildert wird, ist für die Situation des griechischen Geistes im 2.Jhdt. n.Chr. die stoische Philosophie nicht wegzudenken. Ganz im Gegenteil: sie war und blieb die führende und herrschende Philosophie zu jener Zeit, die freilich noch nichts vom kommenden Neuplatonismus wußte. Gerade deshalb hat Jonas die von ihm sogenannten "revolutionären Züge" des mythologischen Gnostizismus nicht nur auf dem Hintergrund der alttestamentlich-jüdischen Schöpfungslehre aufzuklären versucht, sondern

---

[1] Zitat bei Lukian, "Der doppelt Angeklagte" in: ders., Sämtliche Werke, übers. von G.M.Wieland, bearb. u. erg. von H.Floerke, 5 Bde, Berlin 1922 (2.Aufl.), Bd.V, 176-208, hier bes. 182.

[2] Zitat bei Lukian, "Der Verkauf der philosophischen Sekten" in: ders., a.a.O., Bd.I, 301-326, hier bes. 318.

ebenso auf dem Hintergrund der stoischen Philosophie.[3]

Erst im Vergleich zu ihrer theologia naturalis, die - um mit Jonas zu sprechen - durch "Weltheimischkeit", "innerweltlich-autarke Metaphysik" und "große innerweltliche Daseins-Sicherheit" gekennzeichnet ist,[4] tritt das revolutionäre Element des gnostischen antikosmischen Dualismus als solches kontrastreich hervor. Diese Erkenntnis gehört m.E. zu den eindrucksvollsten und größten Verdiensten der epochemachenden Arbeit von Jonas.

Um so merkwürdiger ist es, daß in der neueren Gnosisforchung trotz intensiver Beschäftigung mit den Nag-Hammadi-Schriften und trotz vieler Bemühungen, die religions- und geistesgeschichtlichen Voraussetzungen der jeweiligen Schriften weiter zu erhellen, die stoische Lehre weitgehend unberücksichtigt blieb. Das sieht man am deutlichsten an den beiden eingehenden Forschungsberichten von K. Rudolph (bis 1973)[5] und C. Colpe (bis 1982).[6] Obwohl die Überschrift des Berichts von Colpe eine Behandlung dieses Themenkreises erwarten läßt, taucht er kaum auf. Bei K. Rudolph ist zwar dem Themenkreis "Platonismus und Gnostizismus" ein gesonderter Abschnitt gewidmet,[7] aber von unserer Thematik ist nirgends die Rede. Es scheint, daß die Forschung hier in eine gewissen Engführung und Einseitigkeit geraten ist.

Ein so großer Kenner wie Rudolph selbst ist davon nicht frei, wenn er in seinem eigenen Gnosisbuch, übrigens dem fast einzigen umfassenden Werk seit Jonas, die ganze "kaiserzeitliche Philosophie" mit dem Mittelplatonismus gleichsetzt und nur in ihm den griechisch-philosophischen Beitrag zum Gnostizismus sehen will.[8] Im ganzen Buch sucht man vergebens nach einer Aussage über die Stoa.

Die Wichtigkeit des genannten Themenkreises "Platonismus und Gnostizismus" ist freilich unbestritten. Geht es aber, wie Rudolph auf Anregung von H. J. Krämer, "Der Ursprung der Geistmetaphysik" (Amsterdam 1964), zum Schluß formuliert, "nicht primär darum, die Genese des Gnostizismus als sol-

---

[3] Vgl. H.Jonas, Gnosis und spätantiker Geist, Göttingen 1964 (3.Aufl.), 141-146: "Die Situation des griechischen Geistes (Stoa)". Jonas bezeichnet hier (142) die Stoa als "die allgemeine Philosophie der Gebildeten während einer langen Epoche und speziell in ihrer Physikotheologie, d.h. in ihrer makrokosmischen Weltauslegung."

[4] Zitate bei Jonas, a.a.O. 141.142.143.

[5] K.Rudolph, Gnosis und Gnostizismus. Ein Forschungsbericht, in: ThR 34 (1969) 121-175. 181-231. 358-361; 36 (1971) 1-61. 89-124; 37 (1972) 289-360; 38 (1974) 1-25. Vgl. auch die neueren Fortsetzungen in ThR 42 (1977) 279-359 und 50 (1985) 1-40.

[6] C.Colpe, Heidnische, jüdische und christliche Überlieferung in den Schriften aus Nag Hammadi, I in: JAC 15 (1972) 5-18, II: 16 (1973) 106-126, III: 17 (1974) 109-125, IV: 18 (1975) 144-165, V: 19 (1976) 120-138, VI: 20 (1977) 149-170, VII: 21 (1978) 125-146, VIII: 22 (1979) 98-122, IX: 23 (1980) 108-127, XI: 25 (1982) 65-101.

[7] K.Rudolph, ThR 38 (1974) 12-25.

[8] K.Rudolph, Die Gnosis. Wesen und Geschichte einer spätantiken Religion, Leipzig/Göttingen (1977) 1980 (2.Aufl.), 301f.

chen mit dem Platonismus zu verbinden, sondern um sachgemäße Relationsbestimmung der im Gnostizismus verarbeiteten philosophisch-griechischen Tradition, die ihn mit dem "Zeitgeist" trotz aller Protesthaltung verbindet",[9] so muß der Stoizismus einen Anspruch auf eine gleichartige Relationsbestimmung erheben, zumal auch die vielen antignostischen Kirchenväter, angefangen mit den apostolischen Vätern über Justin bis Irenaeus, sich ohne Berücksichtigung des Stoizismus kaum verstehen lassen.[10]

---

[9] Zitat bei K.Rudolph, ThR 38 (1974) 24.

[10] In diesem Zusammenhang sei zu den sehr eigenständigen Untersuchungen von H.Langerbeck, Aufsätze zur Gnosis, aus dem Nachlaß hrsg. von H.Dörries, Göttingen 1967 kurz angemerkt: Grundsätzlich wird hier die Gnosis - worunter stets die alexandrinische Gnosis von Basilides und Valentin verstanden wird (vgl. S.45) - im Rekurs auf A.von Harnack und dessen bekannte These, Gnosis sei eine "akute Hellenisierung des Christentums" interpretiert. Sie wird, diese These weiter einengend, als akute Platonisierung des - vor allem paulinischen - Christentums verstanden (vgl. v.a. 29. 37. 46. 81f.). Die Stoa wird nur am äußersten Rand und nur im Sinne des "Vulgärstoizismus" (23) oder eines verdorrten Fatalismus (77f.) erwähnt. Die Art und Weise, wie H.Jonas das akosmisch-weltfeindliche Seinsverständnis der Gnosis der Weltheimischkeit des griechischen Geistes gegenüberstellt, ist, nach Langerbeck aus zwei Gründen grundsätzlich falsch; einmal deshalb, weil das "immanente" Weltbild des Vulgärstoizismus nicht ohne weiteres mit dem der großen, klassischen Geister des Griechentums (sc. Platos und Aristoteles) zu identifizieren sei (23), zum anderen weil der von Jonas so hervorgehobene "Dualismus" der Gnosis eine "vulgäre Vergröberung" ihrer Klassiker - eines Basilides oder eines Valentin - darstelle, genauso wie "der Vulgär-Platonismus" eine gleichartige dualistische Vergröberung des streng monistischen Idealismus des Platons sei (61f). Die Herleitung der Gnosis aus dem Orient, die nach Langerbeck auch noch bei Jonas vorhanden ist, wird als Erbe der Romantik kritisiert (31). Man wird jedoch fragen dürfen, ob es nicht eine andere Art Romantik ist, wenn Langerbeck sich nur an großen Klassikern wie Platon und Aristoteles für die griechische Philosophie, und an Basilides und Valentin für die Gnosis orientiert. Hier ist eine Maxime der Harnackschen Dogmengeschichte erneut, wenn auch auf einem anderen Gebiet am Werk: Das Wertvollste stehe am Anfang und was danach folgt, sei "ein Verfallsprozeß" (23). Infolgedessen kommt für Langerbecks Gnosisforschung der "Vulgärstoizismus", weil er die "äußerste Randerscheinung eines Verfallsprozesses" ist, kaum in den Blick.
Daß Langerbeck die neu gefundene Quelle nicht genug berücksichtigen konnte, ist freilich zeitbedingt. Aber seine Grundvoraussetzung, es habe vor den großen Klassikern der alexandrinischen Gnosis keine Gnosis als ein "strukturelles Ganzes" gegeben (45), ist so nicht mehr haltbar. Das dem AJ zugrundeliegende System ist nach der opinio communis der neueren Forschung auf jeden Fall jüdischen, d.h. außerchristlichen Ursprungs und enthält einen profilierten weltfeindlichen Dualismus. Von hier aus betrachtet, muß die Gnosis eines Basilides und eines Valentins als monistische Abmilderung bezeichnet werden. Trotzdem ist die Forderung Langerbecks, bei der Gnosisforschung die antike Philosophie mehr zu berücksichtigen, grundsätzlich berechtigt, wenn man dabei unter der "antiken Philosophie" auch den "Vulgärstoizis-

Es gibt meines Wissens nur eine Arbeit, die diese Thematik für die gesamte Nag-Hammadi-Forschung programmatisch anschneidet: A. Böhlig, Die griechische Schule und die Bibliothek von Nag-Hammadi (1975).[11] Er rechnet neben dem besonderen Einfluß von Platonismus und Pythagoreismus mit einem ebenso starken des Stoizismus, indem er skizzenhaft einzelne stoische Elemente in den verschiedenen Schriften von Nag-Hammadi herausarbeitet.

Diese allgemeine Situation der Forschung spiegelte sich bis vor kurzem auch in der Forschung zum Apokryphon des Johannes (=**AJ**) wider. Es ist von vorneherein unwahrscheinlich, daß eine so systematisch durchdachte Lehrschrift wie das **AJ** - sie wird von W. Till mit Recht als "Kompendium der gnostischen Lehre" bezeichnet[12] - keine Stellungnahme zur führenden Philosophie der Zeit aufweist. So fällt z.B. gleich nach Beginn des eigentlichen Erlösungsmythos inmitten von Sätzen mit einer theologia negativa die Aussage auf, das höchste Wesen sei weder körperlich (σωματικός) noch körperlos (III 5,10f/BG 24,16f // II 3,22f/IV 5,7f). Diese Aussage kann man kaum verstehen, ohne von der stoischen Lehre zu wissen, die alles Seiende als Körper ansah, und die Gegenthese der Akademie sowie der Peripatetiker zu kennen.[13] Der umfängliche Kommentar von S. Giversen (1963) sagt zu dieser Stelle jedoch nichts und geht auch sonst nirgendwo auf ein mögliches Verhältnis dieser Schrift zur Stoa ein, so daß unter seinem Register das Wort "Stoa" oder "stoisch" kein einziges Mal auftaucht[14]. Ähnliches ist auch beim neueren Kommentar von A. Werner (1977) der Fall.[15] Obwohl er häufig von

---

mus" mit einzuschliessen bereit ist.

[11] In: ders./F.Wisse, Zum Hellenismus in den Schriften von Nag Hammadi, Wiesbaden 1975 (GOF Reihe VI, Bd.2) 1-53. Bereits in seinen früheren Aufsätzen über "Die gnostische Schrift ohne Titel" (NHC II,5) hat er flüchtig auf eine polemische Spitze u.a. gegen die stoische Philosophie hingewiesen. Vgl. jetzt ders., Mysterion und Wahrheit, Leiden 1968, 122. 124. 137 und auch ders./P.Labib, Die koptisch-gnostische Schrift ohne Titel aus Codex II von Nag Hammadi im koptischen Museum zu Alt-Kairo, Berlin 1962,20. Für "Die Lehren des Silvanus" (NHC VII,4) betont J.Zander einen weitgehend stoischen Einschlag; ders., Die Lehren des Silvanus. Stoischer Rationalismus und Christentum im Zeitalter der frühkatholischen Kirche, in: M.Krause (Hg.), Essays on the Nag Hammadi Texts in honour of A.Böhlig, Leiden 1972 (NHS III), 144-155 und "Die Lehren des Silvanus" als Teil der Schriften von Nag Hammadi und der Gnostizismus, in: M.Krause (Hg.), Essays on the Nag Hammadi Texts in honour of P.Labib, Leiden 1975 (NHS VI), 239-252.

[12] Zitat bei C.Schmidt/W.Till (Hg.), Koptisch-gnostische Schriften Bd.1, Berlin 1954 (=GCS 45, 2.Aufl.), XXV.

[13] Näheres darüber erst später in § 3.4.2.6 (am Ende).

[14] S. Giversen, Apocryphon Johannis. The Coptic Text of the Apocryphon Johannis in the Nag Hammadi Codex II with Translation, Introduction and Commentary, Copenhagen 1963 (AThD V).

[15] A.Werner, Das Apokryphon des Johannes in seinen vier Versionen synoptisch betrachtet und unter besonderer Berücksichtigung anderer Nag-Hammadi-Schriften in

der hellenistischen Popularphilosophie redet, bestimmt er diese nicht näher, so daß sie ziemlich vage bleibt.[16] Auch dort, wo er eigentlich ihren Grundstock präzisierend als stoisch zu bezeichnen hätte (dazu zählt auch die eben angeführte Aussage über das höchste Wesen), hat er sich leider fast immer darauf beschränkt, einen geistes- und religionsgeschichtlichen Zusammenhang mit Philo oder mit anderen Nag-Hammadi-Schriften v.a. von sethianischer Herkunft anzunehmen.[17] Infolgedessen gehen seine Ausführungen oft in eine falsche Richtung, wie wir noch sehen werden.

Um so beachtenswerter ist die Skizze von Böhlig. Er hat nämlich darauf hingewiesen, daß im bekannten großen Einschub des Codex II(15,29-19,12) die stoische Erkenntnis- und Affektenlehre übernommen worden ist.[18] Sein Hinweis bleibt aber skizzenhaft und bedarf vor allem einer philologisch eingehenderen Begründung. Dafür ist eine intensive Beschäftigung mit den überlieferten Fragmenten der Stoiker unumgänglich. Obwohl diese im neuesten Kommentar von M. Tardieu weitgehend durchgeführt worden ist, meinen wir, daß diese Arbeit einer Weiterführung bedürftig und fähig ist.[19] Die vorliegende Arbeit versteht sich als kleinen Beitrag dazu. Ihre Grundthese sei der Verständlichkeit halber hier vorausgeschickt, daß nämlich die Bezugnahme auf die stoische Lehre sich weder inhaltlich auf ihre Erkenntnis- sowie Affektenlehre, noch umfanggemäß auf den großen Einschub im Codex II beschränkt, sondern die ganze Schrift durchzieht und diese somit eine zusammenhängende Polemik gegen die Stoa einschließlich ihrer sonstigen Lehrbereiche wie Kosmologie, Psychologie und Eschatologie, wenn auch in je nach Lehrbereich unterschiedlicher Stärke, darstellt, ganz unabhängig davon, ob diese Polemik die einzige beabsichtigte ist. Am Ende der Arbeit werden wir ergänzend die Frage erörtern, durch welche Medien sich derjenige, der diese Polemik zuerst formuliert hat, sowie der Bearbeiter des Codex II mit der stoischen Lehre bekanntgemacht haben könnten. Welche Vermittlungsmöglichkeiten bestanden für sie in der Mitte des 2.Jhdts.n.Chr.?[20]

Auswahl erläutert, Diss.(Masch.) Berlin(Ost) 1977.

16 A.Werner, a.a.O., S.21.272.

17 A.Werner, a.a.O., S.21.140.

18 A.Böhlig, Zum Hellenismus, a.a.O., S.27-29. Es gilt übrigens heute als die opinio communis der Forschung, daß II 15,29-19,12/IV 24,21-29,22 ein sekundärer Zuwachs ist. Selbst S. Giversen, der sonst die Langversionen (II/IV) im Vergleich zu den Kurzversionen (III/BG) für ursprünglicher hält, meint für diesen Textteil genauso (a.a.O., 253f).

19 M.Tardieu, Écrits Gnostiques: Codex de Berlin (Sources Gnostiques et Manichéennes 1), Paris 1984, 239-345. Die Einleitung dieses Kommentars, in der die Überlieferungsgeschichte der Texte, die Quellen, die Entstehungsverhältnisse u.a. erläutert werden (ebd. 26-47), ist fast abenteuerlich hypothesenfreudig. Davon kann ich mich im weiteren nur distanzieren.

20 Bei der zeitlichen Datierung des AJ hat man zu bedenken: Erstens wurde diese

Schrift nach der opinio communis der gegenwärtigen Forschung erst sekundär verchristlicht. Zweitens hat noch vor dem Eintreten dieses Verchristlichungsprozesses - wie später (v.a. § 3.4.2.2) eingehender zu beweisen ist - ein Erweiterungsprozeß eines relativ einfachen Mythos eingesetzt, woraus sich der Erlösungsmythos des AJ in seiner uns jetzt vorliegenden Gestalt ergeben hat. Drittens überliefert Irenaeus, abgesehen von kleinen Abweichungen, denselben Mythos in Adv.Haer.I,29 bis zur Szene der Hybris des Jaldabaoth und der Reue seiner Mutter Sophia (III ?-21,15/BG 44,14-47,13 // II 13,7-14,13/IV 20,22-22,15).
Für einen Datierungsversuch muß man von dem zuletzt genannten dritten Punkt ausgehen. Irenaeus' Hauptwerk wird gewöhnlich auf 180-185 datiert. Außerdem lag ihm die genannte Partie des AJ in einer bereits unverkennbar verchristlichten Gestalt vor. Das zeigt sich eindeutig darin, daß bei Irenaeus der Name "Christus" als einer der Äonen im Pleroma dreimal auftaucht, obwohl Irenaeus keine Auskunft darüber gibt, ob seine Vorlage genauso wie die uns vorliegenden vier koptischen Versionen einen verchristlichten, dialogischen Rahmen besaß. Diese bereits eindeutig erfolgte Verchristlichung seiner Vorlage hindert uns daran, der Hypothese von H.M.Schenke Recht zu geben. Im Gegensatz zu C.Schmidt, der bereits den Inhalt des BG,2 kannte und aufgrund eines literarkritischen Vergleichs zwischen BG,2 und Irenaeus I,29 die These vertrat, daß Irenaeus bereits eine vollständige Version mit einer dem BG,2 vergleichbaren Länge besessen, aber nur den ersten Teil davon exzerpiert habe (Irenäus und seine Quelle in adv. haer I,29, in: Philothesia, Festschrift für P.Kleinert, Berlin 1909, 315-336, hier bes. 333f), meint Schenke nämlich genau umgekehrt: Irenaeus habe eine Schrift vorgelegen, die nur den ersten Teil des AJ, aber keinen zweiten Teil mit Anthropologie und Soteriologie enthielt (Nag-Hammadi Studien I, Das literarische Problem des Apokryphon Johannis, ZRGG 14/1962, 57-63). Irenaeus habe sie ganz exzerpiert. Gegen diese Hypothese und ihre Begründung hat bereits sein Schüler, A.Werner, Bemerkungen zu einer Synopse der vier Versionen des Apokryphon des Johannes, in: P.Nagel (Hg.), Studia Coptica, Berlin 1974 (BBA 45) 137-146, mit guten Gründen Zweifel angemeldet. Werner weist vor allem darauf, daß die systematische Paarung, die die Vorlage des Ireaneus für die Äonen im Pleroma vorgenommen hat, gerade nach den Kriterien, die Schenke anderweitig (Nag-Hammadi Studien III, Die Spitze des dem Apokryphon Johannis und der Sophia Jesu Christi zugrundeliegenden gnostischen Systems, ZRGG 14/1962, 352-361, hier bes. 358) zur Geltung brachte, als "eine Weiterentwicklung im Vergleich zum Text der koptischen Versionen des AJ" zu beurteilen ist, "wo die Äonen nicht in Paaren existieren" (a.a.O. S.145). Diesen berechtigten Einwänden schließen wir uns an und weisen außerdem noch darauf hin, daß eine Verchristlichung nur des ersten Teils des Mythos keinen plausiblen Sinn ergäbe. Eine Verchristlichung des AJ durch die sekundäre Einführung des Christus kann nur dann sinnvoll sein, wenn sie die ganze Schrift hindurch, also mit der christlichen Rahmenhandlung zusammen erfolgte, wie das in allen vier koptischen Versionen der Fall ist. Die Hypothese Schenkes würde ferner bedeuten, daß der Erweiterungs- oder Ausbauprozeß des relativ kurzen ersten Teils zu der uns jetzt vorliegenden Gestalt des Gesamtmythos zeitlich mit dem Verchristlichungsprozeß Hand in Hand vor sich gegangen wäre. Das scheint mir äußerst zweifelhaft. J.Doresse, der bereits 1948 eine fast gleiche Hypothese wie Schenke erwog, neigte deshalb zur Annahme des nicht-christlichen Charakters der Vorlage des

1.2: Methodisches

Das zuletzt Gesagte weist bereits auf eine methodische Problematik unserer Untersuchung: Da unsere Schrift in vier Versionen vorliegt, stellt sich die Frage, ob die besagte Polemik je nach Version in verschiedener Stärke vorliegt, und wenn ja, wie man sich das entstehungsgeschichtliche Verhältnis der vier Versionen - oder wenigstens der sogenannten Kurz- (BG/III) und Langversion (II/IV) - zueinander vorzustellen hat. Angesichts dieser Textlage empfiehlt es sich, methodisch zuerst von dem Textteil auszugehen, in dem die Polemik am deutlichsten zu erkennen ist, um dann im nächsten Schritt unsere Analyse auf andere Textteile sowie andere Versionen auszudehnen. Der oben genannte große Einschub muß also zum Ausgangstext gemacht werden - ein Textteil übrigens, der bis jetzt sehr oft für eine Zusammensetzung disparater Elemente gehalten worden ist. Anschließend können wir unsere Frage weiter präzisieren: Stellt dieser große Einschub im Hinblick auf die ursprüngliche

---

Irenaeus, was mir sehr logisch und konsequent erscheint. Vgl. ders., Trois livres gnostiques inédits, VigChr 2 (1948) 137-160, bes. 158; Une bibliothèque gnostique copte découverte en Haute-Egypte, in: Académie Royale de Belgique, Bulletin de la classe des Lettres et des Sciences morales et politiques, 5ième Série. t. XXXV (1949) 435-449, bes. 440.

Einen dritten, gut gangbaren Weg scheint Werner angeschnitten zu haben. Von einem deutlich formgeschichtlichen Gesichtspunkt aus versteht er unter "Apokryphon" eine Art "Lektionar, das nach den Bedürfnissen der jeweiligen Gemeinde unterschiedlich gefüllt werden konnte" (a.a.O., 144). Daraus folgert er seine These: "Nimmt man aber an, daß er nur einen Teil des später vollständigen AJ benutzte, dann kann man ohne weiteres behaupten, er habe diesen Teil zu einem Zeitpunkt gehabt, an dem es anderswo längst eine vollständigere Version gab." (a.a.O. 145).

Da wir diese Ansicht von Werner für plausibel halten, kommen wir für die griechische und ursprünglich nicht-christliche Urfassung des AJ mit seiner uns jetzt in den koptischen Versionen vorliegenden Länge mindestens bis in die Mitte des 2.Jhdt.n.Chr. zurück. G.Quispel, Der gnostische Anthropos und die jüdische Tradition, ErJb XXII (1953) 195-234, bes. 197 hält eine Urfassung um 120 n.Chr. für möglich. Auch H.-Ch. Puech, Das Apokryphon des Johannes, in: E.Hennecke/W.Schneemelcher (Hg.), Neutestamentliche Apokryphen, Bd.1, Tübingen 1959 (3.Aufl.) 229-243, bes. 242 spricht sich für die erste Hälfte des 2.Jhdt.n.Chr. aus. Das schließt nicht aus, daß diese Fassung auf einzelnen noch älteren Vorstufen basiert. Aber nach vorne scheidet die Möglichkeit aus, daß der mit Plotin auftauchende Neuplatonismus in der ersten Hälfte des 3.Jhdt.n.Chr. als einer der polemischen Gegenpole des AJ in Frage käme. Seine bekannte Streitschrift "Gegen die Gnostiker" (Enneades II,9) und auch andere einzelne Traktate haben freilich von ihren Themen her sehr viel gemeinsam mit unserem AJ wie mit den gnostischen Schriften überhaupt. Diese Gemeinsamkeiten zu erhellen würde eine eigene Untersuchung erfordern mit einer anderen Fragestellung als der unsrigen. Vgl. dazu J.Zandee, The Terminology of Plotinus and of some gnostic writings, mainly the fourth treatise of the Jung Codex, Istanbul 1961 und H.J.Krämer, a.a.O., 223-264.

Verfassungsabsicht unserer Schrift einen Fremdkörper dar? Oder entspricht er dieser ursprünglichen Absicht, indem er nur expliziter zum Ausdruck bringt, was dieser Schrift von Anfang an innewohnte? Diese Fragestellung fordert somit eine weitgehend literarkritisch-philologische Behandlung der Texte.[21]

---

[21] Als Textgrundlage liegen der vorliegenden Arbeit für BG zugrunde: W.Till/H.M.Schenke (Hg.), Das Apokryphon des Johannes, in: dies., Die gnostischen Schriften des koptischen Papyrus Berolinensis 8502, Berlin 1972 (2.Aufl. = TU 60); für AJ II, III, IV: M.Krause/P.Labib (Hg.), Die drei Versionen des Apokryphon des Johannes im koptischen Museum zu Alt-Kairo, Wiesbaden/Le Caire 1962 (ADAI.K1) und für AJ II außerdem S.Giversen, Apocryphon Johannis. The Coptic Text of the Apocryphon Johannis in the Nag Hammadi Codex II with Translation, Introduction and Commentary, Copenhagen 1963 (AThD V). Für die Textkonjekturen und Übersetzungen der beiden letzten Texteditionen sind ständig die kritischen Rezensionen zu vergleichen: H.M.Schenke, in OLZ 59 (1964) Sp. 548-553; R.Kasse, Textes gnostiques. Remarques à propos des éditions récentes du Livre secret de Jean et des Apocalypses de Paul, Jacques et Adam, in: Muséon 78 (1965) 71-98 (bes. 73-76) und E.Lüddeckens, in: GGA 218, 1/2 (1966) 1-13.
Wie wir im Laufe der Untersuchung im einzelnen feststellen werden, sind die Übersetzungen von Krause und Giversen schon lange "revisionsbedürftig" (so Lüddeckens, a.a.O., 12 Anm.18). Als durchgehende Übersetzungen von allen Versionen sind seitdem erschienen: R.Kasse, Bibliothèque gnostique II-IV (Le Livre secret de Jean), RThPh 98 (1965) 129-155; 99 (1966) 165-181; 100 (1967) 1-30 und M.Tardieu, a.a.O., 83-166; vom Codex II F.Wisse, in: The Nag Hammadi Library in English (ed. by J.M.Robinson), Leiden/New York 1977, 98-116 und vom BG M.Krause, in: W.Foerster (Hg.), Die Gnosis, Bd.1, Zürich/Stuttgart 1969, 141-161.
Alle diese Übersetzungen werden im weiteren, auch wenn es nicht immer vermerkt wird, stets berücksichtigt, aber an den schwierigen Stellen, wo sie - teilweise aufgrund von Konjekturen - stark voneinander abweichen, werden wir im Rückgriff auf die Faksimile-Ausgabe des jeweiligen Codex (siehe das Literaturverzeichnis) eigene Entscheidungen treffen müssen. (A.Helmbold, The Apocryphon of John: A Text Edition, Translation and Biblical and Religious Commentary, Philadelphia 1961 war mir leider nicht zugänglich).
Bereits 1964 hat Schenke in seiner oben genannten Rezension (Sp.553) für die weitere Arbeit am AJ eine Synopse der vier koptischen Versionen und von Ireaneus, Adv.Haer. I 29 gewünscht und dabei vorgeschlagen, von der Seiten- und Zeilenordnung der originalen Texte abgehend, diese in Kapitel und Verse einzuteilen. Eine Verseinteilung wurde kurz danach für alle vier koptischen Versionen in der französischen Übersetzung von Kasse (1965-67, s.o.) so vorgenommen, daß alle Versionen auch synoptisch aufeinander bezogen wurden. Eine andere Synopse - ebenfalls mit Versen und dazu noch Kapiteleinteilung - wurde nach der Angabe von Werner (Das AJ, a.a.O., XI) bereits von ihm und P.Nagel fertiggestellt. Solange aber diese nicht erschienen ist, und ein Konsensus über solch eine Einteilung noch fehlt, müssen wir bei der bisher üblichen Seiten- und Zeilenangabe nach den koptischen Handschriften bleiben.

KAPITEL 2: DAS STOISCHE UND DIE GNOSTISCHE POLEMIK IM GROSSEN EINSCHUB DES CODEX II (15,29-19,12)

Die ersten zwei Drittel des großen Einschubes beinhalten bekanntlich eine anatomische Liste verschiedener Körperteile des Menschen, die durch angeblich 365 Engel aus den zuvor durch die sieben Kräfte des Jaldabaoth hervorgebrachten, psychischen Grundstoffen (II 15,13-23) her- und zusammengestellt werden. In diesem Teil läßt sich zu dem, was als eigentliche stoische Lehre überliefert ist, also den von Arnim zusammengestellten Stoicorum Veterum Fragmenta (SVF), nichts Entsprechendes feststellen. Für den religions- oder geistesgeschichtlichen Hintergrund dieses Teils muß man deshalb mit etwas anderem als dem Stoicismus rechnen. Darauf aber werden wir erst später (§ 2.3.4.) kurz zu sprechen kommen. Zunächst wollen wir uns dem nächst folgenden Textabschnitt (II 17,32-18,2) zuwenden, wo die stoische Erkenntnislehre thematisiert wird.

2.1: II 17,32-18,2 und die stoische Erkenntnislehre [1]

2.1.1: Der Befund des Textes und die Übersetzungen

Zum Ausgangspunkt nehmen wir die deutsche Übersetzung, die M. Krause 1962 dem von ihm selbst mitherausgegebenen koptischen Text beigelegt hat:

"Und die über die Sinneswarnehmungen (αἴσθησις) (herrschen) (sind) Archendekta; und der über die Aufnahme (ἀνάληψις) (herrscht ist) Deitharbathas; und der über die Vorstellung (φαντασία) (herrscht ist) Oummaa; und der über die He<ftig>keit (herrscht ist) Aachiaram; und der über die ganze Bewegung (ὁρμή) (herrscht ist) Riaramnachô."

Hier begegnen uns fünf Begriffe dicht nacheinander. Vier davon sind auch im koptischen Text mit den griechischen Wörtern angegeben: αἴσθησις, ἀνάληψις, φαντασία und ὁρμή. Nur der vierte Begriff in der Aufzählung (Heftigkeit) ist auf Koptisch geschrieben, aber wegen des Ausmaßes der lacuna, die etwa zwei Buchstaben umfaßt, ist eine Konjektur nötig. M. Krause und P. Labib haben hierfür ϫ<ⲱⲛ>ϥ vorgeschlagen, und auch S. Giversen ist

[1] Da der von Krause so mühsam wieder hergestellte Text des Codex IV auch im sog. großen Einschub (24,21-29,22) und auch sonst sehr lückenhaft ist, gilt unser Augenmerk im weiteren (bis § 2.4) dem vollständigeren Codex II.

wohl unabhängig davon zur selben Konjektur gekommen.[2] Sie scheint sich in der Forschung weitgehend durchgesetzt zu haben. Das koptische Wort ϫⲱⲛϥ wird jedoch unterschiedlich übersetzt. Da auch für die anderen griechischen Wörter die Übersetzung uneinheitlich ist, wollen wir zunächst die wichtigsten bisher gemachten Übersetzungsvorschläge in ihrer chronologischen Reihenfolge in einer Tabelle nebeneinander stellen:

	αἴσθησις	ἀνάληψις	φαντασία	ϫⲱⲛϥ	ὁρμή
KRAUSE (1961)	Sinneswahr-nehmungen	Aufnahme	Vorstellung	Heftigkeit	Bewegung
GIVERSEN (1963)	senses	understanding	imagination	harmony	motion
KASSE (1966)	sens-(moraux)	restauration (du souverin)/ assomption (de l'âme	phantasie	coïncidence	élan
BÖHLIG[3] (1975)	Sinneswahr-nehmungen	Aufnahme	Phantasie	συγκατάθεσις (Zustimmung zur Phantasie)	Trieb
WERNER[4] (1977)	Sinnesfähig-keiten	Wahrnehmung	Erscheinung	Erstreben	Erreichen
WISSE (1977)	senses	receptions	imagination	composition	impulse
TARDIEU (1984)	sensations	perception	imagination	assentiment	appetit tout entier

Aus der Tabelle ergibt sich, daß es nur für die Übersetzung von αἴσθησις einen gewissen Konsens gibt. Bei den anderen Wörtern differieren die Vorschläge erheblich. Das dürfte damit zusammenhängen, daß keiner der genannten Forscher außer Böhlig und Tardieu eine sachliche Entsprechung der fünf Begriffe zueinander annimmt.[5] Werner bemüht sich zwar um solch eine sachliche Zuordnung, versteht sie aber so, daß die letzten vier Begriffe vier Unterbegriffe des ersten Begriffes, der αἴσθησις (der Sinnesfähigkeiten),

---

[2] Vgl. die beiden Textausgaben zu II,17,35. Der Codex IV (27,23) läßt noch ganz flüchtig zwei Buchstaben erkennen, die tatsächlich so, wie Krause z.St. konjiziert hat, ⲛϥ lesen lassen. Kollationiert man das mit II 17,35, so ergibt sich die genannte Konjektur für die beiden Stellen mit ziemlich großer Sicherheit.

[3] A.Böhlig, Zum Hellenismus, a.a.O., 27f.

[4] A.Werner, Das AJ, a.a.O., 139f.

[5] Vgl. A.Böhlig, a.a.O, 28: "Wir haben hier alle Stufen des stoischen Erkenntnisvorganges vor uns, soweit dabei das Wirken der Seele beschrieben wird."

darstellen.[6]

Derselben Meinung scheint auch P. Nagel zu sein.[7] Wie wir noch sehen werden, verfehlt man so den Sinn unseres Textes. Ebenfalls in eine falsche Richtung weist der Vorschlag von Werner, ϫⲱⲛϥ im Sinne von "chance" zu übersetzen.[8]

Entscheidend für ein wichtiges Verständnis des Textes ist die Erkenntnis, daß von fünf Begriffen drei Termini, nämlich αἴσθησις, φαντασία und ὁρμή, zu den eindeutig stoisch "besetzten" Begriffen gehören. Die stoische Erkenntnislehre operiert zusätzlich zu diesen dreien nur noch mit zwei weiteren Termini, κατάληψις und συγκατάθεσις. Von diesen ist κατάληψις von der formalen Wortbildung her nicht sehr weit von ἀνάληψις in unserem Text entfernt. Daraus ergibt sich die Frage, ob im koptischen Wort ϫⲱⲛϥ eventuell ein Äquivalent zu dem einzig noch fehlenden Terminus συγκατάθεσις steckt. Leider gibt das Wörterbuch Crums unter ϫⲱⲛϥ keinen dafür passenden Sinn an.[9] Schlägt man jedoch in dem von Kasse angefertigten Supplementband oder im neueren Wörterbuch von Westendorf nach, so findet man als substantiven Wortsinn "Ordnen", "Regeln", "Harmonie" jeweils mit Belegen angegeben.[10] Da andererseits συγκατάθεσις, wenn man von der speziell stoischen Sinngebung zunächst einmal absieht, von seiner Wortbildung her die ungefähre Bedeutung "Zusammensetzung" hat, entspricht ihm der zuerst genannte Wortsinn von ϫⲱⲛϥ "Ordnen" ausgesprochen gut. Tatsächlich wird ϫⲱⲛϥ kurz vor Beginn des großen Einschubs in 15,27 im Sinne der Zusammensetzung der körperlichen Glieder und Gelenke gebraucht, während die Parallelstellen der Kurzversionen III 23,18f/BG 50,19 ⲥⲙⲓⲛⲉ im gleichen Sinne belegen.

Außerdem wird ϫⲱⲛϥ in den beiden anderen Belegstellen des Codex II, d.h. 9,33.35 (IV lacuna), über diesen materiellen Wortsinn hinaus fast synonym mit συνευδοκεῖν (9,32) und/oder ⲟⲩⲱϣ (9,34) verwendet. Vom Kontext her handelt es sich hier um das verfehlte Verlangen des untersten Äons der Sophia ohne Zustimmung ihres männlichen Genossen und gerade diese Zustimmung wird durch ⲡⲉⲥϫⲱⲛϥ zum Ausdruck gebracht.[11] Bedenkt man

---

6 Vgl. A.Werner, a.a.O., 139: "Die genannten Sinnesfähigkeiten stehen offenbar in Entsprechung zueinander."

7 Vgl. P.Nagel, Anatomie des Menschen in gnostischer und manichäischer Sicht, in: ders. (Hg.), Studien zum Menschenbild in Gnosis und Manichäismus, Halle 1979, 67-94, hier bes. 74 und 80.

8 A.Werner, Das AJ, a.a.O., 140 Anm.1.

9 W.E.Crum (ed.), A Coptic Dictionary, Oxford 1939, 776b. Dieses Wörterbuch wird im weiteren nur nach dem Namen des Herausgebers zitiert.

10 R.Kasse, Compléments au dictionaire Copte de Crum, Le Caire 1964 (Bibliothèque d'étude Coptes 7), 108a; W.Westendorf, Koptisches Handwörterbuch, Heidelberg 1965-77, 427.

11 Vgl. dazu H.M.Schenke, OLZ 59 (1964) Sp.551. Seine Übersetzung "Gefährte" ist al-

die kontextuelle Nähe zu συνευδοκεῖν und ΟΥⲰϢ, empfiehlt sich als Übersetzung "der ihr Zustimmende" oder "der ihr Übereinstimmende".[12] Ferner ist ϪⲰⲚϤ im Sinne von Zustimmung jetzt, worauf auch Böhlig hinweist, in der Schrift SJC III 111,13 - bekanntlich einer mit dem **AJ** verwandten Schrift - belegbar.[13] Und gerade diese Bedeutung willenmäßiger "Zustimmung" kommt, wie wir bald sehen werden, der speziell technischen Sinngebung von συγκατάϑεσις in der stoischen Erkenntnislehre sehr nahe, ja, stimmt mit ihr sogar überein (s.u. § 2.1.2).

Es kann deshalb als sehr wahrscheinlich gelten, daß der Redaktor, der für unseren Einschub verantwortlich ist, den stoischen Begriff συγκατάϑεσις bewußt mit ϪⲰⲚϤ wiedergegeben hat, weil er damit sowohl dem stoischen Sinngehalt als auch der formalen Wortbildung von συγκατάϑεσις gerecht werden konnte. Übersetzung und Deutung unseres Textes durch Böhlig dürfen damit als gesichert gelten.[14]

Allerdings haben wir zu bedenken, daß Schenke bereits früher ϪⲰⲚϤ nicht nur in unserer Stelle II 17,35/IV 27,23, sondern auch in allen Belegstellen der Langversionen für eine veränderte Form von ϢⲰⲚϤ gehalten hat.[15] Auch P. Nagel und im Anschluß an ihn Werner deuten es als "palatalisiertes ϢⲰⲚϤ".[16] Es ist aber fraglich, ob es sich hierbei wirklich, wie sie meinen, um eine sich ausschließende Alternative handelt. Vielmehr muß man mit Westendorf

lerdings zu frei. Ebenso Kasse, RThPh 99 (1966) 163: "son compagnos - joint. Tardieu, a.a.O., 106 "son conjoint".

12 Zur zweiten Übersetzung vgl. F.Siegert, Nag-Hammadi-Register 183, zur ersten Wisse, in: The Nag Hammadi Library in English, 104 ("her agreement").

13 A.Böhlig, Zum Hellenismus a.a.O., 28 Anm. 74. In der Parallelstelle SJC in BG 112,4 taucht statt ϪⲰⲚϤ (III 111,13) εὐδοχία auf, das vom Kontext her gerade "Zustimmung" bedeutet. Über diesen Wortsinn vgl. H.G.Lidell/R.Scott, A Greek-English Lexicon, revised and augmented by H.S.Jones, Oxford 1940[9]; 710a. Die weitere Parallelstelle Eug.III 87,10bringt dafür ⲘⲈⲦⲈ(ⲘⲀⲦⲈ), das in der Wendung ϯ ⲘⲈⲦⲈ jetzt in den Nag Hammadi-Schriften sehr oft - teilweise gerade als Äquivalent zu εὐδοχία - vorkommt. Vgl. dazu F.Siegert, Nag-Hammadi-Register, Tübingen 1982,45. Deshalb gibt jetzt D.M.Parrott in seiner englischen Übersetzung von SJC (NHC III) die beiden Wörter mit Recht mit "good pleasure" (Eug.) und "concurrence" (SJC) wieder (in: The Nag Hammadi Library in English, 222f). Zu Eug.III 87,10 vgl. auch die Übersetzung von M.Krause, in: W.Foerster (Hg.), Die Gnosis II (koptische und mandäische Quellen), Zürich/Stuttgart 1971, 32-45, hier 44 "aus seinem guten Willen".

14 F.Siegert, Nag-Hammadi-Register 183 registriert jetzt deshalb unter ϪⲰⲚϤ auch den stoischen Begriff συγκατάϑεσις.

15 H.M.Schenke, OLZ 59 (1964) Sp.551.

16 P.Nagel, Grammatische Untersuchung zu Nag Hammadi Codex II, in: F.Altheim/R.Stiel (Hg.), die Araber in der Alten Welt, Bd.V/2, Berlin 1969, 393-469, bes.§10a; A.Werner, Das AJ a.a.O., 140 Anm.1.

"Überschneidungen" der beiden Wörter feststellen.[17] Dafür lassen sich viele Belege anführen.[18]

Crum (574a) bringt nun unter ϢⲰⲚϤ als dessen erste griechische Äquivalent ἁρμονία. Beachtenswert ist aber, daß unter den anderen Äquivalenten, die dort angegeben sind, neben συμφώνησις auch συγκατάθεσις genannt wird. Es handelt sich dabei um die koptische Übersetzung von II Kor 6,15f, wo diese beiden griechischen Wörter (beide hapax legomena im Neuen Testament) auftauchen. Es ist zwar richtig, daß συγκατάθεσις in II Kor 6,16 mehr im Sinne von "Harmonie" als von "Willenmäßiger Zustimmung" gebraucht wird. Aber die Tatsache, daß dieses griechische Wort mit ϢⲰⲚϤ wiedergegeben werden konnte, spricht dafür, auch in dem sich mit ϢⲰⲚϤ überschneidenden Wort ϪⲰⲚϤ ein Äquivalent von συγκατάθεσις zu sehen.

Aus all dem folgt, daß die Wiedergabe von ϪⲰⲚϤ bei Giversen mit "harmony", "union", "unicy"[19] sowie bei Kasse mit "coïncidence" oder "accord"[20] zwar nicht falsch ist, aber zu allgemein bleibt, um den stoischen Sinnzusammenhang mit den anderen vier Termini zum Ausdruck zu bringen. Die Übersetzungen von Krause, Werner und Wisse ergeben in unserem Text noch viel weniger Sinn.[21]

Es wäre jedoch zuwenig, wenn man sich bereits damit zufrieden geben würde, mit Böhlig in unserem Text "alle Stufen des stoischen Erkenntnisvorganges" dargestellt zu finden. Zweierlei ist auffällig: erstens die Tatsache, daß nicht der richtige Terminus κατάληψις, sondern stattdessen ἀνάληψις benutzt wird, und zweitens die Reihenfolge der fünf Begriffe in unserem Text: 1) αἴσθησις, 2) ἀνάληψις, 3) φαντασία, 4) ϪⲰⲚϤ/συγκατάθεσις, 5) ὁρμή.[22]

---

[17] W.Westendorf, Koptisches Handwörterbuch 427 Anm.5.

[18] Parallel zu ϪⲰⲚϤ in II 9,33.35 bringt III 15,2σύμφωνον und BG 37,7.9 σύμφωνος. Das Neutrum σύμφω-νον bereitet hier Schwierigkeiten, wenn man es genauso wie bei all seinen Parallelen auf den Gefährten der Sophia beziehen will. Dazu vgl. die Überlegungen bei A.Böhlig, Zum Hellenismus a.a.O., 28 Anm.74. Ganz abgesehen davon deckt ϪⲰⲚϤ sich eben in diesem Wortsinn ("Übereinstimmung", "Harmonie") mit ϢⲰⲚϤ, das als griechische Äquivalente viele Wörter aus demselben Wortstamm hat (vgl. Crum 574a). In den koptischen Bibelübersetzungen wechselt ϢⲰⲚϤ außerdem häufig mit der Wendung ϯ ⲘⲀⲦⲈ ab, die ihrerseits, wie oben in Anm.13 festgestellt, mit εὐδοκία und damit auch mit ϪⲰⲚϤ synonym sein kann. (Vgl. auch Crum 190a)

[19] S.Giversen, a.a.O, 79.249.

[20] R.Kasse, RThPh 99 (1966) 180 (mit Anm.4)

[21] Warum Krause es mit "Heftigkeit", Werner es als "paratalisiertes" ϢⲰⲚϤ mit "Erstreben" übersetzt, ist nicht einzusehen. Zu Krause vgl. E.Lüddeckens, GGA 218 (1966) 9.

[22] Steht der stoische Sinnzusammenhang fest, so sind nicht nur ϪⲰⲚϤ, sondern auch alle anderen vier Begriffe so zu übersetzen, wie es in der Forschung über die Stoa üblich ist. Diese Forderung erfüllt die Übersetzung von Böhlig. Vor allem ist seine Wiedergabe von ὁρμή mit "Trieb" zutreffend. Die Übersetzung von Krause mit "Bewegung", von Giversen mit "motion" und von Werner mit "Erreichen" treffen alle da-

Diesen beiden Eigentümlichkeiten nachzugehen scheint mir deshalb wichtig, weil wir von ihnen Aufschluß darüber erwarten können, wie genau der Redaktor unseres Einschubes die stoische Erkenntnislehre kannte.

Wir müssen zu diesem Zweck Grundzüge der stoischen Erkenntnislehre zur Kenntnis nehmen. Dabei können wir uns mit einer zusammenfassenden Skizze begnügen, in der die Unterschiede zwischen den verschiedenen Perioden der stoischen Schulphilosophie etwas vernachlässigt werden.

2.1.2: Grundzüge der stoischen Erkenntnislehre

Wie ordnet die stoische Erkenntnislehre die genannten Termini theoretisch zueinander? Dazu überliefert Cicero eine bekannte Rede Zenons von Kition, in der dieser den Erkenntnisvorgang anschaulich darstellte: Et hoc quidem Zeno gestu conficiebat. Nam, cum extensis digitis adversam manum ostenderat, "visum" inquiebat "huiusmodi est". Deinde, cum paullum digitos contraxerat, "adsensus huiusmodi". Tum cum plane compresserat pugnumque fecerat, comprehensionem illam esse dicebat: qua ex similitudine etiam nomen ei rei, quod antea non fuerat, κατάληψιν imposuit. Cum autem laevam manum admoverat et illum pugnum arte vehementerque compresserat scientiam talem esse dicebat, cuius compotem nisi sapientem esse neminem.

"Und das eben beschrieb Zenon gestikulierend. Er sagte nämlich, indem er die innere Handfläche mit ausgestreckten Fingern vorzeigte: Derart ist die Vorstellung (visum)! Dann, indem er die Finger (ein wenig) zusammendrückte: So ist die Zustimmung (adsensus)! Nachdem er dann die Finger ganz zusammengedrückt und eine Faust gebildet hatte, sagte er, das sei das Begreifen (comprehensio). Auf Grund dieser Analogie gab er auch diesem Sachverhalt den Namen κατάληψις, den es dafür vorher nicht gegeben hatte. Nachdem er ferner seine linke Hand dazunahm und jene Faust von oben her fest packte, sagte er, solcher Art sei die Erkenntnis (scientia), der nur ein Weiser teilhaftig sei." (Academica priora II,144 = SVF I,66). In dieser Rede werden die vier Stufen, visum (d.i. φαντασία), adsensus (d.i.συγκατάθεσις), comprehensio (d.i. κατάληψις) und scientia (d.i. wohl ἐπιστήμη) in dieser Reihenfolge dargestellt.

Über die hier fehlende αἴσθησις finden wir an anderer Stelle bei Cicero die folgende Ansicht Zenons: Zeno ad haec quae visa sunt et quasi accepta sensibus assensionem adiungit animorum: quam esse vult in nobis positam et voluntariam:

"Zenon fügte dem, was wahrnehmbar (visa) und gleichsam durch die Sinne

---

neben. Der Vorschlag von Lüddeckens, GGA 218 (1966) 9 aufgrund von W.Bauer, Griechisch-deutsches Wörterbuch zu den Schriften des Neuen Testaments, Berlin 1958[5] trifft auch nicht das Richtige. Aber selbst Böhlig fragt sich nicht, warum hier ἀνάληψις statt des echt stoischen Terminus κατάληψις steht.

aufgenommen (accepta) worden ist, die Zustimmung (assensio) der Seele hinzu: Er will damit behaupten, daß diese in uns gesetzt und freiwillig ist." (Cicero, Acad.poster. I.40=SVF I,61). Die Sinneswahrnehmung αἴσθησις vermittelt und bildet in der menschlichen Seele die Vorstellung φαντασία. Ob es nun zu einer wahren Erkenntnis ἐπιστήμη kommen kann oder im Gegenteil zu einer falschen Meinung δόξα, hängt einerseits von der Stärke des dazu Zustimmung (συγκατάθεσις) gebenden Subjekts, d.h. des Logos im Menschen - auch τὸ ἡγεμονικόν genannt - ab, andererseits von der Beschaffenheit der αἴσθησις und der φαντασία, denn nach dem Zeugnis des Aetios meinten οἱ Στωϊκοὶ τὰς μὲν αἰσθήσεις ἀληθεῖς, τῶν δὲ φαντασιῶν τὰς μὲν ἀληθεῖς, τὰς δὲ ψευδεῖς (εἶναι): "Die Stoiker meinten, daß zwar die Sinneswahrnehmungen (αἰσθήσεις) wahr, aber von den Vorstellungen (φαντασιῶν) einige wahr, andere jedoch falsch seien". (Aetios, Placita IV,9,4=SVF II,78). Damit die κατάληψις entstehen kann, muß eine wahre φαντασία vorhanden sein. Dazu soll Zenon laut Cicero folgende präzisierende Aussage gemacht haben: Quale igitur visum? Tum illum (sc. Zenonem) ita definisse: ex eo quod esset, sicut esset, impressum et signatum et effictum. Post requisitum, etiamne, si eiusmodi esset visum verum, quale vel falsum. Hic Zenonem vidisse acute nullum esse visum, quod percipi posset, si id tale esset ab eo, quod est, ut eiusmodi ab eo, quod non est, posset esse: "Wie ist die Vorstellung (visum) beschaffen? Daraufhin soll er sie folgendermaßen definiert haben: Sie sei durch das, was real da ist, so, wie es ist, eingeprägt, eingeschnitten und aufgedrückt. Später wurde er dann gefragt, ob auch die falsche Vorstellung, falls die wahre solcher Art sei, nicht die gleiche Beschaffenheit haben könnte. Da soll Zenon scharfsinnig diejenige Vorstellung, die von dem, was real da ist, wie auch von dem, was nicht real existiert, herrühren kann, für keine kataleptische Vorstellung (visum, quod percipi posset = καταληπτικὴ φαντασία) gehalten haben." (Cicero, Acad.prior.II,77=SVF I,59) Ferner sollen nach Diogenes Laertios, einem Zeitgenossen unserer Schrift **AJ**, Zenon und Chrysipp die wahre, Erkenntnis ermöglichende φαντασία als καταληπτικὴ φαντασία und die falsche als ἀκατάληπτος φαντασία bezeichnet haben (De clarorum philosophorum vitis VII,46 = SVF II,53). Dem ciceronischen Ausdruck visum, quod percipi posse muß also die griechische Formulierung καταληπτικὴ φαντασία zugrunde liegen. Mit Hilfe dieses präzisierenden Terminus kann das erkenntnistheoretische Verhältnis von συγκατάθεσις und κατάληψις zueinander genauer definiert werden: ἔστι μὲν ἡ κατάληψις, ὡς ἔστι παρ' αὐτῶν (d.i. bei den Stoikern) ἀκούειν, καταληπτικῆς φαντασίας συγκατάθεσις: "Das Begreifen ist also, wie das bei ihnen (d.i. den Stoikern) zu hören ist, eine Zustimmung zur kataleptischen Vorstellung." (Sextus Empiricus, Adversus mathematicos VIII 396 = SVF II,91). Wenn also die κατάληψις eine Zustimmung zur καταληπτικὴ φαντασία ist, so läßt sich hieraus mit Pohlenz folgern, daß die κατάληψις mit der συγκατάθεσις zeitlich zusammenfällt. Die oben angeführte Rede Zenons, die mit Hilfe einer Sequenz von Gesten den Erkenntnisvorgang veranschaulicht, sollte deshalb im Sinne des zeitlichen Nacheinanders der Erkenntnisstufen nicht allzu sehr ausgedeutet werden. Als durch Gesten begleitete Rede hat sie von Anfang an ein Präzisionsdefizit. Sie zielt nicht auf chronologische Stadien an, sondern auf den abgestuften Erkenntniswert.[23]

Es bleibt jetzt noch zu fragen, wie sich der übrig gebliebene Begriff ὁρμή zum soeben in den Grundzügen dargestellten Erkenntnisvorgang verhält. Dazu findet sich bei Stobaios folgende Überlieferung der Stoiker, v.a. aber des Chrysipps: τὸ δὲ κινοῦν τὴν ὁρμὴν οὐδὲν ἕτερον εἶναι λέγουσιν ἀλλ' ἢ φαντασίαν ὁρμητικὴν τοῦ καθήκοντος αὐτόθεν, τὴν δὲ ὁρμὴν εἶναι φορὰν ψυχῆς ἐπί τι κατὰ τὸ γένος. ταύτης δ' ἐν εἴδει θεωρεῖσθαι τήν τε ἐν τοῖς λογικοῖς γιγνομένην ὁρμὴν καὶ τὴν ἐν τοῖς ἀλόγοις ζῴοις· ... τὴν δὲ λογικὴν ὁρμὴν δεόντως ἄν τις ἀφορίζοιτο, λέγων εἶναι φορὰν διανοίας ἐπί τι τῶν ἐν τῷ πράττειν. ταύτῃ δ΄ ἀντιτίθεσθαι ἀφορμήν, φοράν τινα <διανοίας ἀπό τινος τῶν ἐν τῷ πράττειν>: "Sie behaupten, daß das, was den Trieb in Bewegung setzt, nichts anderes als triebhafte Vorstellung (φαντασία ὁρμητική) sei, die durch das von außen her Kommende hervorgerufen werde. Der Trieb sei ferner - gattungsbedingt - eine Bewegung der Seele auf etwas hin. Der in vernunftbegabten Lebewesen zustandekommende Trieb und derjenige in vernunftslosen Lebewesen werden als dessen Unterarten angesehen. ... Der vernünftige Trieb (λογικὴ ὁρμή) würde dann notwendigerweise definiert, indem man sagt, er sei eine Bewegung des Gedankens auf etwas von dem hin, das praktizierbar ist. Im Gegensatz dazu stehe Ablehnung (ἀφορμή), eine Bewegung des Gedankens weg von etwas von dem, das praktizierbar ist." (Stobaios, Eclogae II 86,17=SVF III, 169) Daß hier v.a. Chrysipp zu Wort kommt, zeigt sich an dem ihm eigentümlichen Terminus διάνοια, mit dem er seinem bekannten Intellektualismus entsprechend den sonst traditionell stoischen Ausdruck ἡγεμονικόν ersetzt.[24] Im übrigen ist in dieser Aussage die allgemein stoische Ansicht über die ὁρμή klar formuliert: Der Trieb ἡ ὁρμή ist eine Bewegung der Seele in Richtung auf ein bestimmtes Objekt und wird allgemein durch die φαντασία ausgelöst (daher der Ausdruck: φαντασία ὁρμητική). Als λογικὴ ὁρμή aber gilt nur derjenige Trieb, der durch die διάνοια/das ἡγεμονικόν der Seele als richtig anerkannt wird (συγκατάθεσις) und damit seinerseits dies ἡγεμονικόν, den führenden Seelenteil, veranlaßt, "sich aus eigener Initiative zu bewegen, mit Bewußtsein zu handeln."[25] Ist er dagegen nicht stark und "gesund" genug, so daß er einer falschen φαντασία nachgibt und ihr zustimmt, wird durch ihn "maßloser Trieb

---

[23] Vgl. dazu M.Pohlenz, Die Stoa. Geschichte einer geistigen Bewegung, Bd.1, Göttingen 1964[3], 60.

[24] Dazu und zu den Debatten, die wegen der durch den extremen Intellektualismus Chrysipps hervorgerufenen Schwierigkeiten (vor allem in der Affektenlehre) innerhalb der stoischen Schule selbst vor sich ging, vgl. M.Pohlenz, a.a.O., 91f.

[25] Zitat bei M.Pohlenz, ebd.88.

(πλεονάζουσα ὁρμή) und eine naturwidrige und unvernünftige Bewegung der Seele" (πλεονάζουσα ὁρμὴ καὶ παρὰ φύσιν καὶ ἄλογος κίνησις ψυχῆς = Galenos, De placitis Hippocratis et Platonis IV,2=SVF III, 462), d.h. πάθη, hervorgerufen. Das ist bereits hier ins Auge zu fassen, weil wir unten bald (§ 2.3) auf die gnostische Dämonisierung der stoischen Affektenlehre zu sprechen kommen werden.

Die stoische Erkenntnislehre hat sich freilich nicht immer einheitlich entwickelt, sondern es gab bereits zwischen Zenon und Chrysipp, den zwei ältesten und wichtigsten Vertretern der Schule, die bekannte Streitfrage, ob die φαντασία als τύπωσις ἐν ψυχῇ oder ἑτεροίωσις ψυχῆς zu verstehen sei.[26] Nach einer Überlieferung bei Sextus Empiricus soll auch Panaitios, eine der Hauptfiguren der mittleren Stoa, an der älteren Lehre von καταληπτικὴ φαντασία eine Veränderung vorgenommen haben: "Denn die älteren Stoiker sagten zwar, das Kriterium der Wahrheit sei die kataleptische Vorstellung selbst, die jüngeren jedoch fügten hinzu: die kataleptische Vorstellung, die außerdem kein Hindernis (ἔνστημα) habe. Denn bisweilen sei es der Fall, daß eine kataleptische Vorstellung zwar eintritt, wegen des äußeren Umstandes aber nicht glaubwürdig sei." (Sextus Empiricus, Adversus dogmaticos I,253-257).[27] Solche Variationen ändern jedoch nichts an den Grundzügen der stoischen Erkenntnislehre, wie wir sie wie oben dargestellt haben. Wir werden nicht fehlgehen, wenn wir abschließend sagen, daß diese Grundzüge, vor allem die erkenntnistheoretische Zuordnung der oben angeführten, wichtigsten Termini, die ganze Geschichte der Schule hindurch im wesentlichen gleich geblieben sind.[28]

2.1.3: Die neue gnostische Sinngebung

Betrachtet man von den soeben dargestellten Grundzügen der stoischen Erkenntnislehre aus die weiter oben Ende § 2.1.1. genannten Eigentümlichkeiten unseres Textes, so fällt zunächst auf, daß die zweite Stelle, die ἀνάληψις unter den fünf Begriffen einnimmt, zu derjenigen, die die Stoiker dem Terminus κατάληψις zuweisen, schlecht paßt. Sollte das Wort ἀνάληψις wirklich dem stoischen κατάληψις entsprechen, was mir im Endeffekt am wahrscheinlichsten erscheint, müßte es eigentlich gleich vor oder nach dem Begriff συγκατάθεσις stehen, mit dem es, wie schon gesagt, zeitlich zusammenfällt. Auch von seiner Bedeutung her läßt es sich in unserem Zusammenhang kaum anders als "Aufnahme" (so Krause und Böhlig) oder "reception"

[26] Über diese Streitfrage, an der auch Kleanthes beteiligt war, informieren ausführlichst Sextus Empiricus, Adv.math. VII 227.372 = SVF II 56. Vgl. M.Pohlenz, a.a.O., 61.

[27] Vgl. Fr. 91 bei M. van Straaten (ed.), Panaetii Rhodii Fragmenta, Leiden 1952².

[28] Zur Erkenntnislehre der alten und mittleren Stoa im ganzen vgl. M.Pohlenz, a.a.O., 54-63.230f. und ders., Stoa und Stoiker, Zürich 1950, 34-45.

(so Wisse) übersetzen.[29] Diese Bedeutung aber paßt nicht zum stoischen κατάληψις, weil diese am besten, wie die Rede Zenons zeigt, mit "Begreifen" wiederzugeben ist.

Von Stellung und Bedeutung her könnte eine andere Erklärung für ἀνάληψις in Frage kommen: Es handle sich nicht um die κατάληψις, sondern um den Aufnahmevorgang der sinnlichen Wahrnehmung als φαντασία in die Seele. Nochmal sei an die bereits weiter oben angeführte Überlieferung bei Cicero (Acad.post.I,40 = SVF I,61) erinnert, in der die folgende Wendung auftaucht:... haec quae visa sunt et quasi accepta sensibus. Kann unsere ἀνάληψις diesem accepta entsprechen? Das scheint mir jedoch weniger plausibel, weil die Stoiker, wie wir bereits feststellten, für diesen Vorgang die viel diskutierten Begriffe τύπωσις und/oder ἑτεροίωσις entwickelt hatten.[30]

So muß man in unserer ἀνάληψις wohl eher eine Entsprechung zur stoischen κατάληψις sehen. Allerdings läßt sich in den uns erhaltenen Überlieferungen der Stoiker kein Hinweis darauf finden, daß beide Begriffe synonym gebraucht wurden und auswechselbar waren. Solche Abwechselbarkeit ist von vornherein unwahrscheinlich, da der Begriff κατάληψις nach Cicero ein "nomen, quod antea non fuerat" (s.o. Acad. prior. II, 144 = SVF I,66) war, also das Spezifikum der stoischen Erkenntnislehre darstellte. Damit werden wir zur Schlußfolgerung genötigt, daß ἀνάληψις eine abgeänderte Form der stoischen κατάληψις ist. Das heißt ferner: Wir können für den Redaktor unseres Textes, ja wohl schon für seine Vorlage, keine differenzierte und authentische Kenntnis der stoischen Erkenntnislehre in Anspruch nehmen, sondern eher eine bereits popularisierte Form des Stoizismus. Auf jeden Fall scheint er und/oder sie die erkenntnistheoretische Zuordnung von αἴσθησις, φαντασία, συγκατάθεσις, κατάληψις und ὁρμή nicht genau zu kennen.

Soweit ist nur ein Verlust des original stoischen Sinnes festgestellt worden. Wo liegt aber die neue, originell gnostische Sinngebung des Redaktors unseres Textes? Diese ist u.E. in der Dämonisierung der Erkenntnislehre des so popularisierten Stoizismus zu sehen. Er hat nämlich die fünf Begriffe αἴσθησις, ἀνάληψις, φαντασία, ϫⲱⲛϥ und ὁρμή den fünf Engeln Jaldabaoths, d.h. der Reihe nach Archendekta, Deitharbathos, Oummaa, Aachiaram und Riaramnachô zugeordnet. Es wäre wenig sinnvoll, wenn man versuchen würde, für jeden dieser enigmatischen Namen eine bestimmte versteckte Bedeutung anzunehmen und mit dem jeweils entsprechenden Begriff in Verbin-

---

[29] Auch S.Giversen, a.a.O., 249 erwägt die Wiedergabe mit "perception". Für dieselbe Wiedergabe korrigiert Tardieu, a.a.O., 311, ἀνάληψις zu ἀντίληψις.

[30] Die stoische Erkenntnislehre kennt auch einen anderen, mit ἀνάληψις stammverwandten Begriff πρόληψις. Dieser Begriff hat jedoch nichts mit dem jeweiligen Erkenntnisakt der voll erkenntnisfähig gewordenen Seele, sondern mit der Voraussetzung und Entwicklung dieser Erkenntnisfähigkeit zu tun. Vgl. dazu A.Bonhöffer, Epictet und die Stoa, Stuttgart 1890, 188-207 und M.Pohlenz, ebd. 56-58. Eine Verwechslung von πρόληψις mit ἀνάληψις ist höchst unwahrscheinlich.

dung zu setzen. Für unseren Redaktor kommt es nur darauf an, daß sie alle dem Protarchon Jaldabaoth unterstehen. Dadurch wird polemisch behauptet, daß der Erkenntnisakt des Menschen nicht so, wie die stoische Lehre meint, durch sein ἡγεμονικόν (διάνοια), d.i. durch den höchsten, göttlichen Teil seiner Seele, sondern durch dämonische Kräfte beherrscht wird. Hier wird wieder eins der "revolutionären Elemente" des Gnostizismus greifbar. Obwohl hier genau genommen noch nicht von "Dämonen", sondern den "Kräften" oder "Engeln" des Jaldabath (vgl. II 11,25; 15,14) die Rede ist, dürfen wir ruhig von einer Dämonisierung der stoischen Erkenntnislehre sprechen, denn die "Engel" werden vom gleich darauffolgenden Textabschnitt, dem wir uns nun zuwenden wollen, stets durch die "Dämonen" ersetzt.

2.2: II 18,2-14 und die stoische Qualitätenlehre

2.2.1: Der Befund des Textes

Unser Text lautet in deutscher Übersetzung wie folgt:
"Die Quelle (πηγή) aber der Dämonen (δαίμων), die im ganzen Körper (σῶμα) sind, ist vierfach bestimmt: als Hitze, Kälte, Feuchtigkeit (ϩⲟϭⲃⲉⲥ), Trockenheit. Ihrer aller Mutter aber ist die Materie (ὕλη). Derjenige aber, der Herr ist über die Hitze, ist Phloxopha (ⲫⲗⲟⲝⲟⲫⲁ), derjenige aber, der Herr ist über die Kälte, ist Oroorrothos, derjenige aber, der Herr ist über das, was trokken ist, ist Erimachô, derjenige aber, der Herr ist über die Feuchtigkeit (ⲱϭⲃⲉ), ist Athyrô. Die Mutter aber aller dieser, sie trat in ihre Mitte. Onorthochrasaei (ⲟⲛⲟⲣⲑⲟⲭⲣⲁⲥⲁⲉⲓ) ist es, indem sie unbestimmt und vermischt mit ihnen allen ist, und diese ist wahrhaftig die Materie (ὕλη), denn von ihr werden sie ernährt."

Für unseren Zweck ist die Frage wenig wichtig, ob man den allerletzten kausativen Satz anaphorisch wie wir oder kataphorisch übersetzt.[31] Viel wichtiger ist, ob die zwei jeweils in Klammern beigebenen koptischen Wörter ϩⲟϭⲃⲉⲥ und ⲱϭⲃⲉ wie oben mit "Feuchtigkeit" oder wie bei Krause mit "Frost" wiederzugeben sind.[32] Krause leitet dabei beide aus ⲟϭⲃⲥ ab, während unsere Übersetzung sie in Übereinstimmung mit anderen Interpreten beide aus ⲁϭⲃⲉⲥ erklärt.[33] Solange diese Erklärungsmöglichkeit rein lexikalisch besteht, ist "Feuchtigkeit" vorzuziehen, weil es hier höchstwahrscheinlich um die

[31] Anaphorisch übersetzen auch S.Giversen, a.a.O., 81; F.Wisse, in: The Nag Hammadi Library in English 108 und M.Tardieu, a.a.O., 129, kataphorisch dagegen R.Kasse, RThPh 99 (1966) 180 und M.Krause, Die drei Versionen, a.a.O., 158. Zur Begründung unserer Übersetzung vgl. unten zu Anm.53.

[32] M.Krause, ebd.

[33] S.Giversen, a.a.O., 122; E.Lüddeckens, GGA 218 (1966) 9; A.Werner, Das AJ, a.a.O., 140 Anm.2; F.Siegert, Nag-Hammadi-Register 136.

vier Grundqualitäten geht, über die in der antiken Philosophie so viel diskutiert wurde. Dazu paßt die Übersetzung "Frost", abgesehen von der sich dann ergebenden Verdoppelung von "Kälte", schlecht.

Werner versucht allerdings, den religions- oder geistesgeschichtlichen Hintergrund unseres Textes etwas anders zu erklären. Er weist auf das Ägypterevangelium (NHC)III 56,4-19 hin, in dem eine weibliche Gestalt namens "Plesithea" vorkommt. Sie wird positiv als die Mutter der Kinder des Seth bezeichnet und als "Jungfrau mit den vier Brüsten" geschildert. Nach Werner liegt in unserer Stelle des **AJ** möglicherweise "ein persiflierendes Abbild" davon vor.[34] Wie kann man sich jedoch eine solche Persiflage vorstellen, die innerhalb ein und derselben sethianischen Gruppe seinen Ort haben soll? Werners Argument ist, wie er selbst zugesteht, wenig überzeugend. Dasselbe gilt für seine Wortanalyse von "Onorthochrasaei". Dieses Wort bestehe aus on = ⲀN (Negationszeichen) und -ⲬⲢⲀⲤⲀⲈI = χρῆσις und bedeute "in unechter Benutzung".[35] Hier kann man sehen, daß Querhinweise auf andere, nächstverwandte Schriften von Nag Hammadi nicht immer hilfreich sind.

Unsere Stelle gehört allerdings zu den seltenen Fällen, in denen eine etymologische Analyse der Dämonennamen für ein besseres Verständnis des Textes von Bedeutung ist. Bereits Giversen hat sehr wahrscheinlich gemacht, daß sich hinter dem ersten Dämonenname ⲪⲖⲞⲜⲞⲪⲀ (II 18,6-7/IV lacuna) das griechische Wort φλόξ = Feuer oder φλογωπός = brennend und hinter dem oben erwähnten ⲞⲚⲞⲢⲐⲞⲬⲢⲀⲤⲀⲈI (II 18,11-12)/ⲞⲚⲞⲢⲐⲞⲬⲢⲀⲤ (IV 28,6) eine Zusammensetzung von ὀρθός ("aufrecht") und κρᾶσις ("Mischung") versteckt.[36] Obwohl sich Giversen nicht über einen möglichen Zusammenhang mit der Qualitätenlehre der antiken griechischen Philosophie äußert, tritt mit seiner scharfsinnigen Wortanalyse nicht nur dieser Zusammenhang, sondern auch ein Bezug auf die damit eng zusammenhängende Mischungslehre zutage.

2.2.2: Grundzüge der stoischen Qualitäten- und Mischungslehre

Philosophiegeschichtlich geht diese Lehre auf Aristoteles (Meteorologica 4; De generatione et corruptione) zurück. Aber eine direkte Bezugnahme auf seine Werke ist für unseren Text kaum anzunehmen. Dafür war diese Lehre zu seiner Zeit schon zu populär geworden, nachdem sie freilich eine lange Rezeptionsgeschichte durchlaufen hatte. Die Stoiker haben gerade in diesem Theoriebereich sehr viel von Aristoteles übernommen: "Mit Aristoteles nimmt Zenon warm, kalt, trocken, feucht als die vier Urqualitäten an, und da auch er als Erfahrungssatz ansieht, daß jede dieser Qualitäten für einen be-

---

[34] A.Werner, Das AJ, a.a.O., 140f.

[35] A.Werner, Das AJ, a.a.O., 141.

[36] S.Giversen, a.a.O., 251f.

stimmten einfachen Körper charakteristisch ist, übernimmt er auch die Lehre von den vier Elementen (Stoicheia), dem warmen Feuer, der kalten Luft, dem feuchten Wasser und der trockenen Erde."[37] Aus den Unterscheidungen, die Aristoteles zwischen warm und kalt als den aktiven und feucht und trocken als den passiven Qualitäten gemacht hat, bildet Zenon die zwei Prinzipien (ἀρχαί) τὸ ποιοῦν und τὸ πάσχον. Alle vier Qualitäten, und vier Elemente und die beiden Prinzipien sind ferner in der Ursubstanz ὕλη - oft auch οὐσία genannt - potentiell enthalten. Davon zeugt Diogenes Laertios: "Ihrer Lehre zufolge hat das Weltall zwei Prinzipien (ἀρχάς), das Tätige (τὸ ποιοῦν) und das Leidende (τὸ πάσχον). Das Leidende sei die qualitätslose Wesenheit (τὴν ἄποιον οὐσίαν), die Materie (τὴν ὕλην), das Tätige sei die Vernunft in ihr, die Gottheit; denn diese, ewig in ihrem Bestand, walte schöpferisch über alle Gestaltungen der Materie." (De clar. phil. VII 134 = SVF II, 300).[38] Dieses δημιουργεῖν ἕκαστα, die Gestaltung der Ursubstanz zu verschiedenartigen Dingen in der Welt, geht dann so vor sich: "... entstehe aber die Welt, wenn sich die Substanz aus dem Feuer vermittelst der Luft in Feuchtigkeit verwandle und dann die verdichtete Masse zu Erde werde, der weniger fest gegliederte Teil sich in die Luft hinaufziehe und so noch mehr verfeinert das Feuer erzeuge; dann entstünden durch Mischung (κατὰ μῖξιν) aus diesen Pflanzen, Tiere und die anderen Arten von Dingen." (Diog. Laert. ebenda VII 142 = SVF I, 102).[39] Das gestaltende schöpferische Prinzip, das im vorigen Zitat ὁ λόγος und zugleich ὁ θεός genannt wird, wird hier unter stofflichem Aspekt als πῦρ bezeichnet. Unter seiner Einwirkung treten alle anderen, ebenfalls von Anfang an der Materie innewohnenden Urqualitäten heraus und in neue Verbindung untereinander (μῖξις) ein. Daraus entstehen alle konkreten Einzeldinge, angefangen bei den Gestirnen über Menschen, Tiere, Pflanzen bis hin zu anscheinend anorganischen Dingen. Ihre Vielfalt ist keineswegs ein Zufall, sondern Ergebnis und Kristallisation der Mischung. Die Welt ist ein wohl geordnetes Ganzes, ja, ein Organismus: "Nun behaupteten die Leute der Stoa, daß die Welt, die, wie sie weiter sagten, das All (τὸ πᾶν) und das Körperliche (τὸ σωματικόν) ist, nur ein Ding sei." (Aetios, Placita I,5,1 = SVF II, 530).

Es lassen sich noch sehr viel mehr Einzelheiten der stoischen Qualitäten-, Elementen- und Mischungslehre aus den uns erhaltenen Überlieferungen ermitteln, für eine Darstellung der Grundzüge dürfte das bisher Gesagte jedoch ausreichen. Diese Grundzüge wurden nach einem bibliographischen Berichts von Diogenes Laertios[40] nicht nur von der älteren Stoa, sondern über

---

[37] Zitat bei M.Pohlenz, Die Stoa Bd.I, a.a.O., 71.

[38] Zitat bei Diogenes Laertius, Leben und Meinungen berühmter Philosophen (Buch I-X), übers. von O.Apelt, hrsg. von K.Reich, Hamburg 1967², Bd.II, 69. (leicht überarbeitet vom Verfasser der vorliegenden Arbeit)

[39] Zitat bei Diogenes Laertius, ebd.73.

[40] Diog.Laert. De clar. phil. VII 135-136. 142 (SVF I,102; II,580). Zur Qualitäten- und

Archedemos und Antipater auch von der mittleren Stoa, also von Panaitios und Poseidonios, geteilt.

Um die philosophiegeschichtlichen Voraussetzungen unseres Abschnittes im **AJ** genauer zu bestimmen, müssen wir auf die Debatte eingehen, die gerade über diese stoische Lehre zwischen der Stoa und der peripatetischen Schule stattfand. Die Peripatetiker vertraten in ihren Kommentaren zu den Werken des Aristoteles eine mehr oder weniger stoische Lehre von den Qualitäten, den Elementen und ihrer Mischung. Eine solche Ähnlichkeit ist selbstverständlich, da die Stoiker von Anfang an vieles von Aristoteles übernommen haben. Aber es gab auch Unterschiede. Der schwerwiegendste war - vor allem in der römischen Kaiserzeit -, daß die Stoiker auch die Qualitäten für Körper σῶμα oder οὐσία im Sinne von Einzeldingen[41] hielten und eine totale Durchmischung der Körper κρᾶσις δι' ὅλων behaupteten, während die Peripatetiker die These von der Undurchdringlichkeit der Körper vertraten.[42] Von dieser Debatte zeugt Galenos, ein Zeitgenosse des **AJ**, der von einem neutralen Standpunkt aus folgendermaßen urteilt: "Denn einige behaupteten, daß nur die vier Qualitäten (τὰς τέτταρας ποιότητας), einige andere aber, daß die Einzelwesen (τὰς οὐσίας = Körper) sich total miteinander vermischen. Die Peripatetiker vertraten die erste Ansicht, die Stoiker aber die zweite" (In Hippocratem: De natura hominis, lib. I,XV,32 = SVF II, 463). Tatsächlich schreibt Alexander von Aphrodisias, die letzte bedeutende Gestalt der peripatetischen Schule, auch "der zweite Aristoteles" genannt (2.-3. Jhdt.n.Chr.), in seinem, speziell der Mischungslehre gewidmeten Buch nach einem langen Referat über die Meinung von Chrysipp und seiner Schule folgende Kritik: "Man könnte sich über sie wundern, die behaupten, man müsse für den Nachweis der aufzustellenden Thesen die allgemeinverständlichen Gedanken (ταῖς κοιναῖς ἐννοίαις) anwenden, weil gerade sie die natürlichen Kriterien der Wahrheit seien, daß gerade sie für die Behauptung ihrer eigenen Lehrsätze nicht alle diese allgemeinverständlichen Gedanken zur Anwendung bringen. Was nämlich über Mischung (κρᾶσις) von ihnen behauptet worden ist, macht nicht nur keinen Gebrauch von den natürlichen Begriffen (ταῖς φυσικαῖς ἐννοίαις), sondern entfernt sich weit weg von ihnen. Denn es kommt uns ja nicht nur aufgrund der allgemeinverständlichen Gedanken nicht in den Sinn, sondern war bereits als unmöglich erwiesen, daß ein Körper (σῶμα) durch Körper so hindurchzieht, daß er mit einem anderen deckungsgleich wird. Denn ein natürlicher Gedanke ist es ja gerade, daß, was

Mischungslehre der älteren Stoa vgl. außerdem M.Pohlenz, Stoa und Stoiker, a.a.O., 52-56 und ders., Die Stoa Bd.I, a.a.O., 72f.

41 Vgl. dazu Diog.Laert. De clar.phil. VII 150; "Materie aber ist der Stoff, aus dem ein jegliches wird. Beide Ausdrücke aber, Substanz (οὐσία) und Materie, werden zweifach gebraucht, sowohl von dem Ganzen wie von den Einzeldingen" (nach der Übers. von O.Apelt, a.a.O., Bd.II 77).

42 Vgl. M.Pohlenz, Die Stoa Bd.I, a.a.O., 73.356.

bereits gefüllt ist, nicht mehr etwas anderes in sich aufzunehmen vermag." (De mixtione, ed. I. Bruns, 218).[43]

Ein anderer Punkt, in dem die stoische Qualitätenlehre heftig kritisiert wurde, war ihre Bestimmung der Materie, die alle Qualitäten potentiell impliziert, als ἡ ἄποιος οὐσία. Dieser Terminus ist nicht nur in der bereits angeführten Stelle bei Diogenes Laertios, sondern auch sonst bei anderen antiken Schriftstellern mit unterschiedlichen philosophischen Überzeugungen oft belegt. So schreibt Plutarch (ca. 45-125 n.Chr.) vom Standpunkt des mittleren Platonismus aus in seiner Streitschrift gegen die Stoiker: "Aber sie (die Stoiker) sehen nur die Hälfte. Denn sie nennen einerseits die Materie (ὕλην) qualitätslos (ἄποιον), wollen aber die Qualitäten (ποιότητας) nicht auch materielos (ἀύλους) nennen. Einige von ihnen aber gebrauchen als Argument, daß auch wenn sie die Substanz (οὐσίαν) qualitätslos nennen, diese nicht aller Qualität beraubt werde, sondern alle Qualitäten innehabe. Aber dieses Argument ist höchst widersinnig." (De communibus notiis adversus Stoicos, Kap. 50, 1085e-1086a = SVF II, 380). Etwa ein Jahrhundert später stellt Alexander von Aphrodisias vom peripatetischen Standpunkt aus in seinem Buch, in dem er verschiedene ἀπορίαι und λύσεις zu diesem Problem zusammenstellt, die Frage: "Was wird die Materie sein, wenn sie von ihrer Privation (στέρησις) her qualitätslos (ἄποιος) und gestaltungsunfähig sein muß, aber vom Eidos her bereits beschaffen und gestaltet worden ist?" (Quaestiones II, VII).[44]

Zu beachten ist bei Alexander von Aphrodisias, daß er vom Terminus ἄποιος so Gebrauch macht, als ob es sein eigener wäre. Das ist von Aristoteles her gesehen keinesfalls selbstverständlich. Denn bei Aristoteles selbst sind unter den vielen Termini für die Hyle (prima materia) zwar ἄμορφος, ἄπειρος, ἀτελής zu finden, aber nicht einmal (ἄποιος)![45] Daher muß man annehmen, daß der Terminus ἄποιος stoischen Ursprungs ist und erst im

---

[43] Eine kurze Erwähnung über diesen Streitpunkt findet sich bereits bei C.Colpe, Die griechische, die synkretistische und die iranische Lehre von der kosmischen Mischung, Orientalia Suecana 27/28 (1978/79) 132-147, hier bes. 145. Zum griechischen Text vgl. außer I.Bruns (ed.), Alexandri Aphrodisiensis Praeter Commentaria Scripta Minora (Quaestiones. De Fato. De Mixtione), Berlin 1892 (= CAG, Supplementum Aristotelicum, col.II, pars II) auch die neuere Ausgabe mit einer englischen Übersetzung von R.B.Todd, On Stoic Physics. A study of the De mixtione with preliminary essays, text, translation and commentary, Leiden 1976, 120. Der letztere emendiert den Text ein klein wenig anders als Bruns (vgl. ebd. Anm.2).

[44] Alexandrus Aphrodisiensis, Quaestiones, in: a.a.O., 52.

[45] Vgl. Index Aristotelicus, ed. H.Bonitz (= Aristotelis Opera, Bd.V, ed.I. Bekker), Berlin 1870 (Nachdr.1961). Vgl. dazu außerdem die erschöpfende Untersuchung von H.Happ, Hyle. Studien zum aristotelischen Materie-Begriff, Berlin 1971, bes. 774. 902-907. Nach Happ gibt es bei Aristoteles selbst noch keinen festen Terminus für die sogenannte prima materia (308).

Laufe der schulphilosophischen Kontroverse in die Terminologie der Peripatetiker eingedrungen ist.[46]

Diese Annahme des stoischen Ursprungs von ἄποιος wird weiter durch den Neuplatoniker Plotin und den Skeptiker Sextus Empiricius - beide wirkten unmittelbar nach Alexander - unterstützt. Sie beide halten nämlich die Definition ἄποιος ἡ ὕλη/οὐσία für stoisch. So sagt Plotin über die Stoiker und ihren Begriff der Materie: "ja sie erkühnen sich, sie sogar bis zu den Göttern reichen zu lassen und schließlich soll sogar Gott selbst solche bestimmt befindliche Materie sein. Sie geben dieser Materie auch einen Körper, indem sie sie als qualitätslosen Körper (ἄποιον αὐτὸ σῶμα) bezeichnen und auch eine quantitative Größe." (Enneades II.lib.IV,2 = SVF II,320).[47]

Sextus Empiricius schrieb über Stoiker, "die behaupten, es gebe zwei Prinzipien, Gott und eine qualitätslose Materie (ἄποιον ὕλην). Sie nahmen an, daß Gott schafft (ποιεῖν), die Materie hingegen Beschaffenheit empfängt (πάσχειν) und sich ändert" (Adv. math. IX,11 = SVF II, 301).[48]

Aus dem bisher Ausgeführten können wir mit einiger Sicherheit folgern, daß in den ersten zwei bis drei Jahrhunderten die stoische Lehre von Materie, Qualitäten, Elementen und Mischung das Feld der schulphilosophischen Debatte entscheidend bestimmt hat. Dabei versteht sich von selbst, daß diese Debatte am heftigsten mit den Peripatetikern geführt wurde, weil die Stoiker gerade in diesem Theoriebereich von Aristoteles sehr vieles übernommen hatten. Jedoch sei nochmals der Unterschied betont, der hinter der gemeinsamen Anwendung von ἄποιος auf die Materie steht: Während die Peripatetiker das als στέρησις, eine Privation, also etwas Negatives verstanden, meinten die Stoiker damit im Gegenteil etwas höchst Positives: ὅτι πάσας ἔχει τὰς ποιότητας.

2.2.3: Die gnostische Sinngebung

Betrachtet man unseren Textabschnitt im **AJ** von der in ihren Grundzügen dargestellten stoischen Qualitäten- und Mischungslehre aus, so ist eine weitgehende Parallelität erkennbar. Besonders auffällig ist die Nähe zur stoischen

---

[46] Ein ähnliches Phänomen muß bei den Peripatetikern auch sonst während ihrer Kontroverse mit den Stoikern der Fall gewesen sein. P.Moraux, Der Aristotelismus bei den Griechen, von Andronikos bis Alexander von Aphrodisias, Bd.1, Berlin 1973, 277-284 stellt fest, daß in den beim Stoiker Areios Didymos erhaltenen Fragmenten die peripatetischen Qualitäten- und Mischungslehre des Aristoteles wegen der Kontroverse leicht stoisch verändert vorkommt.

[47] Zitat bei R.Harder (Übers.), Plotins Schriften Bd.1: Die Schriften 1-21 der chronologischen Reihenfolge, Hamburg 1956 (PhB 211a), 245.

[48] Die Terminologie ἄποιος wird ebenso ohne weiteres für stoisch gehalten bei Origenes (SVF II 318) und Simplicius von Athen, dem letzten Haupt der dortigen Akademie (1. Hälfte des 6. Jhd.; SVF II 326).

Mischungslehre. Über die Mischung der vier Qualitäten spricht unser Text einmal expressis verbis (II 18,12-13/IV 28,7-8 ⲤⲦⲎϨ ⲚⲘⲘⲀⲨ ⲦⲎⲢⲞⲨ) und ein andermal, wie wir sahen, kryptogrammisch ("Onorthochrasaei"). Sollte ferner der andere kryptogrammische Dämonenname ⲪⲖⲞⲜⲞⲪⲀ wirklich etwas mit φλόξ/φλογωπός zu tun haben, so ergibt sich daraus eine, wenn auch nicht terminologisch genaue, so doch sachliche Parallelität zur stoischen Elementenlehre. Eine solche Parallelität weist auch, wie noch weiter unten (§ 3.3.) zu besprechen sein wird, der dem großen Einschub und somit auch unserem Textabschnitt bereits vorgegebene Grundstock der Langversionen (II 20,35-21,7; 24,20-24/IV sehr lückenhaft) in Verbindung mit einer Mischungsthematik aus. Es kann sehr wohl sein, daß dem Redaktor unseres Textes dies bewußt war. Beachtlich ist außerdem, daß unser Text die Materie an sich als "unbestimmt" bezeichnet, was der stoischen Definition der Materie ἡ ἄποιος οὐσία, ἡ ὕλη sehr ähnlich ist.

Darf man nun aus diesen Parallelitäten schließen, daß unser Redaktor auf die stoische Lehrtradition, durch welche Medien sie ihm auch immer vermittelt wurde, Bezug nimmt? Diese Frage können wir nicht ohne weiteres bejahen. Bedenkt man nämlich die genannte schulphilosophische Debatte zur Entstehungszeit des **AJ**, so muß man hier viel differenzierter argumentieren. Zu differenzieren ist nach den zwei Streitpunkten dieser Debatte, wie wir sie oben skizziert haben. Der erste Streitpunkt ist für uns ohne Bedeutung, weil die Aussagen unseres Textes diesbezüglich zu allgemein bleiben und nichts von der Debatte über die Körperlichkeit der Qualitäten sowie die Möglichkeit ihrer totalen Durchdringung miteinander spüren lassen. Das σῶμα in II 18,3 (IV lacuna) bezieht sich nicht auf die Qualitäten, sondern auf den materiellen Körper des Menschen.

Anders verhält es sich mit dem zweiten Streitpunkt. Im Zusammenhang mit ihm müssen wir die in unserem Text vorgenommene Bezeichnung der Materie als "unbestimmt" (II 18,12/IV 28,7) näher untersuchen. Die von fast allen Übersetzern mit "unbegrenzt" oder ähnlich wiedergegebene Wendung lautet im koptischen Text ⲀⲦⲦⲞϢ̄Ⲥ̄.[49] Von dessen primärem, mehr räumlich quantitativ orientierten Wortsinn her ist es tatsächlich so zu übersetzen. In diesem Fall legt sich als ihm zugrundeliegendes griechisches Äquivalent ἄπειρος nahe. Damit wäre dieses Verständnis von Materie eher aristotelisch-peripatetisch als stoisch, weil dieser Terminus für die Stoiker, soweit es sich aus den überlieferten Quellen ermitteln läßt, nicht belegbar ist. Stattdessen haben sie die bereits erwähnte Terminologie ἡ ἄποιος οὐσία/ὕλη entwickelt.

Man darf aber die Äquivalenz von ἄπειρος/ⲀⲦⲦⲞϢ= nicht absolut setzen.

---

49 M.Krause: "unbegrenzt" (Die drei Versionen, a.a.O., z.St.); S.Giversen: "unlimited" (a.a.O., 81); R.Kasse: "non délimitée" (RThPh 99/1966, 180); F.Wisse: "illimitable" (in: The Nag Hammadi Library in English, a.a.O., 108); F.Siegert, Nag-Hammadi-Register 112.

Zumindest lexikalisch läßt sie sich nicht einwandfrei belegen.[50] Andererseits schließt die Wortwurzel ⲦⲰϢ den qualitativen Sinn von "Bestimmung" oder "Beschaffenheit" ein.[51]

Gerade in dieser Bedeutung kommt es als Zeitwort (Qualitativ) am Anfang unseres Textabschnittes vor:"sie (die Quellen der Dämonen) sind vierfach bestimmt (ⲦⲎϢ)" (II 18,3/IV lacuna). Das Zeitwort ⲦⲰϢ kommt im gleichen Sinne in den anderen Nag-Hammadi-Schriften auch häufig vor.[52] Insofern ist nicht ausgeschlossen, sondern gut möglich, daß ⲀⲦⲦⲞϢ= an unserer Stelle eine koptische Wiedergabe von ἄποιος ist. Das wird umso wahrscheinlicher, weil unser Text die Materie zweimal als "die Mutter" aller Dämonen/Qualitäten bezeichnet (II 18,5.10/IV 28,4) und beim zweiten Mal dazu bemerkt wird: "denn von ihr (der Materie) werden sie (alle Dämonen/Qualitäten) ernährt" (II 18,14f/IV 28,9f).[53] Wir können in der Metapher der alle Dämonen/Qualitäten ernährenden "Mutter" mit großer Sicherheit die stoische Sicht der Materie, die alle Qualitäten potentiell impliziert, vorausgesetzt sehen. Auf jeden Fall paßt diese Metapher schlecht zur negativen Auffassung der qualitätslosen Materie als Privation bei den Peripatetikern.

Außerdem will die Tatsache beachtet sein, daß unser Textabschnitt durch zwei Textabschnitte unmittelbar umgeben ist, die beide jeweils ganz klar Bezug auf die stoische Lehrtradition nehmen: Eine solche Bezugnahme auf die stoische Erkenntnislehre haben wir bereits im unmittelbar voraufgehenden Abschnitt festgestellt. Eine entsprechende Bezugnahme auf die stoische Affektenlehre läßt sich im unmittelbar nachfolgenden Abschnitt nachweisen (s.u.).

Trotzdem wäre es gut, wenn wir weiterhin mit der zuerst erwogenen Möglichkeit, hinter ⲀⲦⲦⲞϢ̅Ⲥ̅ in II 18,12/IV 28,7 als griechisches Äquivalent

---

[50] Crum (451b) belegt diese Äquivalenz nicht. Auch im Bereich der koptischen Übersetzung des NT findet sich kein Beleg. Vgl. dazu R.Draguet, Index copte et greccopte de la concordance du Nouveau Testament sahidique, Louvain 1960 (CSCO 196) s.v. Die einzige Stelle, an der die negative Form von ⲦⲰϢ komplementär mit ἄπειρος vorkommt, ist gerade AJ; BG 24,14f. Daß man es hier mit einem quantitativen Sinn zu tun hat, geht aus dem unmittelbaren Kontext deutlich hervor, wo es sich um die Körperlichkeit oder Nicht-Körperlichkeit Gottes und um seine "nicht meßbare Größe" handelt (ebd. 24,15-18). Daß hier wohl eine bewußte Polemik gegen die stoische Gotteslehre vorliegt, nach der Gott nicht nur Körperlichkeit, sondern auch eine bestimmte Größe zuerkannt wird, wird erst weiter unten in § 3.4.2.6 eingehender nachgewiesen. Der Codex III bringt zwar in der Parallelstelle ἄπειρος, aber nicht ⲦⲰϢ wegen einer Lücke. Den Langversionen fehlt die Parallelaussage.

[51] Vgl. dazu W.Westendorf, a.a.O., 255.

[52] Viele von den bei F.Siegert, Nag-Hammadi-Register a.a.O., 112 zusammengestellten Belegstellen zeigen, wenn man sie überprüft, ein Sinnmoment von Qualifikation des jeweiligen Handlungssubjekts oder -objekts.

[53] Aus diesem Grund schlagen wir vor, diesen Satz doch anaphorisch zu lesen.

ἄπειρος zu sehen, rechnen und sie nicht gänzlich von der Hand weisen. Denn es ist nicht ausgeschlossen, daß unser Text keine genuin stoische, sondern eine bereits mit einem aristotelisch-peripatetischen Einschlag vermengte Tradition der stoischen Lehre voraussetzt. Zu ähnlichen Ergebnissen werden wir auch für die im nächsten Abschnitt vorausgesetzte Tradition der stoischen Affektenlehre kommen.

Zuvor sei aber noch darauf hingewiesen, daß unser Text schon am Anfang eindeutig von "Dämonen" (δαίμων) spricht und nicht nur die zwei bereits oben analysierten Dämonen Phloxopha und Onorthochrasaei, sondern auch noch drei weitere, Oroorrothos, Erimachô und Athyrô, über alle vier Qualitäten sowie deren Mischungsvorgang Herr sein läßt. Hier kann man mit vollem Recht von einer gnostischen Dämonisierung sprechen. Die Qualitäten- und Mischungslehre des Stoizismus wird hier degradiert und als bloßer Materialismus gebrandmarkt.

2.3: II 18,14-19,2 und die stoische Affektenlehre

2.3.1: Der Text und seine Übersetzungen

In diesem Textabschnitt geht es um die vier Hauptaffekte der menschlichen Seele und die Unterteilung in verschiedene Einzelaffekte. Als Ausgangspunkt sei zunächst die deutsche Übersetzung von Krause wiedergegeben, wobei wir den ersten Satz dieses Abschnittes, den er kataphonisch versteht, jedoch wie oben (§ 2.2.1.) anaphonisch übersetzen. Um die weitere Erörterung der Stelle zu erleichtern, fügen wir zu allen wichtigen Begriffen in Klammern die originalen Wörter hinzu.

"Die vier führenden (ἀρχηγός) Dämonen (δαίμων) sind diese: Ephememphi ist der der Lust (ἡδονή), Jôkô ist der der Begierde (ἐπιθυμία), Nenentôphni ist der der Trauer (λύπη). Blaomên ist der der Furcht (ϨⲚⲰϨⲈ). Ihrer aller Mutter aber ist Esthênsisouch-Epiptoê. Aus diesen vier Dämonen (δαίμων) aber entstanden Leidenschaften (πάθος). Aus der Trauer (λύπη) aber (entstehen) ein Neid (φθόνος), eine Begierde (ⲔⲰϨ), ein Kummer (Ⲙ̄ⲔⲀϨ), eine Störung (ὄχλησις), ein Sieg (ⲚⲒⲔⲈ), eine Sorglosigkeit (Ⲙ̄Ⲛ̄ⲦⲀⲦⲢ̄ϨⲦⲎϤ), eine Sorge (ⲢⲞⲞⲨϢ), ein Kummer (ϨⲎⲂⲈ) und der andere Rest (ⲠⲔⲈ ϢⲰϪⲠ). Aus der Lust (ἡδονή) aber pflegen viele Schlechtigkeiten (κακία) zu entstehen und die eitle Prahlerei und die diesen gleichen (ⲚⲈⲦⲈⲒⲚⲈ Ⲛ̄ⲚⲀЇ); aus der Begierde (ἐπιθυμία) aber ein Zorn (ὀργή), eine Wut und ein < > (ⲬⲞ< >) <und ei>ne Liebe (ἔρως), die bitter ist, und eine Gier (Ⲙ̄Ⲛ̄ⲦⲀⲦⲤⲈⲒ), und die diesen gleichen (ⲚⲈⲦⲈⲒⲚⲈ Ⲛ̄ⲚⲀЇ); aus der Furcht (ⲚⲰϨⲈ) aber eine Bestürzung (ἔκπληξις), eine Überzeugung (ⲔⲰⲢϢ), eine Angst (ἀγωνία) (und) ein Schamgefühl (ϢⲒⲠⲈ). Diese alle aber sind von der Art, daß sie nützlich und schlecht sind. Die Ennoia (ἔννοια) aber ihrer Wahrheit (ist) Anaiô - diese ist das Haupt der materiellen (ὑλικός) Seele (ψυχή); denn sie ist mit der Wahrnehmung (αἴσθησις) Zouch-Epiptoê."[54]

Die folgende Tabelle soll eine Übersicht darüber geben, welche Probleme bei der Übersetzung der Einzelaffekte auftreten. Nebeneinandergestellt werden die Übersetzungen von Giversen (1963), Kasse (1966), Wisse (1977) und Tardieu (1984).[55]

---

[54] M.Krause, Die drei Versionen, a.a.O., z.St.

[55] S.Giversen, a.a.O., 81; R.Kasse, RThPh 99 (1966) 180-181; F.Wisse, in: The Nag Hammadi Library, a.a.O., 109; und M.Tardieu, a.a.O., z.St.

TABELLE I

		KRAUSE	GIVERSEN	KASSE	WISSE	TARDIEU
1.	λύπη	Trauer	pain	tristesse	grief	peine
1.1.	φθόνος	Neid	jealousy	envie	envy	envie
1.2.	ⲔⲰϨ	Begierde	envy	jalousie	jealousy	jalousie
1.3.	Ⲙ̄ⲔⲀϨ	Kummer	grief	affliction	distress	douleur
1.4.	ὄχλησις	Störung	confusion	embarras	trouble	ennui
1.5.	ⲚⲒⲔⲈ	Sieg	discord	discorde	pain	jalousie
		(νίκη)	(νεῖκος)			haineuse
1.6.	Ⲙ̄Ⲛ̄ⲦⲀ-	Sorglosig-	stubborness	négligence	callousness	chagrin/
	ⲦⲠ̄ϨⲦⲎϤ	keit				regret
1.7.	ⲢⲞⲞⲨϢ	Sorge	anxiety	souci	anxiety	souci
1.8.	ϨⲎⲂⲈ	Kummer	sorrow	deuil	mourning	affliction
2.	ἡδονή	Lust	lust	plaisir	pleasure	plaisir
2.1.	ϨⲀϨ	viele	much	beaucoup de	much	quantité de
	Ⲛ̄ⲔⲀⲔⲒⲀ	Schlechtig-	wickedness	méchanceté	wickedness	vices
		keiten				
2.2.	ϢⲞⲨϢⲞⲨ	(eitle)	(empty)	vantardise	(empty)	enflure
	(ⲈⲦϢⲞⲨⲈⲒⲦ)	Prahlerei	pride	(vaine)	pride	vaine
3.	ἐπιθυμία	Begierde	desire	désir	desire	désir
3.1.	ὀργή	Zorn	anger	colère	anger	colère
3.2.	ϬⲰⲚⲦ	Wut	wrath	fureur	wrath	irritation
3.3.	χο< >		gall(χόλος)	fiel(χολή)	bitterness	ressentiment
3.4.	ἔρως	Liebe	(bitter)	éro(ti)s(me)	(bitter)	amour/aigreur
	(ⲈϤⲤⲀϢⲈ)		passion	(amer)	passion	
3.5.	Ⲙ̄ⲚⲦ-	Gier	insatiabi-	insatiabi-	unsatedness	besoin
	ⲀⲦⲤⲈⲒ		lity	lité		
4.	(Ϩ)ⲚⲰϨⲈ	Furcht	fear	peur	fear	crainte
4.1.	ἔκπληξις	Bestürzung	consternation	épouvante	dread	stupeur
4.2.	ⲔⲰⲢϢ	Überzeu-	flattery	flagornerie	fawning	perpexité
		gung				
4.3.	ἀγωνία	Angst	struggle	agitation	agony	angoisse
4.4.	ϢⲒⲠⲈ	Schamge-	shame	honte	shame	honte
		fühl				

Sachlich gesehen stimmen die Übersetzungen weitgehend überein. Aber in 1.6. weicht die Übersetzung Tardieus deutlich von den anderen ab. In 4.2. gehen die Übersetzungen noch weiter auseinander. In 1.5. und 3.3. ist die Textlesung unsicher. Für die Frage, wie der Text in den beiden Stellen gelesen werden soll, ist die stoische Affektenlehre möglicherweise entscheidend, denn auch sie kennt eine vergleichbare Unterteilung der selben vier Hauptaffekte in eine Fülle von Einzelaffekten. Dieser Tatsache hat man nur selten Aufmerksamkeit geschenkt. Zwar ist Böhlig eine Ausnahme, aber auch er geht nur mit einem kurzen Hinweis darauf ein. Erst Tardieu hat eine eingehende Zuordnung unternommen. Uns scheint aber teilweise eine andere, noch genauere Zuordnung möglich. Es ist daher forschungsgeschichtlich gesehen sinnvoll und lohnend, den Affektenkatalog unseres Textes mit dem stoischen, der in mehreren antiken Quellen z.T. unterschiedlich überliefert vorliegt, gründlich zu vergleichen und beide Kataloge einander zuzuordnen. Bei den griechischen Lehnwörtern unseres Kataloges ist dieser Vergleich leicht, während bei den koptischen Wörtern zunächst einmal - nach Möglichkeit durch lexikalische Mittel - ihr griechisches Originalwort erschlossen werden muß.

2.3.2: Die stoische Affektenlehre

Der Gedanke von vier Haupteffekten λύπη, ἡδονή, ἐπιθυμία und φόβος ist keine stoische Originalität. Bereits bei Platon ist von ihnen im Laches (191d) expressis verbis die Rede.[56] Die vier Affekte werden dort als das bezeichnet, woran sich die Tapferkeit des Menschen als echt zu erweisen hat. Erst bei den Stoikern sind sie jedoch zu einem zentralen Thema philosophischer Reflexion geworden. Nach Diogenes Laertios hat bereits Zeno ein Buch über die Affekte geschrieben. Der Affekt, τὸ πάθος, wird bei ihm als ὁρμὴ πλεονάζουσα definiert und die vier Affekte als τῶν παθῶν τὰ ἀνωτάτω bezeichnet (De clar.phil VII 110 = SVF I, 205.211). In der Kaiserzeit des römischen Reiches war es allerdings weder Zenon, noch Panaitios oder Poseidonios, sondern Chrysipp, der nicht nur innerhalb der stoischen Schule, sondern auch in der breiten Öffentlichkeit als die Autorität der stoischen Ethik galt.[57] Eben deshalb sind seine Definitionen der Affekte sehr oft erhalten. Die Hauptzeugen sind in chronologischer Reihenfolge Cicero,[58] Philo von Alexandrien,[59] Aspasios,[60] Diogenes Laertios,[61] Pseudo-Andronikos,[62] Nemesios

---

56 A.Böhlig, Zum Hellenismus, a.a.O.,29. Anm.77 verweist ferner auf eine sinngemäße Parallele bei Gorgias, Helena Fr.11,14. Zum Text vgl. O.Immisch (Hg.), Gorgiae Helena, Berlin/Leipzig 1927 (KlT 158) 3f (§10.13.14).

57 Vgl. M.Pohlenz, Die Stoa, Bd.1, a.a.O., 291: Die ethische Lehre von Panaitios und Poseidonios wurde innerhalb des Schulbetriebs der Stoa als eine Abweichung bewußt ausgeschlossen. Im Bereich der Physik galt dagegen Poseidonios als die Autorität katexochen (M.Pohlenz, ebd.359).

58 106-43 n.Chr. Die wichtigsten Belegstellen: Tusculanae Disputationes III 24-25 (SVF III 385), IV 14 (ebd.393), 15 (ebd.380), 22 (ebd.379); De finibus Bonorum et Malorum III 35 (ebd.381).

59 25 v.Chr. bis 40 n.Chr. (ca.). Die wichtigsten Belegstellen: De Fortitudine (De Virtutibus), in: L.Cohn (Hg.), Philonis Alexandrini Opera Quae Supersunt, Bd.V, Berlin

1906, 352 (= SVF III 388); De Vita Mosis, in: ebd. Bd.IV, Berlin 1902, 232 (SVF III 392).

[60] 1. Hälfte des 2.Jhdt.n.Chr. Zu seiner Person und seinen Werken vgl. PRE II,2 (1896) Sp. 1722f. Die Belegstelle: Aspasii in Ethica Nicomachea Quae Supersunt Commentaria, ed. G.Heylbut, Berlin 1889 (CAG XIX,1) S.45, Z.16ff (=SVF III 386).

[61] Ende des 2.Jhdt.n.Chr. Vgl. De clar.phil. VII 110(SVF III 412).

[62] Der anonyme Verfasser der pseudonymen Schrift "Περὶ παθῶν", die eine Zeitlang entweder dem Andronikos Kallistu (15.Jhdt.n.Chr.) oder aber Andronikos, dem peripatetischen Schulhaupt 66-33 v.Chr. in Athen, zugeschrieben wurde. Die Schrift besteht aus zwei Traktaten: Der erste ist eine katalogartige Sammlung von kurzen Definitionen über menschliche Affekte, die weiter in die negativen (1.Teil) und die positiven (εὐπαθείαι = 2.Teil) unterteilt werden. Der zweite Traktat beinhaltet etwas ausführlichere Definitionen über Tugenden und Laster, wobei zum Schluß eine Glosse sekundär zugefügt wurde (Abs. XIX), die bemüht ist, die Tugend aristotelisch als μεσότης zwischen beiden Extremen zu definieren. Die beiden Traktate wurden in zwei Heidelberger Dissertationen zum ersten Male ediert: X.Kreuttner, Andronici qui fertur libelli <Περὶ παθῶν> pars prior <De affectibus>, Heidelberg 1885 und C.Schuchhardt, Andronici Rhodii qui fertur libelli <Περὶ παθῶν> pars altera <De virtutibus et vitiis>, Darmstadt 1883. Die beiden Editionen waren bisher - selbst in Heidelberg - schwer zugänglich. Aber jetzt liegt uns eine neue Ausgabe der beiden Teile mit einer mittelalterlichen lateinischen Übersetzung vor: A.Glibert - Thirry, Pseudo-Andronicus de Rhodes <Περὶ παθῶν>. Édition critique du texte grec et de la traduction latine médiévale, Leiden 1977.

Was die philosophiegeschichtliche Einordnung angeht, ist die ganze Schrift in ihrem Grundstock durch die Forschung von Anfang an für stoisch gehalten worden. Zwar hängt der zweite Traktat "De virtutibus et vitiis" eindeutig von der pseudo-aristotelischen Schrift <Περὶ ἀρετῶν καὶ κακιῶν> ab, aber die neuere Forschung glaubt einerseits, selbst in der Grundlage dieser Schrift einen Einschlag der Chrysippischen Lehre über die Tugend konstatieren zu müssen (Glibert-Thirry, a.a.O., 8f), und stellt andererseits fest, daß der zweite Traktat des Pseudo-Andronikos daneben eine andere Quelle mit stoischen Definitionen benützt hat (ebd. 2). Das Peripatetische wird damit einschließlich der genannten sekundären Glosse ganz am Schluß (Abs. XIX) als späterer Einfluß bewertet. Ähnlich steht es mit dem ersten, für uns im weiteren sehr wichtigen Traktat. Während X.Kreuttner - ähnlich wie Schuchhardt im Falle des zweiten Traktats - noch den größten Teil der darin gesammelten Definitionen der Affekte auf den historischen Chrysipp zurückführte, konstatiert die Forschung seit J.von Arnim im einzelnen mehr peripatetische Einschläge (vgl. Glibert-Thirry, a.a.O., 27-29). Das ändert jedoch nichts am stoischen Grundcharakter dieser Definitionssammlung. Auf die einzelnen peripatetischen Einschläge werden wir bald unten (S. 34) wieder, soweit nötig, zu sprechen kommen. Daß unsere Schrift ihrerseits vorgegebene Epitomen oder Kompendien der stoisch-Chrysippischen Ethik voraussetzt und auf ihnen fußt, wird erst im Anhang dieser Arbeit bewertet.

Die Abfassungszeit ist schwer zu bestimmen. Die Zuweisung zum Andronikos Kallistu (15.Jhdt.n.Chr.) ist definitiv unmöglich, weil, wie Schuchhardt und jetzt Glibert-Thirry (a.a.O., 30-34) ganz eindeutig nachgewiesen haben, gewichtige Codices - darunter selbst eine lateinische Übersetzung - aus einer Zeit noch vor dem

von Emesa[63] und Stobaios[64].

Vergleicht man alle diese Überlieferungen miteinander, so werden die vier Hauptaffekte entweder mit ihren griechischen Termini katalogartig einfach aufgezählt oder aber, was häufiger der Fall ist, durch jeweils einen kurzen Satz genauer definiert. Als Beispiel diene folgendes Zitat aus Ps.-Andronikos (De affectibus I):

Schmerz (λύπη) ist nun eine vernunftslose Einschränkung (ἄλογος συστολή) oder eine frische Einbildung (δόξα πρόσφατος) von einem anwesenden Bösen (κακοῦ παρουσίας), wegen dessen man glaubt, sich einschränken (συστέλλεσθαι) zu müssen.

Furcht (φόβος...) ist ein vernunftloses Ausweichen (ἄλογος ἔκκλισις) oder eine Flucht (φυγή) weg von einem im voraus eingebildeten Fürchterlichen (δεινοῦ),

Begierde (ἐπιθυμία) ist ein vernunftloses Streben (ἄλογος ὄρεξις) oder eine Verfolgung (δίωξις) eines vorher geahnten Guten (ἀγαθοῦ).

Lust (ἡδονή) ist ein vernunftloses Erregtsein (ἄλογος ἔπαρσις), oder eine frische Einbildung von einem anwesenden Guten (ἀγαθοῦ παρουσίας), wegen dessen man glaubt, erregt sein (ἐπαίρεσθαι) zu müssen.

Solche Definitionen der Hauptaffekte werden teils unter dem Namen des

---

15.Jhdt.n.Chr. stammen. Die Zuweisung zum Peripatetiker des gleichen Namens ist auch sekundär, und wird mit den peripatetischen Einschlägen gerechtfertigt. A.Gercke hielt 1894 die Schrift für "eine Compilation eines Eklektikers der römischen Kaiserzeit" (PRE I, 2. Sp. 2/67). Auch Glibert-Thirry bleibt bei diesem bewußt vagen Urteil und verzichtet auf eine genauere Festlegung (a.a.O., 32.34). Setzen wir sie nach Diogenes Laertios an, so beruht das lediglich auf der Überlegung, daß nach der sogenannten Renaissance der Peripatetiker bei Alexander von Aphrodisias (2./3.Jhdt.n.Chr.) keine Entstehung einer im Grunde stoischen Schrift vorstellbar ist, während eine peripatetische Überarbeitung einer bereits vorgegebenen stoischen Schrift zur Zeit des Jahrhundertwechsels denkbar ist. Damit hätten wir einen terminus ad quem.

63 Um 400 n.Chr. Zur Person und den Werken von Nemesios vgl. K.Treu, Art.: Nemesius, in: RGG³ Bd. 4, Sp. 1399. Vgl. De natura hominis, in: PG 40, Sp. 503-818, hier bes. 676 (vgl. auch SVF III 416).

64 Wohl 5.Jhdt.n.Chr. Zur Person und den Werken von Stobaios vgl. Lexikon der Alten Welt, Sp. 298. Vgl. hier Ioannis Stobaei Anthologium. 5 Bde, hrsg. von C.Wachsmuth und O.Hense, Berlin 1884-1912 (Nachdr. 1958), Bd.II (Eclogae), 88.90 (SVF III 378.394).
Der Gedanke der vier Hauptaffekte ist freilich bereits bei Zenon zu finden. Vgl. dazu Diog.Laert. De clar. phil. VII 110 (SVF I 211) und Stobaios, a.a.O., Bd.II 7 (SVF I 211). Die Affektenlehre des Epiktets entspricht nach A.Bonhöffer, a.a.O., 278 "vollständig den Anschauungen der alten, echten Stoa". Was man aber bei Epiktet vermißt, ist die für die ältere, Chrysippische Affektenlehre charakteristische Systematik, die sich besonders an der Vierteilung der Hauptaffekte sowie ihrer weiteren Unterteilung deutlich zeigt. Zu dieser Systematik vgl. das Folgende im Text.

Chrysipp oder der Stoiker überhaupt, teils aber ohne solche Angabe überliefert. Im letzteren Fall werden sie nicht selten zugunsten der eigenen Ansicht des jeweiligen Tradenten modifiziert, was sich besonders bei Philo und Nemesios beobachten läßt.[65] Auch die Reihenfolge, in der die vier Hauptaffekte aufgezählt werden, bleibt nicht gleich. Vor allem bei Cicero ist die lateinische Wiedergabe der vier griechischen Termini noch nicht festgelegt, sondern je nach Kontext noch flexibel: laetitia oder voluptas gestiens steht für ἡδονή, libido für ἐπιθυμία, aegritudo für λύπη und metus oder formido für φόβος.

Ähnlich liegt die Sache auch bei der Unterteilung der vier Hauptaffekte, die Chrysipp als erster unternommen hat.[66] Cicero,[67] Diogenes Laertios,[68] Ps.-Andronikos[69] und Stobaios[70] sind hier die Hauptzeugen. Aber ihre Listen von Einzelaffekten weichen nicht nur in den jeweils beigefügten Definitionen dieser Affekte, sondern auch bei der Aufzählung der Einzelaffekte terminologisch mehr oder weniger voneinander ab. Dazu kommt bei Cicero, dem frühesten Zeugen, noch die philologische Schwierigkeit, die von ihm lateinisch wiedergegebenen Einzelaffekte den bei den sonstigen Zeugen griechisch erhaltenen eindeutig zuzuordnen. Diese Zuordnung ist teilweise durch die Cicero-Forschung - vor allem in der kritischen Textausgabe von Tusc.Dis.[71] - und teilweise durch die Ps.-Andronikos-Forschung[72] geleistet worden. Man könnte hier aber noch weiter kommen, einmal mit Hilfe des lateinisch-griechischen Index bei von Arnim, SVF IV,169-174, der allerdings nicht immer sicher und nicht ganz vollständig zu sein scheint, zum anderen mit Hilfe verschiedener Lexika, vor allem des Thesaurus Linguae Latinae (Leipzig 1900ff), soweit er bereits gedruckt vorliegt.

Führt man auf diese Weise eine Zuordnung der Begriffe durch und stellt auch die jüngeren Zeugen für die stoische Affektenkataloge so daneben, daß ihre Abweichungen voneinander sichtbar werden, so gewinnt man folgende Tabellen. Die Ziffern vor den griechischen Wörtern in den Spalten für Dio-

---

65 Philo, De Fortitudine, ed. L.Cohn, a.a.O., 352 schreibt, als ob es sich um seine eigene Lehre handele, ebenso auch in: De Vita Mosis, ebd. 232. Bei Nemesios ist die Modifizierung der Definitionen von ἐπιθυμητικόν (PG 40, 676 = Cap XVII) und ἡδονή (ebd. Cap XVIII) offensichtlich. Die Unterarten, die eigentlich zur ἐπιθυμία gehören, werden hier außerdem unter dem Oberbegriff θυμός aufgezählt (ebd. Cap XXI).

66 Vgl.X.Kreuttner, a.a.O., 30-34, Glibert-Thirry, a.a.O., 27.

67 Tusc.Dis. IV,17-18 (= SVF III 415), 19 (edd.410), 20 (ebd.403), 21 (ebd.398). Vgl. auch III 52 (ebd.417), 83 (ebd.419); fin.II 4.13 (ebd.404)

68 De clar.phil. VII 111 (= SVF III 412), 112 (ebd.407), 113 (ebd.396), 114 (ebd.400).

69 De affectibus II-V (= SVF III 414. 409. 397. 401)

70 A.o.O., Bd.II (Eclogae) 90 (= SVF III 394), 91 (ebd.395. 402), 92 (ebd.408. 413).

71 Besonders O.Heine/M.Pohlenz (Hg.), Ciceronis Tusculanarum Disputationes Libri V, Stuttgart 1957 (Nachdr. von der Ausgabe 1912^5 = Heft 1; 1929^4 = Heft 2).

72 X.Kreuttner, a.a.O., 11-21; A.Glibert-Thirry, a.a.O., 273ff.

genes Laertios, Ps.-Andronikos und Stobaios sollen dabei zeigen, in welcher Reihenfolge die griechischen Termini beim jeweiligen Schriftsteller katalogisiert sind.

TABELLE II

Cicero,Tusc.Dis.IV,17-18 (=SVF III,415)	Diog.Laert.VII,111f (=SVF III,412	Ps.-Andronikos II (=SVF III,414)	Stobaios,Ecl.II, 92(=SVF III,413)
aegritudo	λύπη	λύπη	λύπη
(1) invidentia[73]	(2) φθόνος	(2) φθόνος	(1)φθόνος
(2) aemulatio[74]	(3) ζῆλος	(3) ζῆλος	(2) ζῆλος
(3) obtrectatio[75]	(4) ζηλοτυπία	(4) ζηλοτυπία	(3)ζηλοτυπία
(4) misericordia[76]	(1) ἔλεος	(1) ἔλεος	(4) ἔλεος
(5) angor[77]	(5) ἄχθος	(7) ἄχθος	(6) ἄχθος
(6) luctus[78]		(10) πένθος	(5) πένθος
(7) maeror[79]		(23) κλαῦσις	
(8) aerumna[80]	(8) ὀδύνη	(13) ὀδύνη	(9) ὀδύνη
(9) dolor[81]			
(10) lamentatio[82]		(21) γόος	
(11) sollicitudo[83]	(7) ἀνία	(14) ἀνία	(8) ἀνία
		(24) φροντίς	
(12) molestia[84]		(12) ὄχλησις	
(13) adflictatio[85]	(6) ἐνόχλησις		

73 Zu dieser Zuordnung vgl. Kreuttner, a.a.O., 13; Thesaurus VII/2, 190, 39-47; O.Heine (Hg.), Ciceronis Tusculanarum Disputationes Heft 2, a.a.O., 60; Arnim, SVF IV, 172; Glibert-Thirry a.a.O., 281.

74 Kreuttner, a.a.O., 13; Thesaurus, I, 970, 15-18; Heine, a.a.O., 60; Arnim, SVF IV, 169; Glibert-Thirry, a.a.O., 282.

75 Diese Zuordnung nimmt Cicero selbst vor.

76 Kreuttner, a.a.O., 12; Thesaurus VIII, 1124,17; Heine, a.a.O., 61; Arnim, SVF IV, 172; Glibert-Thirry, a.a.O., 280.

77 Kreuttner, a.a.O., 14; Thesaurus II, 49, 50; Arnim, SVF IV, 169; Glibert-Thirry, a.a.O., 284; anders Heine, a.a.O., 61.

78 Kreuttner, a.a.O., 14; Thesaurus VII/2, 1737, 59-64; Heine, a.a.O., 61; Arnim, SVF IV, 172; Glibert-Thirry, a.a.O., 284.

79 Kreuttner, a.a.O., 15; Glibert-Thirry, a.a.O., 286; anders Thesaurus VIII, 41,56f; Arnim, SVF IV, 172; Heine bringt keine Zuordnung.

80 Kreuttner, a.a.O., 14; Heine, a.a.O., 61; etwas anders Glibert-Thirry, a.a.O., 285; Thesaurus und Arnim bringen keine Zuordnung.

81 Thesaurus V, 1837, 57-58 ordnet das der ὀδύνη in Diog. Laert. VII 111 zu. Arnim, SVF IV, 170 bringt ἀλγηδών/πόνος. Heine, a.a.O., 61 hält dolor für synonym mit aeruma; Glibert-Thirry, a.a.O., 285 ordnet ὀδύνη bei Ps.-Andronikos zu.

82 Arnim, SVF IV, 172; Glibert-Thirry, a.a.O., 286; Kreuttner bringt hier ausnahmsweise keine Zuordnung. Thesaurus VII/2, 902, 64-81 bringt ὀδυρμός und θρῆνος.

83 Kreuttner, a.a.O., 15 ordnet dem Ciceronischen sollicitudo φροντίς von Ps.-Andronikos zu, ebenso Arnim, SVF IV, 174; Glibert-Thirry, a.a.O., 285 zieht die Zuordnung zu ἀνία vor (vgl. ebd. 286). Die Definition, die bei Cicero für sollicitudo steht, kommt sowohl der für φροντίς bei Ps.-Andronikos als auch der für ἀνία bei Diog. Laert. sehr nahe. Die letzte Entscheidung muß hier offen bleiben.

84 Thesaurus VIII, 1346, 59ff ordnet gerade diese Stelle bei Cicero dem Begriff ὄχλησις zu. Kreuttner, a.a.O., 14 und Glibert-Thirry, a.a.O., 284 ordnen ὄχλησις des Ps.-An-

(14) desperatio[86]		(17) ἀθυμία	
	(9) σύγχυσις	(16) σύγχυσις	
		(5) δυσθυμία	
		(6) συμφορά	
		(8) ἄχος	(7) ἄχος
		(9) σφακελισμός	
		(11) δυσχέρανσις	
		(15) μεταμέλεια	
		(18) ἄση	(10) ἄση
		(19) νέμεσις	
		(20) δυσφορία	
		(22) βαρυθυμία	
		(25) οἶκτος	

TABELLE III

Cicero,Tusc.Dis.IV,20 (= SVF III,403)	Diog.Laert.VII, 114(= SVF III,400)	Ps.-Andronikos V (= SVF III,401)	Stobaios,Ecl.II, 91(= SVF III,402)
voluptas	ἡδονή	ἡδονή	ἡδονή
(1) malivolentia[87]	(2) ἐπιχαιρεκακία	(4) ἐπιχαιρεκακία	(1) ἐπιχαιρεκακία
(2) delectatio[88]	(1) κῆλσις	(3) κῆλσις	
(3) iactatio[89]			
sublatio[90]	(3) τέρψις	(2) τέρψις	
		(1) ἀσμενισμός	(2) ἀσμενισμός
	(4) διάχυσις		
		(5) γοητεία	(3) γοητεία

dronikos dem stammverwandten ἐνόχλησις bei Diog. Laert. zu, bringen also keine Zuordnung zu Cicero. Arnim, SVF IV, 172 bringt ἀνία.

[85] Mit Heine, a.a.O., 61 entscheide ich mich für diese Zuordnung, weil die Definition für adflictatio bei Cicero und die für ἐνόχλησις bei Diog. Laert. einander sehr ähnlich sind. Bei Arnim fehlt adflictatio.

[86] Kreuttner, a.a.O., 14; Arnim, SVF IV, 170; Heine, a.a.O., 61; Glibert-Thirry, a.a.O., 285. Thesaurus V, 737, 60f bringt als griechisches Äquivalent ἀφελπισμός. Dieses Wort taucht in der Definition für ἀθυμία bei Ps.-Andronikos auf.

[87] Kreuttner, a.a.O., 20; Heine, a.a.O., 61f; Thesaurus VIII 179, 5-9; Arnim, SVF IV, 172; Glibert-Thirry, a.a.O., 295.

[88] Kreuttner, a.a.O., 19; Heine, a.a.O., 62; Arnim, SVF IV, 170; Glibert-Thirry, a.a.O., 294; anders Thesaurus V, 419, 33.

[89] Für dieses Wort findet sich kein Äquivalent in den griechischen Parallelüberlieferungen. Es ist damit eins der Anzeichen für die Selbständigkeit der Überlieferung, auf der Cicero hier fußt.

[90] In fin.II 13 (= SVF III,404), wo Cicero auch von der ἡδονή spricht, kommt als deren Unterart zusätzlich noch sublatio vor. Aufgrund der beigefügten Definition kommt τέρψις bei Diog. Laert. oder ἀσμενισμός bei Ps.-Andronikos dem sehr nahe. Anders Arnim, SVF IV, 174.

TABELLE IV

Cicero,Tusc.Dis.IV,21 (= SVF III,398)	Diog.Laert.VII,113 (= SVF III,396)	Ps.-Andronikos IV (= SVF III,397)	Stobaios,Ecl.II, 90(= SVF III,394)
libido	ἐπιθυμία	ἐπιθυμία	ἐπιθυμία
(1) ira[91]	(4) ὀργή	(1) ὀργή	(1) ὀργή
(2) excandescentia[92]	(7) θυμός	(2) θυμός	(2) θυμός
(3) odium[93]	(6) μῆνις	(5) μῆνις	(4) μῆνις
	(2) μῖσος		
(4) inimicitia[94]	(8) κότος	(6) κότος	(5) κότος
(5) discordia[95]	(9) χόλος	(3) χόλος	(3) χόλος
(6) indigentia[96]	(1) σπάνις	(16) σπάνις	
(7) desiderium[97]		(10) ἵμερος	(9) ἵμερος
		(11) πόθος	(8) πόθος
	(5) ἔρως	(7) ἔρως	(7) ἔρως
		(8) ἄλλος ἔρως	
		(9) ἄλλος ἔρως	
		(4) πικρία	(6) πικρία
	(3) φιλονικία		
		(20) φιληδονία	(10) φιληδονία
		(12) δυσμένεια	
		(13) δυσνοία	
		(14) ἀψικορία	
		(15) ῥιψοφθαλμία	
		(17) τραχυτής	
		(18) ἔρις	
		(19) προσπάθεια	
		(21) φιλοχρηματία	
		(22) φιλοτιμία	
		(23) φιλοζωνία	
		(24) φιλοσωματία	
		(25) γαστριμαργία	

[91] Kreuttner, a.a.O., 17; Heine, a.a.O., 62; Arnim, SVF IV, 172; Thesaurus VII/2, 362, 38ff; Glibert-Thirry, a.a.O., 290.

[92] Cicero selbst bezeichnet das als die Wiedergabe von θύμωσις.

[93] Für die Zuordnung zu μῆνις sprechen sich Kreuttner, a.a.O., 17; Heine, a.a.O., 62; Arnim, SVF IV, 172 und Glibert-Thirry, a.a.O., 291 aus, für die zu μῖσος Thesaurus IX/2, 462, 23f.

[94] Kreuttner, a.a.O., 17; Heine, a.a.O., 62; Arnim, SVF IV, 172; Thesaurus VII/1, 1619, 70-73; Glibert-Thirry, a.a.O., 292.

[95] Kreuttner, a.a.O., 17; Glibert-Thirry, a.a.O., 291; anders Thesaurus V, 1338, 22f; Arnim bringt keine Zuordnung.

[96] Kreuttner, a.a.O., 18; Heine a.a.O., 62; Arnim, SVF IV, 171; Thesaurus VII/1, 1172, 45; Glibert-Thirry, a.a.O., 293f.

[97] Für die Zuordnung zu πόθος sprechen sich Kreuttner, a.a.O., 18 und Thesaurus V, 697, 68f aus und für die ἵμερος Heine, a.a.O., 62 und Glibert-Thirry, a.a.O., 293. Die beiden griechischen Wörter sind bei Ps.-Andronikos ähnlich definiert.

		(26) οἰνοφλυγία	
		(27) λαγνεία	
			(11) φιλοπλουτία
			(12) φιλοδοξία

TABELLE V

Cicero,Tusc.Dis.IV,19 (= SVF III,410)	Diog.Laert.VII,112 (= SVF III,407)	Ps.-Andronikos III (= SVF III,409)	Stobaios,Ecl.II,92 (= SVF III,408)
metus	φόβος	φόβος	φόβος
(1) pigritia[98]	(2) ὄκνος	(1) ὄκνος	(1) ὄκνος
(2) terror[99]	(4) ἔκπληξις	(5) ἔκπληξις	(3) ἔκπληξις
(3) timor[100]		(6) κατάπληξις	
(4) pavor[101]	(1) δεῖμα	(3) δεῖμα	(8) δεῖμα
(5) exanimitatio[102]		(4) δέος	(7) δέος
(6) conturbatio[103]			
(7) formido[104]		(11) ὀρρωδία	
	(3) αἰσχύνη	(2) αἰσχύνη	(4) αἰσχύνη
	(5) θόρυβος	(12) θόρυβος	(5) θόρυβος
	(6) ἀγωνία	(9) ἀγωνία	(2) ἀγωνία
		(13) δεσιδαιμονία	(6) δεσιδαιμονία
		(7) δειλία[105]	
		(8) ψοφοδέεια	
		(10) μέλλησις	

98 Kreutner, a.a.O., 15; Heine, a.a.O., 61; Arnim, SVF IV, 173; Glibert-Thirry, a.a.O., 287.

99 Kreuttner, a.a.O., 16; Heine, a.a.O., 61; Glibert-Thirry, a.a.O., 288. Arnim, SVF IV, 174 entscheidet für δέος.

100 Für diese Zuordnung vgl. Kreuttner, a.a.O., 16; Glibert-Thirry, a.a.O., 288. Die Definitionen für die beiden Wörter bei Cicero und Ps.-Andronikos stimmen nicht ganz miteinander überein. Keine Zuordnung bei Arnim.

101 Kreuttner, a.a.O., 15; Glibert-Thirry, a.a.O., 287. Keine Zuordnung bei Arnim.

102 Kreuttner, a.a.O., 16; Glibert-Thirry, a.a.O., 288. Diese Zuordnung ist aber nicht ganz sicher. Vgl. Thesaurus V/2, 1172, 15. Nach der bei Ps.-Andronikos zugefügten Definition entspricht δέος (= φόβος συνδέων) dem formido (metum permanentum) besser. Keine Zuordnung bei Arnim.

103 Keine eindeutige Zuordnung ist bisher beigebracht worden. Die Definition bei Cicero (metum excutientem cogitata) entspricht aber der für ὀρρωδία (φόβος ἐννοηθέντος) bei Ps.-Andronikos. Keine Zuordnung bei Arnim.

104 Kreuttner, a.a.O., 16 und Glibert-Thirry, a.a.O., 289 sprechen sich für diese Zuordnung aus, die aber nicht ganz sicher ist. Arnim, SVF IV, 171 bringt allgemein φόβος.

105 Allgemein als sekundärer Zusatz erklärt: Kreuttner, a.a.O., 16; Arnim, SVF III, 409; Glibert-Thirry, a.a.O., 23.28.

2.3.3: Zuordnung der Affektenliste des AJ zur stoischen Tradition

Wir haben in den vier Tabellen (II-V) oben alle Definitionen, die bei den einzelnen Schriftstellern fast jedem Einzelaffakt beigefügt sind, nicht nur wegen ihrer gegenseitigen Abweichungen, sondern auch deshalb ausgelassen, weil unser koptischer Text des AJ keine Definition der Einzelaffekte enthält. Es ist zwar nicht mit Sicherheit auszumachen, ob das bereits in der Vorlage des Redaktors unseres Textes, die weiter unten "das Buch des Zoroastros" (II 19,10) genannt wird, der Fall war. Das ist jedoch insofern wahrscheinlich, als die einzelnen Definitionen, wie man bereits nachgewiesen hat, auch in der popularisierten Stoa und in der über sie hinaus verbreiteten Diatribe weitgehend wegfallen, und zwar nicht nur in ihren Affekten-, sondern auch in ihren Tugend- und Lasterkatalogen.[106] Hier zeigt sich erneut, daß wir es in unserem Text nicht mit der klassischen, sondern mit der bereits popularisierten Stoa zu tun haben. Auf jeden Fall kommt es dem Redaktor nicht auf die Einzeldefinitionen an. Deshalb darf im weiteren die Zuordnung der in unserem Text vorkommenden Einzelaffekte zu den in den obigen Tabellen aufgeführten Begriffen weniger auf der Ebene der Semantik erfolgen, sondern soll sich an den Lexemen orientieren.

2.3.3.1: Unterarten von λύπη

Für den ersten Hauptaffekt λύπη enthält unser Text die zwei griechischen Termini, φθόνος und ὄχλησις. Beide kommen auch in der Tabelle II vor und zwar φθόνος/invidentia an erster Stelle, wie es auch im AJ der Fall ist (vgl. die Tabelle I oben § 2.3.1). Die ὄχλησις taucht nur bei Ps.-Andronikos auf und ein lateinisches Äquivalent bei Cicero - in beiden Fällen zwar erst weiter unten, aber immerhin deutlich belegt.

Wie können wir aber die sonstigen koptisch angegebenen Einzelaffekte den griechisch-stoischen Termini zuordnen? Dazu können wir uns praktisch

---

106 Über die Tugend- und Lasterkataloge im popularphilosophischen Vortrag (Diatribe) der späthellenistischen Zeit und die stoische Mit- und Nachwirkung (v.a.Epiktets) vgl. A.Vögtle, Die Tugend- und Lasterkataloge, Münster 1936 (NTA XVI, 4/5), 62-92. Die strenge Systematik, die für die Tugend- und Lasterlehre der älteren Stoa charakteristisch war, wurde in dieser Diatribe, die wegen ihrer praktischen Zielsetzung großen Wert auf die rhetorische Wirksamkeit und Einprägsamkeit des mündlichen Vortrags legte, weitgehend aufgelockert. Infolgedessen verzichtete man auch auf komplizierte Erörterungen und Definitionen einzelner Tugenden und Laster (Affekte). Vgl. hierzu R.Bultmann, Der Stil der paulinischen Predigt und die kynisch-stoische Diatribe, Göttingen 1910 (FRLANT 13), Nachdr. 1984, 19, und S.Wibbing. Die Tugend- und Lasterkataloge im Neuen Testament, Berlin 1959 (BZNW25), 21f. Unsere Stelle des AJ behält noch die Systematik der Vierteilung der Hauptaffekte und ihrer Unterteilung recht eindeutig bei.

nur mit den koptischen Wörterbüchern, u.a. dem von Crum behelfen.[107] Schlägt man nämlich bei Crum (132b) das koptische Wort ⲕⲱϩ nach, das weiter oben in der Tabelle I unter λύπη an der zweiten Stelle nach φθόνος steht, so findet man dort zwei Angaben von griechischen Äquivalenten, ζῆλος und ζηλοτυπία.

Obwohl der Äquivalenzwert von ζηλοτυπία gut belegt ist, wird viel häufiger ζῆλος - v.a. im Bereich der koptischen Bibelübersetzungen - durch ⲕⲱϩ wiedergegeben.[108] Crum bezeichnet deshalb ζῆλος aufgrund mehrerer Belegstellen als das erste Äquivalent. Gerade dieses Wort, bei Cicero aemulatio, kommt dann in unserer Tabelle II an zweiter Stelle vor, gefolgt von ζηλοτυπία (obtrectatio). Hier ist also zwischen ⲕⲱϩ und ζῆλος (aemulatio) eine nicht nur lexikalische, sondern auch stellenmäßige Entsprechung zueinander feststellbar.[109]

Die dritte Unterart von λύπη in unserer Tabelle I heißt ⲙ̄ⲕⲁϩ. Nach Crum (163b) gibt dieses Wort ziemlich viele griechische Wörter wieder, so etwa ἄλογος, ἀλγηδών, κάκωσις, πάθημα, πόνος usw. Aber genauso gut ist auch das Äquivalent ὀδύνη belegt. ⲙ̄ⲕⲁϩ ist demnach dem Terminus ὀδύνη/aerumna in der Tabelle II zuzuordnen, der zwar stellenmäßig relativ weit hinten steht, jedoch bei allen vier Hauptzeugen registriert ist.[110]

Schwieriger steht es mit der fünften Unterart ⲛⲓⲕⲉ. Krause versteht das als νίκη und übersetzt mit "Sieg", was in unserem Kontext keinen guten Sinn gibt. Unter der stoischen Unterteilung von λύπη findet sich dieses Wort nirgends. Höchstens könnte φιλονικία als die dritte Unterart von ἐπιθυμία bei Diog.Laert.III 113 (vgl. o. Tabelle IV) in Frage kommen. Solange man nicht bereit ist, hier mit Tardieu eine grobe Verkürzung von φιλονικία auf νίκη anzunehmen, ist φιλονικία bereits umfangmäßig zu lang und daher auszuschließen. Ordnet Tardieu νίκη weiter sachlich ζηλοτυπία zu, so ist das wenig überzeugend.[111] Giversen und Kasse schlagen einfach νεῖκος "discord" "discorde" vor, begründet das aber nicht.[112] Unter der stoischen Unterteilung von λύπη ist dieses Wort nirgends anzutreffen. Schenke und Werner sehen hier

---

107 Außer Crum ist nützlich R.Draguet, Index copte et grec-copte de la concordance du Nouveau Testament sahidique, Louvain 1960 (CSCO 196), der eine griechisch-koptische Zuordnung bringt, soweit sie aufgrund der koptischen Übersetzung des NT möglich ist. A.Böhlig, Die griechischen Lehnwörter im sahidischen und bohairischen Neuen Testament, München 1954 ist dagegen weniger hilfreich, was mit der Anlage des Lexikons zusammenhängt.

108 Zur Kontrolle vgl. R.Draguet, a.a.O., 100b.

109 Dieselbe Zuordnung auch bei M.Tardieu, a.a.O., 314.

110 R.Draguet, a.a.O., 129a gibt ⲙ̄ⲕⲁϩ als erstes Äquivalent für ὀδύνη an. Vgl. aber ebd. 108a, 135a, 146a. Dieselbe Zuordnung auch bei M.Tardieu ebd.

111 M.Tardieu,ebd.

112 S.Giversen, a.a.O., 81; R.Kasse, Muséon 78 (1965) 74; so auch E.Lüddeckens, GGA 218 (1966) 9.

"eine bisher nicht belegte Form" von ⲘⲀⲀⲔⲈ/ⲚⲈⲔⲈ "Sorge" oder "Mühe".[113] Diese letzte Lesung paßt auch sinngemäß am besten zu der Stelle. Obwohl Crum (223a) als griechisches Äquivalent ὠδίν und sich dieses Wort als solches nirgends in den stoischen Katalogen findet, kann man rein lexikalisch vermuten, daß sich hinter dem koptischen Wort möglicherweise ein griechisches Wort wie etwa ἄχθος, ἀνία oder ἄχος verbirgt, die zwar stoisch genauer definiert sind, aber die Grundbedeutung Mühe, Sorge und Schmerz tragen.[114] Aber wir kommen hier leider über eine bloße Vermutung nicht hinaus.

Die sechste Unterart der λύπη in unserem Text ist ⲘⲚⲦⲀⲦⲢ̄ϨⲦⲎϤ. Während die Übersetzungen von Krause (Sorglosigkeit), Kasse (négligence) und Wisse (callousness) im Sinne von Fahrlässigkeit alle übereinstimmen, gibt allein Giversen das Wort mit "stubborness" wieder. Ihm gibt Lüddeckens Recht, indem er das koptische Kompositum als Negationsform von ⲘⲚⲦⲢ̄ϨⲦⲎϤ (Crum 716a: ἀνθομολόγησις im Sinne "wechselseitige Übereinstimmung" u.ä.) oder aber Ⲣ̄ ϨⲦⲎϤ ("bereuen") versteht.[115] Bei genauerem Hinsehen findet man bei Crum gleich zuvor (715b) eine Angabe von Ⲣ̄ ϨⲦⲎϤ= im Sinne von "unrepentant". Auf diese Weise wird ἀμεταμέλητος von Röm 11,29 im koptischen NT wiedergegeben. Dieses griechische Wort ist in den obigen Tabellen II-V der stoischen Termini nicht zu finden. Tardieu will hier eine koptische Fehlübersetzung sehen: In der griechischen Vorlage habe ἀνία (chagrin) und μεταμέλεια (regret) wie bei Ps.-Andronikos (Nr.14 und 15 in der Tabelle III) gestanden. Hieraus sei die Zusammensetzung ἀ(νία)-μεταμέλεια entstanden, wobei das erste Alpha privativ verstanden worden sei.[116] Er emendiert deshalb den Text ἀ(νία) ⲘⲚⲦⲢ̄ϨⲦⲎϤ. Uns scheint diese Erklärung jedoch zu sehr konstruiert. Sucht man deshalb nur eine sinnmäßige Entsprechung unter den stoischen Termini, so kommt man auf βαρυθυμία (Nr.22) bei Ps.-Andronikos, wo es definiert wird: λύπη βαρύνουσα καὶ ἀνάνευσιν οὐ διδοῦσα, also "ein Schmerz, der bedrückend ist und keine Rückkehr gibt".[117]

Aber es ist fraglich, ob man "bereuen" als primären Sinn von Ⲣ̄ ϨⲦⲎϤ= ansehen kann. Westendorf registriert jetzt "besinnen" und "überlegen" als pri-

---

[113] H.M.Schenke, OLZ 59 (1964) 552; A.Werner, Das AJ, a.a.O., 142.

[114] Vgl. die Definitionen bei Ps.-Andronicos: ἄχθος = λύπη βαρύνουσα (Cicero: angor = aegritudo premens); ἀνία = λύπη ἐξ ἀναλογισμῶν (Cicero: sollicitudo = aegritudo cum cogitatione); ἄχος = λύπη ἀφωνίαν ἐμποιοῦσα. Die Definitionen bei Diog. Laert. und Stobaios sind weitgehend gleich (zu den Belegstellen vgl. oben Tabelle II).

[115] E.Lüddeckens, GGA 218 (1966) 9.

[116] M.Tardieu, a.a.O., 314.

[117] Zu dieser Bedeutung von ἀνάνευσις vgl. H.G.Lidell/R.Scott, A Greek-English Lexicon, rev. by H.S.Jones, 1940^9, 113b.

märe Bedeutungen.[118] Geht man von hier aus, so hat man den anderen Übersetzungen Recht zu geben. ⲘⲚⲦⲀⲦⲢ̄ϨⲦⲎϤ im Sinne "Fahrlässigkeit" ist dabei nicht sehr weit entfernt von ⲘⲚⲦⲀⲦϨⲎⲦ, wofür Crum (715a) als griechische Äquivalente ἀφροσύνη und ἀνοία angibt. Da diese auch keine direkte Entsprechung unter den stoischen Termini haben, sind wir auch hier zum Rückschluß auf eine sinngemäße Entsprechung gezwungen: Von den in der Tabelle II angegebenen Unterarten von λύπη kommt dann σύγχυσις (Nr.9 bei Diog.Laert., Nr.16 bei Ps.-Andronikos) am nächsten, die einmal mit "ein unvernünftiger Schmerz, der einen gewaltig packt und blind macht gegenüber der augenblicklichen Sachlage (κωλύουσα τὰ παρόντα συνορᾶν" Diog. Laert.)[119] und ein andermal mit "ein Schmerz, der verhindert, das Bevorstehende zu durchsehen (κωλύουσα διορᾶν τὸ μέλλον)" (Ps.-Andronikos) wiedergegeben wird. Damit überschreiten wir jedoch unseren in erster Linie an Lexemen orientierten Zuordnungsgrundsatz und dürfen deshalb auf diese Zuordnung keinen großen Wert legen.

Die Zuordnung der siebten Unterart ⲢⲞⲞⲨϢ ist leichter. Crum (307a) gibt zu diesem Wort nach μέριμνα und ἐμμέριμνος als drittes Äquivalent φροντίς/φροντίζω an.[120] Somit ist ⲢⲞⲞⲨϢ dem Begriff φροντίς = Nr.24 bei Ps.-Andronikos in der Tabelle II zuzuordnen.[121]

Ähnlich verhält es sich beim letzten Glied ϨⲎⲂⲈ. Nach Crum (655a) ist πένθος das erste griechische Äquivalent von ϨⲎⲂⲈ, so daß dieses koptische Wort demselben griechischen Terminus πένθος (=Nr.10 bei Ps.-Andronikos, Nr.5 bei Stobaios, luctus bei Cicero) zuzuordnen ist.[122] Solange aber bei Crum das griechische Äquivalent συμφορά vertreten ist, ist die Möglichkeit der Zuordnung zu diesem griechischen Wort Nr.6 bei Ps.-Andronikos nicht von der Hand zu weisen.

2.3.3.2: Unterarten von ἡδονή

Unter dem Hauptaffekt ἡδονή hat unser Text nur die zwei Unterarten, ϨⲀϨ Ⲛ̄ⲔⲀⲔⲒⲀ und ϢⲞⲨϢⲞⲨ. Die erstere ordnet sich zwar vom Wortstamm her dem griechischen Kompositum ἐπιχαιρεκακία/malivolentia in der Tabelle III gut zu. In diesem Fall aber muß man annehmen, daß aus der affektbezogenen Vorsilbe ἐπιχαιρε (-volentia) allerdings der rein quantitative Ausdruck ϨⲀϨ geworden ist. Das wäre dann ein Indiz dafür, daß die stoische Affektenlehre, auf die der Redaktor unseres Textes hier Bezug nimmt, ihm durch eine nicht mehr intakte, sondern teilweise verderbte Überlieferung

118 W.Westendorf, Koptisches Handwörterbuch, 394.

119 Zitat aus der Übersetzung von O.Apelt/K.Reich, a.a.O., Bd.II, 59.

120 Vgl. R.Draguet, a.a.O., 174b.

121 Gegen M.Tardieu, a.a.O., 314, der es zu ἄχθος zuordnet.

122 Vgl. R.Draguet, a.a.O., 140a. Dieselbe Zuordnung auch bei M.Tardieu, ebd.

vermittelt sein muß. Eine noch plausiblere Erklärung ist jedoch die, hier eine wahllose Mischung der stoischen Affekten- und Lasterlehre anzunehmen. Nach Diog. Laert., De clar. phil. VII, 92 (=SVF III 265) gelten die vier Hauptlaster ἀφροσύνη, δειλία, ἀδικία und ἀκολασία und ihre Unterarten als (πρῶται) κακίαι schlechthin. Auch Stobaios, Ecl.II 57,19-24 (=SVF III 70) bezeugt dieselbe stoische Definition: die vier Haupttugenden φρόνησις, σωφροσύνη, δικαιοσύνη und ἀνδρεία sind τὰ ἀγαθά, die vier Hauptlaster dagegen τὰ κακά. Da sowohl die Affekte als auch die Laster negative Größen sind, ist es verständlich, daß es in der Phase der popularisierten Stoa zu einer Vermischung der einen mit der anderen kam, die auch an anderen Orten beobachtet werden kann.[123] Ist ϩⲁϩ ⲔⲀⲔⲒⲀ in unserer Stelle auch aus diesem Grund in den jetzigen Kontext der Affektenlehre eingefügt worden, so spricht das erneut dafür, daß sich unser Redaktor hier auf eine bereits popularisierte Form der stoischen Tradition bezieht.

Die zweite Unterart bedeutet dem Wortsinn nach "Prahlerei"/"pride". Crum (604a) führt außer dem ersten griechischen Äquivalent καύχημα noch sehr viele griechische Substantiva auf. Keins davon aber findet sich in den stoischen Katalogen. Cicero bietet jedoch als drittes Glied iactatio. Dieses Wort bedeutet rein lexikalisch "Prahlerei", "Eitelkeit" und wird bei Cicero mit der folgenden Definition überliefert: est voluptas gestiens et se efferens insolentius ("eine Lust, die übertreibt, unverschämt und hemmungslos ist").[124] Leider ist aber jeder Rückschluß auf das griechische Wort, das Cicero sicher vorgefunden und so wiedergegeben hat, unmöglich.[125]

2.3.3.3: Unterarten von ἐπιθυμία

Von den insgesamt fünf Unterarten, die unser Text anführt, sind die zwei griechischen Termini ὀργή und ἔρως ohne weiteres den jeweils gleichen Wörtern in der Tabelle IV zuzuordnen. Beachtenswert ist dabei auch eine stellenmäßige Entsprechung: ὀργή stellt sowohl in unserem Text als auch in den Katalogen der Tabelle III bis auf Diog.Laert. die erste Unterart der ἐπιθυμία dar. Ob man weiter mit Tardieu die Wendung ἔρως ⲈϤⲤⲀϢⲈ als Fehlverbindung der zwei ursprünglich selbständigen Unterarten ἔρως und πικρία (=Nr.4 bei Ps.-Andronikos, Nr.6 bei Stobaios in der Tabelle IV) erklären kann,[126] bleibt unsicher.

Für die zweite Unterart ϬⲰⲚⲦ kann man mit Hilfe Crum (823a) feststellen,

---

[123] Z.B. in "Die Lehren des Silvanus" (NHC VII,4) 84,20-26; 95,23-32. Vgl. hierzu unten S. 114, Anm. 6.

[124] Übersetzung von O.Gigon in: M.T.Cicero, Gespräche in Tusculum, München 1979^4, 261.

[125] M.Tardieu, a.a.O., 315 denkt an ἔπαρσις.

[126] Vgl. M.Tardieu, ebd.

daß es das koptische Äquivalent von ϑυμός ist, was sehr gut belegt werden kann.[127] Dieses Wort ϑυμός (bei Cicero excandescentia) taucht auch bei allen vier Zeugen der stoischen Unterteilung, außer bei Diog.Laert. (Nr.7), genauso wie in unserem Text stets an der zweiten Stelle auf.

Von der dritten Unterart sind in unserem Text nur die ersten zwei Buchstaben χο< > erhalten. Während Krause auf eine Konjektur verzichtet, liest Giversen χό<λος>, eine Lesart, für die auch Schenke plädiert.[128] Werner, ein Schüler Schenkes, hält sie jedoch für zu lang und entscheidet sich für χο<λή>, eine Lesung,[129] die übrigens bereits Kasse vertreten hat.[130] Obwohl beide Lesarten vom Sinn her keinen allzu großen Unterschied aufweisen, fällt die Entscheidung doch ganz eindeutig zugunsten der ersten Lesart χό<λος>. Denn dasselbe Wort taucht bei allen drei griechischen Katalogen der Tabelle III und auch bei Cicero als discordia auf, wobei es bei Ps.-Andronikos und Stobaios an der dritten Stelle registriert wird.[131] Diese Lesung, die weder Giversen noch Schenke im Hinblick auf die stoische Affektenlehre konzipiert haben, darf jetzt als endgültig verifiziert gelten.

Die fünfte und letzte Unterart lautet ⲘⲚ̄Ⲧ̄ⲀⲦⲤⲈⲒ. Crum (317a) gibt zu erkennen, daß das Adjektiv ⲀⲦⲤⲈⲒ in den koptischen Versionen des AT oft ein ἄπληστος der LXX wiedergibt. Aber weder dieses griechische Adjektiv noch seine substantivierte Form kommen in der stoischen Unterteilung vor. Dem Wortsinn von ⲘⲚ̄Ⲧ̄ⲀⲦⲤⲈⲒ "Unersättlichkeit" kommt das sechste Glied bei Cicero indigentia am nächsten, da dieses bei ihm als libido inexplebilis definiert wird. Auf der anderen Seite wird dieser Terminus von Latinisten als lateinische Wiedergabe von σπάνις definiert.[132] Tatsächlich wird σπάνις bei Ps.-Andronikos als ἐπιϑυμία ἀτελής definiert. Damit ist der Kreis geschlossen: Das fünfte Glied ⲘⲚ̄Ⲧ̄ⲀⲦⲤⲈⲒ ist der Unterart σπάνις/indigentia in der Tabelle IV zuzuordnen.[133]

2.3.3.4: Unterarten von (Ϩ)ⲚⲰϨⲈ/φόβος[134]

Die erste Unterart ἔκπληξις und die dritte, ἀγωνία, haben in den stoischen Katalogen jeweils gut belegte, wortwörtliche Entsprechungen.

---

[127] Vgl. R.Draguet, a.a.O., 104a.

[128] H.M.Schenke, OLZ 59 (1964) 552.

[129] A.Werner, Das AJ, a.a.O., 142.

[130] R.Kasse, RThPh 99 (1966) 181.

[131] Dieselbe Zuordnung auch bei M.Tardieu, ebd.

[132] O.Heine, (Hg.) Ciceronis Tusculanarum Disputationes Heft 2, a.a.O., 62 und O.Gigon (Übers.) in: Cicero, Gespräche in Tusculum, a.a.O., 532.

[133] Dieselbe Zuordnung auch bei M.Tardieu, ebd.

[134] II 18,18 bringt ϨⲚⲰϨⲈ, während 18,30 ⲚⲰϨⲈ hat. Nur zur letzteren Stelle bietet IV 29,1 eine Parallele: ⲐⲢ̄ⲦⲈ (= Ⲧ + ϨⲢ̄ⲦⲈ). Sowohl ϨⲚⲰϨⲈ (Crum 693a) als auch ϨⲢⲦⲈ (ebd. 704b) haben φόβος als erstes griechisches Äquivalent.

Für die zweite, ⲔⲰⲢϢ, bietet sich bei Crum (117b-118a) rein lexikalisch ἱκετηρία und κολακεία an,[135] das in der Tabelle V jedoch nicht vorkommt. Als zweitbeste Entsprechung käme dann aus derselben Tabelle θόρυβος in Frage. Dessen Wortsinn "laute Äußerung des Beifalls" oder "applause" und die von Diog. Laert., Ps.-Andronikos und Stobaios seltsamerweise gleich bezeugte Definition φόβος μετὰ φωνῆς κατεπείγων passen recht gut zu unserem koptischen Wort ⲔⲰⲢϢ, das wie bei Giversen, Kasse und Wisse (vgl. oben Tabelle I) im Sinne von "Schmeichelei"[136] zu übersetzen ist. Die Wiedergabe Krauses mit "Überzeugung" bleibt insofern sehr mißverständlich, als sie sowohl transitiv als auch reflexiv verstanden werden kann, wobei ein reflexives Verständnis m.E. ganz fehl am Platz wäre. Die Wiedergabe von Tardieu mit "perplexité" fußt auf einem reinen Postulat. Es soll sich hier wiederum um einen Übersetzungsfehler von ὄκνος handeln.[137]

Die letzte Unterart ϢⲒⲠⲈ ist schließlich eindeutig dem stoischen Terminus αἰσχύνη zuzuordnen. Nach Crum (577a) gilt ϢⲒⲠⲈ allgemein als das Äquivalent für αἰσχύνη.[138]

2.3.3.5: Zusammenfassung in einer Tabelle

Alle Einzelergebnisse unserer philologischen Zuordnung lassen sich in folgender Tabelle veranschaulichen. Dabei werden diejenigen Zuordnungen, bei denen wir uns mit einer semantischen Analyse behelfen mußten, durch ein Fragezeichen gekennzeichnet. In der Spalte der Hauptzeuge der stoischen Parallelen signalisiert C. = Cicero, D. = Diogenes Laertios, A. = Ps.-Andronikos und S. = Stobaios.

---

[135] So auch bei R.Draguet, a.a.O., 105b. 115a.

[136] So auch bei A.Werner, Das AJ, a.a.O., 142.

[137] M.Tardieu, a.a.O., 315.

[138] So auch bei R.Draguet, a.a.O., 49b. Dieselbe Zuordnung auch bei M.Tardieu, ebd.

TABELLE VI

Hauptaffekte	Unterart	Übersetzung	Stoische Parallele	Hauptzeuge			
λύπη	φθόνος	Neid	φθόνος/invidentia	C.,	D.,	A.,	S.
	ⲕⲱϩ	Eifersucht	ζῆλος/aemultatio	C.,	D.,	A.,	S.
	ⲙ̄ⲕⲁϩ	Wehleid	ὀδύνη/aerumna	C.,	D.,	A.,	S.
	ὄχλησις	Bedrängnis	ὄχλησις/molestia	C.,		A.	
	ⲛⲓⲕⲉ	Mühe/Sorge	ἄχθος, ἀνία, ἄχος(?)	C.,	D.,	A.,	S.
	ⲙⲛ̄ⲧⲁⲧⲣ̄ϩⲧⲏϥ	Fahrlässigkeit	βαρυθυμία, σύγχυσις(?)		D.,	A.	
	ⲣⲟⲟⲩϣ	Besorgnis	φροντίς			A.	
	ϩⲏⲃⲉ	Leid	πένθος/luctus			A.,	S.
ἡδονή	ϩⲁϩ ⲛ̄ⲕⲁⲕⲓⲁ	viele Schlechtigkeiten	ἐπιχαιρεχαχία /malivolentia	C.,	D.,	A.,	S.
	ϣⲟⲩϣⲟⲩ	Prahlerei	/iactatio(?)	C.			
ἐπιθυμία	ὀργή	Zorn	ὀργή/ira	C.,	D.,	A.,	S.
	ϭⲱⲛⲧ	Wut	θυμός/ excandescentia	C.,	D.,	A.,	S.
	χό(λος)	Galle	χόλος		D.,	A.,	S.
	ἔρως	Liebe	ἔρως		D.,	A.,	S.
	ⲙⲛ̄ⲧⲁⲧⲥⲉⲓ	Unersättlichkeit	σπάνις/ indigentia(?)	C.,	D.,	A.	
(ϩ)ⲛⲱϩⲉ/ φόβος	ἔκπληξις	Bestürzung	ἔκπληξις/terror	C.,	D.,	A.,	S.
	ⲕⲱⲣϣ	Schmeichelei	θόρυβος(?)		D.,	A.,	S.
	ἀγωνία	Beängstigung	ἀγωνία		D.,	A.,	S.
	ϣⲓⲡⲉ	Scham	αἰσχύνη		D.,	A.,	S.

2.3.4: Die gnostische Sinngebung

Bei der obigen Zuordnung haben wir eine Bemerkung, die sich in unserem Text dreimal wiederholt, ganz außer Acht gelassen. Sie steht am Schluß der Aufzählung von Unterarten der λύπη und lautet ⲁⲩⲱ ⲡⲕⲉ ϣⲱϫⲡ (II 18,23) "und der andere Rest". Sie folgt ebenso der jeweilig letzten Unterart von ἡδονή und ἐπιθυμία und lautet dann beidemal übereinstimmend ⲁⲩⲱ ⲛⲉⲧⲉⲓⲛⲉ ⲛ̄ⲛⲁⲓ̈ "und die diesen gleichen". Nur beim vierten Hauptaffekt Furcht fehlt eine solche abschließende Bemerkung. Diese Bemerkung macht deutlich, daß es sich bei unserem Katalog um keine komplette Aufzählung aller Unterarten des jeweiligen Hauptaffektes, sondern um eine bestimmte Auswahl daraus handelt. Die Zahl der einzelnen Parallelen zu den stoischen

Überlieferungen wäre noch größer geworden, hätte unser Text die ursprünglichere, vollständige Liste wiedergegeben. Aber gerade zu solch einem Auswahlverfahren selbst bieten Cicero und Stobaios interessante Parallelen: Der erstere schließt die ganze Reihe der Unterarten von aegritudo, voluptas und libido jeweils mit "et si quae sunt de genere eodem", "et similia" und "et cetera eius modi" ab (Tusc.Dis. IV,16), der letztere beendet die Aufzählungen der Unterarten von ἐπιθυμία und ἡδονή beidemal mit "καὶ τὰ ὅμοια" (Ecl. II 91,4.5, vgl. SVF III 394). In der doxographischen Tradition, zu der auch Stobaios gehört - von der im Anhang (S. 118ff) eingehender die Rede sein wird - kann ein solches Auswahlverfahren - v.a. in Bezug auf eine katalogartige Überlieferung wie die Unterteilung der Hauptaffekte - ohne weiteres denkbar sein und sich im Laufe der Überlieferungsgeschichte immer wieder ereignen, da Auswahl ein überlieferungsgeschichtliches Grundprinzip ist.[139] Im Fall von Stobaios kann deshalb die genannte Bemerkung sowohl von ihm selbst als auch von seiner Vorlage stammen. Genauso kann die in unserem Text angemerkte Auswahl sowohl von seinem Redaktor wie von seiner Vorlage getroffen worden sein. Wahrscheinlicher ist, daß erst der Redaktor selbst sie getroffen hat, weil er unmittelbar an unseren Text anschließend bemerkt: "Es sind nämlich andere über dem anderen Rest der Leidenschaft (πάθος), die ich nicht genannt habe. Wenn du sie aber kennenlernen willst: er ist im Buche des Zoroastros geschrieben" (II 19,6-10).

Um nun die eigene Sinngebung unseres Redaktors herauszuarbeiten, ist zunächst seine Vorlage, "das Buch des Zoroastros", näher zu bestimmen. Bekanntlich hat Giversen bereits 1963, als die neue gnostische Schrift "Zostrianus" (NHC VIII) nur dem Namen nach bekannt sein konnte, mit der Möglichkeit gerechnet, diese Schrift mit "dem Buch des Zoroastros" an unserer Stelle in Verbindung zu bringen.[140] Eine solche Identifikation wird heute allgemein abgelehnt. Die Forschung identifiziert zwar diese neue gnostische Schrift mit der bei Porphyrios (Vita Plotinis 16) und Klemens von Alexandrien (Stromateis I, XV 69,6; V,XIV 103,3) unter dem Namen von Zostrianus/Zoroastres erwähnten Geheimschrift, ist aber sehr skeptisch gegenüber einer Identifkation dieser Schrift mit dem "Buch des Zoroastros" im **AJ**.[141]

[139] A.Vögtle, a.a.O., 90 belegt gleichartige Abschlußformeln für eine Reihe von Ehreninschriften, die wohl unter dem Einfluß der kynisch-stoischen Popularphilosophie Tugenden der betreffenden Personen katalogartig und einer bestimmten Formelsprache folgend aufzählen.

[140] S.Giversen, a.a.O., 253.

[141] Vgl. dazu die Beschreibung durch den Berliner Arbeitskreis für koptisch-gnostische Schriften in: K.-W.Tröger, Gnosis und Neues Testament, Berlin/Gütersloh 1973, 65f; C.Colpe, in: JAC 20 (1977) 155-159; A.Werner, Das AJ, a.a.O., 133; P.Nagel, Anatomie des Menschen in gnostischer und manichäischer Sicht, in: ders. (Hg.), Menschenbild in Gnosis und Manichäismus, Halle/Wittenberg 1979, 67-94, bes. 94; M.Tardieu, a.a.O., 300.

Tatsächlich weist die neue Schrift, die jetzt in einer englischen Übersetzung leicht zugänglich ist,[142] keine eingehende Reflexion über die menschlichen Affekte auf. Dieser inhaltliche Unterschied wird noch größer, wenn man die Vorlage unseres Redaktors nicht allein für unsere Textpartie, die unmittelbar von den Affekten (πάϑη) handelt, sondern auch - wie viele Forscher voraussetzen - für den großen Einschub im ganzen in Anspruch nehmen darf. Zwar sagt unser Redaktor mit seiner oben angeführten Schlußbemerkung (II 19,6-10) nur so viel, daß in seiner Vorlage weitere Unterarten der Affekte enthalten gewesen sind. Das darf aber nicht so verstanden werden, daß sie nur eine Affektenlehre zum Inhalt hätte, was von vorneherein unwahrscheinlich ist.[143]

Liegt die Vorlage dem ganzen Einschub zugrunde, so muß sie ein recht eklektisches Buch gewesen sein, denn die ersten zwei Drittel des großen Einschubes stellen eine anatomische Liste verschiedener Körperteile des Menschen dar. Als geistesgeschichtlicher Hintergrund dieser Partie ist teils die astrologische Medizin des Ptolemaeus,[144] teils eine Lehrüberlieferung der ägyptischen Gliederlisten medizinischer und magisch-ritueller Natur,[145] teils eine "Physika"-Literatur[146] und nicht zuletzt eine mit anderen Elementen vermengte Platon(Timaios)-Tradition angenommen worden.[147] Wie dem auch sei, es steht fest, daß den reinen und erstklassigen Überlieferungen der älteren und mittleren Stoa ein solch anatomischer Gedanke fremd ist. Andererseits ist, wie oben festgestellt wurde, der Grundstock derjenigen Partien des großen Einschubes, die die Erkenntnis des Menschen (II 17,32-18,2) und die Qualitäten und Mischung der Materie (18,2-14) behandeln, stoisch. Dieses Nebeneinander zwingt uns zu der Annahme, daß es bereits in "dem Buch des Zoroastros" zu einer eklektischen Vermengung der stoischen Lehrtradition mit ursprünglich fremden Gedanken gekommen war. Dies Buch kann daher kein "offizielles" Lehrbuch der stoischen Schule gewesen sein. Die von

---

[142] Von J.H.Sieber in: J.M.Robinson (Hg.), The Nag Hammadi Library in English, a.a.O., 368-393.

[143] Vgl. hierzu das u.E. richtige Empfinden von S.Giversen, a.a.O., 252: "even though many names are mentioned, it is still far from three hundred sixty-five--for the remaining names John is referred to the book of Zoroastros. It seems as though those who are not named include only the daemons which are attached to the passions."

[144] Vgl. A.Bouché-Leclercq, L'astrologie grecque, Paris 1899, 517-542 (Kap.XV); F.Boll/C.Bezold/ W.Gundel, Sternglaube und Sterndeutung. Die Geschichte und das Wesen der Astrologie, Leipzig/Berlin (1919) 1931[4] (Nachdr. Darmstadt 1966), 55.136-139.

[145] So P.Nagel, Anatomie, a.a.O., 79. Er nimmt an, daß dieselbe Lehrüberlieferung auch dem manichäischen Kephalaia Kap.70 zugrundeliegt (ebd. 87-92).

[146] So C.Colpe, JAC 19 (1976) 126 Anm.16. Vgl. auch seine dort genannten Artikel "Alchemie" in: KP 1, 237-239 und "Corpus Hermeticum" ebd. 5, 1588-1592.

[147] So A.Werner, Das AJ, a.a.O., 133f. 272.

uns oben herausgearbeitete Tatsache, daß auch die genannten Partien II 17,32-18,2 und 18,2-14 Züge eines popularisierten Stoizismus aufweisen, findet so eine Erklärung.

Auch in unserem Abschnitt über die menschlichen Affekte haben wir bereits bei der obigen Zuordnung in zwei Punkten ähnliche Züge festgestellt, einmal darin, daß die Definitionen zu den Hauptaffekten und deren Unterarten weggefallen sind, und ein andermal in der Einführung der ursprünglich zur Lasterlehre gehörenden Wendung ϩⲁϩ ⲛ̄ⲕⲁⲕⲓⲁ in den Kontext der Affektenlehre (§ 2.3.3.2).

Darüber hinaus läßt sich in unserem Abschnitt ein wahrer Zug eines popularisierten und fremden Einflüssen unterzogener Stoizismus beobachten: Gleich nachdem nämlich alle Unterarten der vier Hauptaffekte fertig aufgezählt worden sind, fügt sich ein Satz an, der sich anaphorisch auf alle aufgezählten Einzelaffekte bezieht und definitionsartig ihre Beschaffenheit für die Menschen beschreiben will: "Diese alle aber sind von der Art, daß sie nützlich (ⲣ̄ϣⲁⲩ) und schlecht sind" (II 18,31-33). Diese anscheinend ambivalente Bewertung der Affekte wirkt im Kontext störend. Mit Recht sagt Böhlig dazu: "Das ist für ein gnostisches Werk eine eigenartige Beurteilung."[148] Wohl wird auch Giversen diesen störenden Charakter von ⲣ̄ϣⲁⲩ gesehen haben, als er es einfach zu <ⲁⲧ>ⲣ̄ϣⲁⲩ, d.h. "unnützlich" emendierte.[149] Da sich aber kein zwingender textkritischer Grund dafür ausfindig machen läßt, muß man bei der Lesung ⲣ̄ϣⲁⲩ bleiben, was zur Folge hat, daß man mit Böhlig die Wertung der Affekte in unserem Satz als "nicht stoisch, sondern peripatetisch" bezeichnen muß. Seine Ambivalenz wird nicht vom Grundsatz der stoischen Ethik, die den Affekt negativ als etwas Auszurottendes bewertete, sondern nur vom Grundsatz der peripatetischen Ethik aus verstehbar: "nicht die Ausrottung der Affekte, sondern die rechte Mitte zwischen dem Zuviel und Zuwenig sei zu verlangen,"[150] Wir finden hier also den Grundsatz der Metriopathie, der im Gegensatz zur stoischen Apathie steht.

Das soll dennoch nicht darüber hinwegtäuschen, daß der Grundcharakter unserer Partie stoisch bleibt. Dafür spricht die Unterteilung der vier Hauptaffekte als solcher. Bei der ambivalenten Bewertung der Affekte handelt es sich um einen sekundären Zusatz der peripatetischen Ansicht zum stoischen Grundstock. Ein analoges Beispiel bietet die Schrift "Περὶ παθῶν" von Ps.-Andronikos, von der als einem Hauptzeugen der stoischen Affektenlehre bereits oft die Rede war. Die neuere Forschung glaubt, im ersten "De affectibus" genannten Teil dieser Schrift - besonders unter den den Einzelaffekten

---

[148] Zitat bei A.Böhlig, Zum Hellenismus, a.a.O., 29.

[149] S.Giversen, a.a.O., 81: "the ms. has 'useful' probably owing to a mistake".

[150] Zitat bei M.Pohlenz, Die Stoa, Bd.1, a.a.O., 173. Unverständlich ist die Bemerkung von M.Tardieu, a.a.O., 315: "Le thème de l'utilité des passions vient de l'ancien stoicisme."

zugeordneten Definitionen - einige peripatetische (und platonische) Zusätze feststellen zu können.[151] Dem zweiten Teil, "De virtutibus et vitiis" wurde sogar zum Schluß deutlich sekundär ein ganzer Abschnitt (XIX) durch einen Kompilator angehängt, der in diesem Teil und/oder im ganzen Werk "Περὶ παθῶν" eine deutliche Definition von ἀρετή/virtus als μεσότης/medietas zwischen beiden Extremen so sehr vermißte, daß er diese aristotelische Definition aus der Ethica Nicomachea und der Ethica Eudemia hier unbedingt meinte nachholen zu müssen.[152] Darin muß ein Grund dafür liegen, daß diese ganze Schrift bald fälschlich dem Peripatetiker Andronikos von Rhodos (1.Jhdt.v.Chr.) zugeschrieben wurde.

Wenn die Beschaffenheit des "Buches des Zoroastros" soweit einigermaßen klar geworden, so fragt sich, wie unser Redaktor dessen Ausführungen über die Affekte verstanden und in das **AJ** eingearbeitet hat. Verstand er sie im Sinne der ambivalenten Bewertung der Affekte im peripatetischen Zusatz? Das wäre für ein gnostisches Werk "eigenartig" (Böhlig). Aber das Gegenteil ist der Fall. Er *dämonisiert* auch hier die stoische Affektenlehre, indem er die vier Hauptaffekte den vier "führenden (ἀρχηγός)" Dämonen, Ephememphi, Jôkô, Nenentôphni und Blaomên und diese vier Dämonen wiederum ihrer Mutter Esthênsisouch-Epiptoê unterstellt. Selbst die an sich ambivalente Aussage des peripatetischen Zusatzes wird nicht unangetastet gelassen, sondern durch eben diese Dämonisierung eingeklammert. Das ist wohl der redaktionelle Sinn davon, daß im unmittelbaren Anschluß an den Zusatz nochmals von der Dämonenmutter die Rede ist: "Die Ennoia (ἔννοια) aber (δέ) ihrer Wahrheit (ist) Anaiô[153] - diese ist das Haupt der materiellen (ὑλικός) Seele (ψυχή); denn (γάρ) sie ist mit der Wahrnehmung (αἴσθησις) Zouch-Epiptoê."

Freilich kann diese Dämonisierung schon im "Buch des Zoroastros" eingesetzt haben, denn bereits der Name Zoroastros, der im späten Hellenismus als der Repräsentant der persisch-babylonischen Magie galt,[154] läßt vermuten, daß in ihm auch die magische Tradition ihren Niederschlag gefunden haben

---

[151] Nach A.Glibert-Thirry, a.a.O., 9-11. 27-29. 34 gelten als peripatetische Zusätze u.a. die erste und die zweite Definition von ἔρως (vgl. Nr.7 und 8 in der Tabelle IV), die von νέμεσις (vgl. Nr.19 in der Tabelle II); als platonisch-akademisch hingegen die dritte Definition von ἔρως (vgl. Nr.9 in der Tabelle IV), die von ὀδύνη (Nr.13 in der Tabelle II) und μεγαλοπρέπεια im Abs. VI von De affectibus.

[152] Glibert-Thirry, ebd. 9f. 29. 34.

[153] Hier ist die Lesung des Textes nicht ganz sicher. S.Giversen, a.a.O., 81 und 250f konjiziert ἀνά<γκη>. Ich halte aber den Vorschlag für besser, hier einen Dämonennamen zu sehen. Vgl. dazu außer M.Krause auch R.Kasse, RThPh 99 (1966) 181 und F.Wisse, in: J.M.Robinson (Hg.), The Nag Hammadi Library in English, a.a.O., 109.

[154] Repräsentativ hierfür ist Klemens von Alexandrien, Strom. I Kap XV 69,6 und V Kap XIV, 103,3. Vgl. P.Nagel, Anatomie, a.a.O., 81.

muß. In diesem Fall kann die Dämonisierung nicht ohne weiteres einen negativen Sinn gehabt haben, sondern möglicherweise hat sie mit dem peripatetischen Zusatz derart im Einklang gestanden, daß es die Magie ist, die darüber entscheidet, ob der Affekt (πάθος) und seine Unterarten "nützlich" oder "schlecht" werden. Hat das "Buch des Zoroastros" außerdem in seinen Partien über den menschlichen Erkenntnisakt sowie die Qualitäten der Materie eine ähnliche Dämonisierung eingeführt, so läßt sich das im gleichen Sinne wie hier verstehen.

Auf jeden Fall hat erst unser Redaktor die Dämonisierung der Affekte im eigentlich gnostischen Sinne des Wortes geleistet, indem er die Dämonen im Rahmen des Erlösungsmythos des **AJ** als Untertanen des Jaldabaoth eindeutig negativ bloßstellt. Wie konsequent und mit welch großem Interesse er diese negative Dämonisierung der Affekte weiter ins Auge faßt, zeigt sich in II 28,21-26/IV 44,7-12, wo er ebenfalls in einen vorgegebenen Kontext, der sich - wie weiter unten (§ 3.4.2.3.) eingehender gezeigt werden soll - mit der stoischen Heimarmenelehre auseinandersetzt, einen kleinen Einschub einfügt: "Aus jener Heimarmene (εἱμαρμένη) nämlich (γάρ) entstanden jeder Frevel (ⲘⲚⲦϢⲀϤⲦⲈ), die Gewalt (ϪⲒⲚϬⲞⲚⲤ), die Blasphemie (ⲞⲨⲀ), die Fessel der Vergessenheit (ⲦⲘⲢⲢⲈ ⲚⲦⲂϢⲈ), die Unwissenheit (ⲘⲚⲦⲀⲦⲤⲞⲞⲨⲚ), jedes schwierige Gebot (παραγγελία), die schweren Sünden (ⲚⲒⲚⲞⲂⲈ ⲈⲦϨⲞⲢϢ) und die große Furcht (ⲚⲒⲚⲞϬ ⲚϨⲢⲦⲈ)."[155]

Unserem Redaktor war kurz zuvor im Text eine Dämonisierung der Heimarmene bereits vorgegeben (II 28,18-20/IV 44,2-5). Er will diese konkreter begründen. Obwohl er hier genau genommen in erster Linie nicht menschliche Affekte, sondern verschiedene Laster aufzählt, so ist doch im letzten Glied eine Verbindung mit seiner Dämonisierung der Affekte deutlich zu erkennen. Aus der stoischen (Tugend- und) Lasterlehre, die ebenso wie die Affektenlehre katalogartige Unterteilungen vornimmt, ließe sich nur zu dem ersten ("Frevel"), dem zweiten ("Gewalt"), dem vierten ("Unwissenheit") und dem sechsten Glied ("diese schweren Sünden") jeweils eine mehr oder weniger entfernte Parallele anführen.[156] Unabhängig davon, ob die einzelnen

[155] Unsere Übersetzung "... die Blasphemie, die Fessel der Vergessenheit" weicht von M.Krause, Die drei Versionen, a.a.O., 190 und R.Kasse, RThPh 100 (1967) 23 ab, die beide ⲠⲞⲨⲀ als distributives Pronomen verstehen. Vgl. zur Übersetzung von ⲂϢⲈ bei M.Krause mit "Erkenntnisunfähigkeit" H.M.Schenkes Kritik in OLZ 59 (1964) 551, der es mit λήθη identifiziert. So bereits auch S.Giversen, a.a.O., 265. Unsere Übersetzungen stimmen mit S.Giversen, a.a.O., 101 und F.Wisse in: The Nag Hammadi Library in English, a.a.O., 144 überein.

[156] Für ⲘⲚⲦϢⲀϤⲦⲈ = ἀσέβεια, πλημμέλεια (Crum 611b) vgl. SVF III 604, 661 und Ps.-Andronikos, De virtutibus et vitiis XVI, wo beide griechischen Wörter als Unterarten von ἀδικία auftauchen; für ϪⲒⲚϬⲞⲚⲤ = ἀδικία, πλεονεξία, κακία (Crum 822b) ebenso SVF III,262. 265. 537 und Ps.-Andronikos ebd.; für ⲘⲚⲦⲀⲦⲤⲞⲞⲨⲚ = ἄγνοια, ἀγνόημα (Crum 370b) SVF III 95.262.265; für ⲚⲞⲂⲈ = ἁμαρτία,

Parallelen als wahrscheinlich gelten, steht eines fest: Wie die stoische Überlieferung die Affekten- und die Tugend- und Lasterlehre als zwei miteinander eng verbundene Lehrbereiche ansah, genauso fühlt sich unser Redaktor zur Dämonisierung der beiden Lehrüberlieferungen berufen.[157]

Zum Abschluß unserer Analyse der gnostischen Sinngebung durch den Redaktor sei noch darauf hingewiesen: Für die eigentlichen Stoiker galten die Affekte und Laster wegen ihrer Idee der Apathie von vorneherein als etwas Negatives, das es auszurotten galt.[158] Die Vorlage unseres Redaktors hatte jedoch diese Negativität insofern gemindert, als sie, wie wir gesehen haben, die Affekte durch einen kleinen peripatetischen Zusatz als etwas Ambivalentes bezeichnete. Bei unserem Redaktor aber ist das Pendel noch einmal in die entgegengesetzte Richtung ausgeschlagen. Bei ihm gelten die Affekte wie die Laster des Menschen als von Grund aus dämonisch. Es könnte so aussehen, als ob er für die Betonung ihrer Negativität ein gutes Stück Weg mit den Stoikern Hand in Hand zusammengehen könnte, aber ihnen wäre eine solche Dämonisierung, wie sie uns vorliegt, sicher fremd und unheimlich vorgekommen, denn es gibt nach ihrer Ansicht in der Welt, die durch den göttli-

---

παράπτωμα (Crum 222a) SVF III 500. 501. 527. 528. 661). Auch für B̄ϢЄ = λήθη "Vergessenheit" vgl. Ps.-Andronikos, De virtutibus et vitiis XVIII.

[157] Auch in UW (NHC II,5) 105,30-106,12 kommen sieben negative Affekte mit sieben guten Tugenden verbunden und jeweils personifiziert vor. Interessanterweise handelt es sich auch hier um einen sekundären Einschub, der 103,32-107,17 umfaßt. Vgl. dazu A.Böhlig, Die koptisch-gnostische Schrift ohne Titel, a.a.O., 21f. Von den sieben Tugenden, die hier unserer Ansicht nach bereits vom christlichen Tugendideal gefärbt sind, sehen wir ab. Die sieben negativen Affekte werden, weil sie alle als mannweibliche Wesen verstanden werden, sowohl mit ihren männlichen als auch mit ihren weiblichen Namen aufgezählt. Eine Zuordnung der teilweise auf Koptisch genannten Affekte zu ihren griechischen Äquivalenten hat bereits M.Tardieu, Trois mythes gnostiques, Paris 1974, 68 unternommen. G.Mussies, Catalogues of Sins and Virtues Personified (NHC II,5), in: R. van Broek/M.J.Vermaseren (Hg.), Studies in Gnosticism and Hellenistic Religions presented to Gilles Quispel, Leiden 1981, 315-335, bes. 327-329 präzisiert es in Einzelheiten weiter und zeigt, in welch großer Schwierigkeit, ja Unmöglichkeit, der koptische Übersetzer sich hier befindet, für alle - v.a. weiblichen - Affekte auch geschlechtsmäßig passende koptische Äquivalente zu finden. Nicht alle Einzelaffekte der von den beiden rekonstruierten griechischen Listen lassen sich in den stoischen Tabellen II-IV (s.o.) finden. Aber ζῆλος (ΚΩϨ), θυμός (ϬΩΝΤ), πένθος in der männlichen Liste, ὀργή, λύπη, ἡδονή, πικρία und ἔρις (ΜΝΤϯΤΩΝ) in der weiblichen sind dort eindeutig vertreten. Man wird wohl nicht zu weit mit der Annahme gehen, daß auch hier eine stoische Affektenlehre vorausgesetzt ist. Hier ist jedoch die stoische, systematische Unterteilung der vier Hauptaffekte bereits gänzlich verlorengegangen, weil der Redaktor die Affekte in ein ganz anderes, gnostisches System der mannweiblichen Syzygie zwingt.

[158] Das gilt auch für Chrysipp trotz seiner intellektualistischen Umbildung der Affektenlehre des Zenons. Vgl. dazu M.Pohlenz, Die Stoa, Bd.1. a.a.O., 91f. 141-153.

chen Logos durchwaltet ist, keinen Raum für so etwas wie böse Dämonen.[159]

2.4: Zusammenfassung

Blicken wir auf die bisherige Untersuchung zurück, so können wir mit großer Sicherheit folgende Punkte als Ergebnisse festhalten:

1) Derjenige, der für den großen Einschub II 15,29-19,12/IV 24,21-29,22 und für den kleinen II 28,21-26/IV 44,7-12 redaktionell verantwortlich ist, hat bereits in seiner Vorlage, "dem Buch des Zoroastros", die stoische Lehre über den Erkenntnisakt, die Qualitäten der Materie und ihrer Verbindung und über die Affekte des Menschen vorgefunden und zwar in einer Form, die erkennen läßt, daß der Schreiber dieser Vorlage sie nicht mehr richtig verstanden und sie mit fremden Elementen, teils peripatetischer, teils platonisch-akademischer Art eklektisch vermischt hat.
2) Wenn auch bereits diese Vorlage eine gewisse Dämonisierung der stoischen Lehre im Sinne der Magie vorgenommen haben könnte, so hat doch erst der Redaktor des großen Einschubes dieser Dämonisierung einen eindeutig gnostischen Sinn gegeben. Das wirkt sich auf die stoische Erkenntnis- sowie Qualitäten- und Mischungslehre so radikal aus, daß ihr traditioneller Theoriewert fast "revolutionär" umgestürzt wird. Die Dämonisierung der menschlichen Affekte bedeutet zwar keinen ebenso radikalen Umsturz der stoischen Affektenlehre, denn auch die Stoiker betonten die Negativität der Affekte. Deren gnostische Dämonisierung aber müßte den Stoikern ganz fremd erschienen sein.[160]
3) Die Frage, wie sich im Aufbau der Vorlage der anatomische Bericht über die menschlichen Körperteile (II 15,29-17,32) und die drei von uns untersuchten Textpartien (II 17,32-18,2; 18,2-14; 18,14-19,2) zueinander verhielten, sowie die weitere Frage, ob und was die Vorlage sonst noch beinhaltete, lassen sich kaum beantworten. Sicher ist nur, daß der Redaktor eine Auswahl aus der Vorlage getroffen hat. Außerdem hat er die drei genannten Partien offensichtlich als eine sachlich untrennbare Einheit verstanden und sie redaktionell bearbeitet, indem er sie unmittelbar nacheinander eingeschoben hat. Damit mußte er allerdings eine logische Inkonsequenz in

---

[159] K.Reinhardt, Kosmos und Sympathie, München 1926, 276-284 betont das für Poseidonios. Für die dualistisch-gnostische Dämonisierung der Affekte "einen großen Stoiker als Urheber zu postulieren", sei irrig (278). Vgl. auch M.Pohlenz, Die Stoa, Bd.1, a.a.O., 420. Für Poseidonios selber bedeutet "Dämon" (δαίμων) etwas ganz anderes, nämlich die Seele als inneren Geist des Menschen. Vgl. dazu W.Theiler, Poseidonios. Die Fragmente, Bd.II (Erläuterungen), Berlin 1982 (Texte und Kommentare 10,2), 316-320.

[160] Daß die Dämonisierung ein Spezifikum des Codex II bildet, ist bereits von S.Giversen, a.a.O., 250 philologisch sehr überzeugend nachgewiesen worden.

Kauf nehmen, auf die von vielen Forschern hingewiesen wird: Vor dem eigentlichen Bericht über die Erschaffung des materiell-fleischlichen Menschen, der erst später in II 20,35-21,14 auftaucht, ist bereits am Ende unseres großen Einschubes von der materiellen Seele des Menschen die Rede.[161] Daß der Redaktor bereits hier den materiellen Menschen ins Auge faßt, ist innerhalb des großen Einschubes nirgends deutlicher zu sehen als in den letzteren zwei der von uns behandelten Partien, wo expressis verbis von der Materie (näherhin von ihren Qualitäten und ihrer Mischung) und sogar vom materiellen Körper (ⲠϨⲨⲖⲒⲔⲞⲚ ⲚⲤⲰⲘⲀ = 19,6) ausdrücklich gesprochen wird. Er hätte wenigstens diese zwei Partien nicht hier, sondern in den vorgefundenen eigentlichen Bericht über die Erschaffung des materiellen Menschen einschieben können. Er hat das nicht getan, sondern beide Partien gleich nach dem Abschnitt über den Erkenntnisakt der Seele zusammengestellt bzw. - falls diese Reihenfolge bereits in seiner Vorlage vorhanden war - sie unverändert so bestehen lassen. Warum? Sicher doch deshalb, weil er sich der theoriegeschichtlichen, ja sogar der durch ihren stoischen Charakter bedingten Zusammengehörigkeit dieser drei Partien bewußt war. Insofern kann man den großen Einschub nicht als bloße Zusammensetzung disparater Elemente bezeichnen.[162]

Nach dieser Zusammenfassung müssen wir uns entsprechend dem zu Beginn dieser Arbeit formulierten methodischen Grundsatz im folgenden einer neuen Frage zuwenden: Stellt die gnostische Polemik des großen Einschubs gegen die stoische Lehrtradition einen Fremdkörper dar, der der ursprünglichen Verfassungsabsicht der Schrift **AJ** widerspricht? Oder aber steht sie mit der ursprünglichen Intention der Schrift in Übereinstimmung?

---

161 So auch S.Giversen, a.a.O., 252f; A.Werner, Das AJ, a.a.O., 144.

162 Gegen A.Werner, Das AJ, a.a.O., 132. P.Nagel, Anatomie, a.a.O., 73 spricht von einem "mehrstufigen Redaktionsprozeß".

KAPITEL 3: DAS STOISCHE UND DIE GNOSTISCHE POLEMIK AUSSERHALB DES GROSSEN EINSCHUBES

Unsere These zu der zuletzt gestellten Frage haben wir bereits oben bei der Problemstellung dargestellt. Sie muß nun begründet werden. Dazu halten wir es methodisch für ratsam, die hierfür in Frage kommenden Texte am Leitfaden der Handlung des Erlösungsmythos im **AJ** zu behandeln, damit die Beweisführung verständlicher wird.

3.1: II 10,19-11,10 (Parr.) und die stoische Kosmologie

3.1.1: Der Text

Zuerst sei auch diesmal die Übersetzung des Textes vorgelegt, die wir für die sachgemäßeste halten. Unter den vorliegenden Übersetzungen der ganzen Schrift **AJ** kommt sie derjenigen von Giversen am näcshten:

"Dieser ist der Erste Archon (ἄρχων). Er ist es, der eine große Kraft (δύναμις) aus seiner Mutter empfing. Und er entfernte sich von ihr und wandte sich weg von den Orten (τόπος), in denen er geboren war. Er nahm (andere Orte) in Besitz und schuf sich andere Äonen (αἰών) aus Flammen des Lichtfeuers, das jetzt noch existiert. Und er verband[1] sich mit seinem Unverstand (ἀπόνοια), der in ihm ist, und schuf Gewalten (ἐξουσία) für sich selbst. Der erste nun - sein Name ist Athôt. Er ist derjenige, den die Geschlechter (γενεά) <....> nennen. Der zweite ist Harmas. Er ist <das Auge> der Eifersucht. Der dritte ist Kalila-Oimbri. Der vierte ist Iabêl. Der fünfte ist Adônaiou, den man Sabaôth nennt. Der sechste ist Kain, den die Geschlechter (γενεά) "die Sonne" nennen. Der siebente ist Abel. Der achte ist Abrisene. Der neunte ist Jôbêl. Der zehnte ist Armoupieêl. Der elfte ist Melcheir-

---

[1] M.Krause, Die drei Versionen a.a.O., z.St. übersetzt hier "er war erstaunt in seinem Unverstand (ἀπόνοια)". So ähnlich auch R.Kasse, RThPh 49 (1966) 166. S.Giversen, a.a.O., 64f, 117, 202 schlägt vor, statt TⲰMT (Crum 416b) TⲰMⲈ (ebd. 414b) zu lesen, und übersetzt "he joined himself with his ignorance". A.Werner, Das AJ, a.a.O., 82 Anm.4 neigt auch zu dieser Übersetzung und weist zutreffend darauf hin, daß es sich um eine Verbindung des Jaldabaoth mit seiner bisher noch nicht erwähnten Paargenossin "Aponoia" handelt. Diese Paarung entspreche ferner der des ersten Gottes und der Barbelo/Pronoia. Die Kurzversionen bringen in ihren Parallelstellen die Lesung NOYϨB̄ "verbinden" (III 16,7/BG 39,5). Man müßte hier deshalb TⲰMT für mit NOYϨB̄ MN- synonym halten, obwohl das lexikalisch bisher nicht eindeutig belegt worden ist. So jetzt auch F.Siegert, Nag-Hammadi-Register, a.a.O., 104.

Adônein. Der zwölfte ist Belias, der über die Tiefe der Unterwelt (Herr) ist. Und er stellte sieben Könige, (und zwar) je einen gemäß den Firmamenten (στερέωμα) des Himmels bis zum siebenten Himmel, und fünf über die Tiefe der Unterwelt, damit (ὥστε) sie beherrschen. *Und er teilte ihnen von seinem Feuer mit, aber er gab ihnen von der Lichtkraft, die er von seiner Mutter empfangen hatte, nicht.*[2] Denn er ist eine unwissende Finsternis."[3]

3.1.2: Der kontextuelle Unterschied zu den Kurzversionen (Codex III und BG)

Nach dem soeben angeführten Text schließen sich in den Langversionen folgende Berichte in dieser Reihenfolge an:

A) Eine etwas allgemeine Aussage über das mit der Finsternis gemischte Licht und umgekehrt über die mit dem Licht gemischte Finsternis mitsamt der jeweils verschiedenen Folge der Mischung (II 11,11-15/IV 17,18-23). Damit wird der allerletzte Satz des oben übersetzten Textteils weiter fortgesetzt, wobei der sinnmäßige Anschluß nicht ganz eindeutig ist.[4]

B) Und dann ein Bericht über die drei Namen des ersten Archons: Jaldabaoth, Saklas und Samaêl, und über seine Unwissenheit und Hybris, die in seiner selbstvergötzenden Behauptung kulminiert: "Ich bin Gott und es gibt keinen anderen Gott außer mir" (II 11,15-22/IV 17,24-18,7?).

C) Die Archonten schaffen sich weitere sieben Kräfte und diese dann ihrerseits sechs Engel für einen jeden, "bis sie 365 Engel machten" (II 11,22-25/IV lacuna).

D) Es folgt ein Abschnitt über die Siebenheit der Woche und ihre Namen (II 11,26-35/IV 18,12?-25).

E) Die Menge der Gesichter des Jaldabaoth werden genannt (II 11,36-12,4/IV 18,26-19,3).

F) Das Herrsein des Jaldabaoth über die Siebenheit der Woche wird nochmal durch Sätze begründet, welche die in den obigen Übersetzungen kursiv gedruckten (II 11,7-9/IV 17,14?-16) praktisch wiederholen: "Er verteilte unter ihnen von seinem Feuer. Deswegen wurde er Herr über sie, wegen der Kraft der Herrlichkeit, die in ihm war vom Licht seiner Mutter. Deswegen

---

2 Ⲙ̄ⲠⲈϤⲦⲚ̄ⲚⲈⲨ in II 11,8 werden bei M.Krause, Die drei Versionen a.a.O., z.St., S.Giversen, a.a.O., 67; R.Kasse, RThPh 99 (1966) 168; F.Wisse, in: The Nag Hammadi Library in English, a.a.O., 104 von ⲦⲚⲚⲞⲞⲨ "senden" abgeleitet. A.Werner, Das AJ, a.a.O., 94 Anm.1 beweist aber überzeugend, daß hier eine Form des Verbums ϯ in der Gestalt ⲦⲚ- vor dativischem ⲚⲀ= bzw. ⲚⲈ= mit negativem Perfekt I vorliegt, die somit sinngemäß eine genauere Parallele zu Ⲙ̄ⲠϤϯ ⲚⲀⲨ in III 20,16/BG 42,18 bietet.

3 Der Paralleltext des Codex IV ist so beschädigt, daß er nicht herangezogen werden kann.

4 Vgl. die sorgfältige Überlegung bei A.Werner, Das AJ, a.a.O., 94.

nannte er sich selbst Gott" (II 12,4-10/IV 19,3-9).

G) Jaldabaoth mischt sich mit den Gewalten um ihn herum und ruft sieben Eigenschaften hervor, um sie nach der Siebenheit der Woche zu benennen (II 12,10-26/IV 19,10-20,1).

H) Die sieben Gewalten haben je zwei Namen, einen gemäß der himmlischen Herrlichkeit und einen anderen, den der Archigenetor (ἀρχιγενέτωρ) ihnen gegeben hat. Nach dem letzteren genannt, vollbringen sie kräftige Taten, aber nach dem ersteren verlieren sie ihre Kraft (II 12,26-33/IV 20,2-10).

I) Nachdem Jaldabaoth jede Sache nach dem Aussehen des ersten Äons , d.h. des Pleromas, in Ordnung gebracht hat, wiederholt er seine selbstvergötzende Aussage nochmals:" Ich, ich bin ein eifersüchtiger Gott und es gibt keinen Gott außer mir." (II 12,34-13,13/IV 20,10-29).

Wie steht es nun mit den Kurzversionen? Ihr Parallelbericht zu II 10,19-11,10/IV 16,?-17,16), dem oben übersetzten Textteil, schließt eine Parallele zum Bericht C der Langversionen bereits ein, allerdings mit dem Zahlenunterschied von nur 360 statt 365 Engel, die noch *vor* der Aufzählung der 12 Gewalten genannt werden (BG 39,6-18/III 16,8-15). Die 12 Gewalten haben teilweise andere Namen (BG 39,18-40,18/III 16,15-17,5). Nach ihrer Aufzählung geht der Text sofort zur Rede von ihrer Doppelnamigkeit über (BG 40,19-41,12/III 17,6-17). Infolgedessen bezieht sich diese Doppelnamigkeit in den Kurzversionen im Unterschied zum Bericht H der Langversionen nicht nur auf "die Sieben", sondern auf alle zwölf Gewalten. Außerdem wird ihre Doppelnamigkeit etwas anders erklärt. Erst jetzt erfolgt ihre Zweiteilung in "die sieben Könige", die über die Himmel herrschen, und in "die fünf", die über das Chaos der Unterwelt Herr sein werden (BG 41,12-15/III 17,17-20), während der oben übersetzte Text gleich nach Aufzählung der Namen der zwölf Gewalten von dieser Zweiteilung spricht.[5] Das heißt: Die Kurzversionen ziehen die Parallelen zum Bericht C und H der Langversionen vorweg mit dem Parallelbericht zu unserem Haupttext II 10,19-11,10 zusammen. Nach der Zweiteilung der Gewalten verlaufen die Kurzversionen dann wieder parallel zu den übrigen Berichten der Langversionen:

BG 41,16-42,10/III 17,20-18,9 (die Siebenheit der Woche)	D
BG 42,10-13/III 18,9-12 (die Vielgestaltigkeit des Jaldabaoth)	E
BG 42,13-43,6/III 18,12-22 (das Herrsein des Jaldabaoth und dessen Begründung)	F
BG 43,6-44,7/III 18,22-? (die sieben Eigenschaften)	G
BG 44,7-18/III lacuna (die Selbsterhöhung des Jaldabaoth)	I

[5] Vorausgesetzt, daß die "Sieben" auf den Himmeln und die "Fünf" über das Chaos zusammen die Zwölfzahl des Zodiakus ausmachen. Für die Begründung dieser Interpretation vgl. unten S. 43.

Aus dieser Kollation wird deutlich, daß die Berichte A und B Sondergut der Langversionen sind. Von entscheidender Bedeutung für uns ist aber der Befund, daß die letzten zwei Sätze unseres Haupttextes - v.a. der kursiv gedruckte Satz "und er (Jaldabaoth) teilte ihnen von seinem Feuer mit, aber er gab ihnen von der Lichtkraft, die er von seiner Mutter empfangen hatte, nicht" (II 11,7-9/IV 17,14?-16) an der ihnen kontextuell entsprechenden Stelle in den Kurzversionen keine Parallele haben.

Dieser Satz ist dennoch anders als die sich ihm unmittelbar anschließenden Berichte A und B kein eindeutiges Sondergut der Langversionen. Denn er hat, inhaltlich gesehen, an anderer Stelle, nämlich in BG 42,13-18/III 18,12-16, eine fast wortwörtliche Parallele: "Er teilte ihnen von seinem Feuer, das ihm eigen ist, zu und von seiner Kraft; vom reinen Licht der Kraft aber, das er von der Mutter bezogen hatte, gab er ihnen nicht." Seinem Kontext nach entspricht dieser Satz seinerseits deutlich einem anderen Satz aus dem Bericht F der Langversionen: "Er verteilte unter ihnen von seinem Feuer" (II 12,4-5/IV 19,3-4). Es handelt sich also um ein folgendes Dreiecksverhältnis:

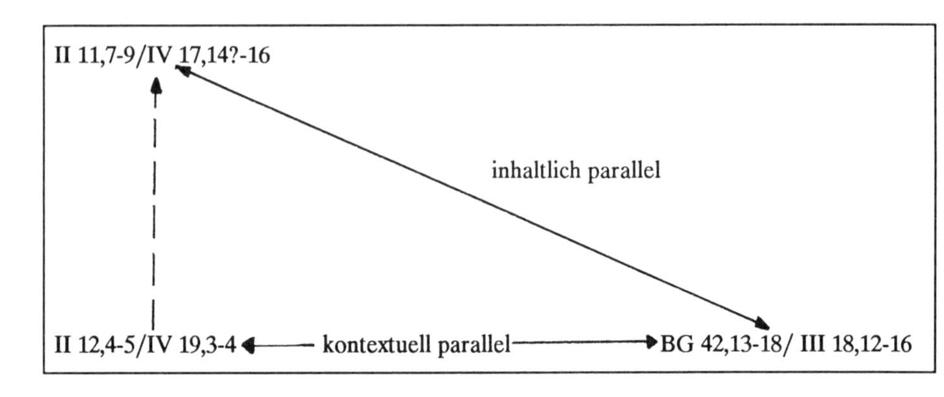

Warum wiederholen die Langversionen die inhaltlich gleiche Aussage zweimal?[6] Diese Frage läßt sich unseres Erachtens vernünftigerweise nur so beantworten, daß die erste Aussage eine redaktionelle Vorwegnahme der zweiten darstellt. Oder genauer gesagt: Ursprünglich muß auch in den Langversionen an der Stelle der jetzigen zweiten Aussage eine so ausführliche wie die jetzige erste Aussage gestanden haben als kontextuell wie inhaltlich richtige Parallele zu BG 42,13-18/III 18,12-16. Als diese aber redaktionell vorweggenommen wurde, blieb auf der ursprünglichen Stelle nur ihre verkürzte Wiederaufnahme, d.h. die jetzige zweite Aussage, zurück.

[6] Auch A.Werner, Das AJ, a.a.O., 101 weist auf diese Verdoppelung hin.

Daß gerade in der Nähe der ersten Aussage eine redaktionelle Hand stark eingegriffen hat, ist an der Einfügung von zwei Sonderberichten A und B zu sehen, die beide unmittelbar nach dieser Aussage eingeschaltet wurden. Wir können dabei zunächst von der Frage absehen, ob der so überarbeitende Redaktor mit demjenigen des großen Einschubes identisch ist oder nicht.

Was ist nun die Absicht dieser redaktionellen Umarbeitung? Offensichtlich liegt es dem Redaktor daran, die polemische Spitze der ursprünglichen Aussage durch Wiederholung noch mehr zur Geltung zu bringen. Eine solche polemische Spitze fällt ja von Anfang an ins Auge: Es wird nämlich gegen eine Position, die im Feuer (ⲕⲱϩⲧ) das höchste göttliche Prinzip erblickt, polemisiert, indem dieses Prinzip nunmehr degradiert und ihm ein neues übertranszendentales Prinzip, die Lichtkraft (ⲧϭⲁⲙ ⲙ̄ⲡⲟⲩⲟⲉⲓⲛ), entgegengestellt wird.[7] Um diese These plausibler zu machen, ist ein kleiner Umweg nötig.

[7] Eine solche im Kontext der Kosmologie erfolgende polemische Gegenüberstellung von transzendentalem "Licht" und dem der sichtbaren Welt immanenten "Feuer" ist kein Gemeingut gnostischer Schriften. Unter den Nag Hammadi-Schriften kommen, wenn man von denjenigen Schriften und Stellen absieht, die von "Feuer" im Sinne von einem allgemeinen Vergleich oder sexueller Lust (bes. LibThom = NHC II,7) sprechen, nur Noêma (NHC VI,4) und Par Sem (NHC VII,1) in Frage. In Noêma wird zwar das Feuer mit der Finsternis verbunden und kosmologisch dem unmeßbaren Licht gegenübergestellt, aber das ganze kosmologische Weltbild bleibt undurchsichtig und ein Zusammenhang des Feuers mit den Gestirnen wird nicht deutlich ausgesagt (VI 37,31; 38,4; 41,20; 46,12.18). In ParSem gehört das Feuer zum untersten von den drei Urprinzipien, von denen diese Schrift ausgeht: Licht, Finsternis und dazwischen Geist. Das Erlösungsdrama des "Ich" (Derdekeas) zielt darauf, den sowohl in der Finsternis - auch Chaos, Furcht-Wasser, unruhiges Furcht-Feuer genannt - als auch im Geist in der Mitte ("dem ungezeugten Geist") gefangenen Teil des Nus und des Lichtes zu befreien. Die Weltschöpfung geschieht zu diesem Zweck durch die Physis, d.h. die mit der Chaos gleichgesetzten Natur, wird aber in Wirklichkeit vom Erlöser veranlaßt. Dabei entstehen erst die Sterne, die nur ab und zu mit dem Feuer in Verbindung gebracht werden (27,19-31; 32,9-17; 34,4-8). Obwohl auch hier eine verborgene Polemik gegen eine bestimmte antike Anschauung, die das Feuer für ein positiv-göttliches Prinzip hält, vorliegen kann, bleibt diese Polemik insofern unsystematisch, als die drei Prinzipien von Anfang an vorhanden sind. Im Vergleich dazu ist die systematische Art und Weise, mit der das AJ das Feuer nicht nur dem Licht gegenüberstellt, sondern das erstere den Sternen als deren Wesen zuweist, das letztere dem Jaldabaoth als Grund seines Herr-Seins über seine Gewalten vorbehält und diese Gedanken geschickt in den Gesamtaufbau des Mythos einbettet, unter den gnostischen Schriften, wenn ich recht sehe, analogielos. Ein solcher Systemwille kann kaum von ungefähr sein.

3.1.3: Die astrologischen und astronomischen Voraussetzungen des Textes

Wer und was ist mit "ihnen" (II: ЄϪⲰⲞⲨ/BG, III: ⲚⲀⲨ) gemeint, denen Jaldabaoth zwar sein Feuer mitteilte, aber von seiner Lichtkraft nichts gab? Nach BG 42,13-18/III 18,12-16 und II 12,4-5/IV 19,3-4 scheinen damit die sieben Gewalten (Könige) gemeint zu sein, von denen kurz zuvor die Rede ist. Aber die redaktionell vorgezogene Aussage II 11,7-9/IV 17,14?-16 scheint sie, vom Kontext her gesehen, auf sämtliche zwölf Gewalten zu beziehen, die unmittelbar zuvor in zwei Gruppen von sieben und fünf geteilt worden sind. Möglicherweise hängt die Bezugserweiterung von "ihnen" an dieser Stelle mit der Redaktionsabsicht zusammen.

Wer und was ist dann - so läßt sich die Frage jetzt formulieren - unter den zwölf, den sieben und den fünf Gewalten eigentlich gemeint? Was die sieben Gewalten angeht, herrscht unter den Forschern weitgehende Übereinstimmung. Sie sind mit Sicherheit mit den sieben Planeten zu identifizieren. Ebenso einig ist sich die Forschung darüber, daß mit den zwölf Gewalten die zwölf Tierkreiszeichen des Fixsternhimmels gemeint sein müssen, wobei eine mögliche Bezugsnahme auf das Dodekaoros (δωδεκάωρος)-System nicht ausgeschlossen bleibt.[8] Dieser Bezug auf die zwölf Tierkreiszeichen ist zumindest in den Kurzversionen deutlich, wo es heißt: "Durch die Zeiten entfernen sie sich zwar und werden schwach; durch diese (Zeit) aber erhalten sie (wieder) Kraft und gedeihen (αὐξάνειν)" (BG 41,8-12/III 17,14-17).

Umstritten ist aber, worauf sich die fünf Könige über die Unterwelt beziehen und wie sie sich zu den anderen zwei Größen verhalten. Die Hypothese, die C. Schmidt seinerzeit aufgrund von Irenaeus, Adv. Haer. I,29 vertreten hat, daß die fünf Könige nicht die letzten fünf der zwölf Gewalten, sondern die fünf Wesenheiten von κακία, ζῆλος, φθόνος, ἐρίνυς und ἐπιθυμία sind, die alle vom Protarchon und der Authadia hervorgebracht wurden, ist wenig wahrscheinlich.[9] Diese fünf Wesenheiten bei Irenaeus passen zwar, wie A. Werner richtig gesagt hat, gut in den Kontext einer Anthropologie bzw. einer Affektenlehre, aber nur schlecht in unseren kosmologischen Zusammenhang.[10]

Uns scheint gerade die von Schmidt verworfene Ansicht, daß die fünf Könige mit den letzten fünf Gewalten gleichzusetzen sind, die am meisten zwingende zu sein. Dafür spricht die rein zahlenmäßige Rechnung 12=7+5, aber auch der unmittelbare Kontext: Die Einsetzung der sieben und der fünf Ge-

---

[8] S.Giversen, a.a.O., 205.

[9] C.Schmidt, Irenäus und seine Quelle in adv. haer. I, 29, in: Philothesia, P.Kleinert zum LXX. Geburtstag, Berlin 1907, 315-336, bes. 333. Ihm schließen sich an: W.Till, Die gnostischen Schriften des koptischen Papyrus Berolinensis 8502, Berlin 1955,45; W.Foerster, Das Apokryphon des Johannes, in: Gott und die Götter, FS für E.Fascher, Berlin 1958, 131-141, bes. 136.

[10] A.Werner, Das AJ, a.a.O., 93.

walten wird unmittelbar nach der Aufzählung der zwölf Gewalten berichtet. Außerdem fügen die Langversionen der zwölften Gewalt Belias einen erläuternden Satz hinzu: "dieser ist über die Tiefe der Unterwelt" (II 11,3/IV: lacuna). Dies waren bereits für Giversen die Gründe dafür, die fünf Gewalten, die die Könige über die Unterwelt sind, mit den letzten fünf von den zwölf Gewalten, den zwölf Tierkreiszeichen, gleichzusetzen.[11]

Seine Ansicht wird jetzt durch das Ägypterevangelium (NHC III,2 und IV,2) bekräftigt. In III 56,22-58,22 dieser Schrift wird von der Schöpfung der Engel als Weltherrscher erzählt. Die Initiative geht dabei im Unterschied zum **AJ** vom göttlichen Pleroma aus, näherhin vom vierten Großlicht Eleleth. Auf seinen Befehl hin ruft Sakla (nicht Jaldabaoth genannt) die sieben Engel hervor (III 58,2). Der Text hat aber unmittelbar vorher und danach lacunae. J. Doresse hat freilich auf die Möglichkeit hingeweisen, daß hier - in der lacuna in III 58,2, d.h. im unmittelbaren Anschluß an die sieben Engel - noch von anderen fünf Engeln über das Chaos die Rede gewesen sein könnte, weil gleich danach alle Namen der zwölf Engel genannt und sie zu ihren jeweiligen Herrschaftsbereichen geschickt werden (III 58,4-22).[12] Selbst Werner, der der These Giversens sonst ziemlich skeptisch gegenübersteht, räumt ein, daß dieses Argument eine Unterstützung für sie liefert.[13]

Dadurch sind wir berechtigt, im **AJ** von einer Zweiteilung der zwölf Gewalten in sieben Könige über die Himmel und in fünf über die Unterwelt zu sprechen, was wir übrigens bisher schon oft getan haben. Das heißt aber, daß die sieben Himmelsherrscher einerseits die sieben Planeten repräsentieren, andererseits aber zugleich zu den zwölf Tierkreiszeichen gehören. Ist das eine Inkonsequenz, an der unser Textverständnis scheitern muß? In der Tat kann man bei den Namen der Sieben, wenn sie mit denjenigen der Zwölf verglichen werden, eine gewissen Inkonsequenz feststellen:

[11] S.Giversen, a.a.O., 208.212

[12] J.Doresse, "Le Livre sacré du grand esprit invisible" ou "L'Évangile des Égyptiens", JA CCLIV (1966) 316-435. CCLVI (1968) 289-386, hier bes. CCLIV (1966) 384f.

[13] A.Werner, Das AJ, a.a.O., 92 Anm.2.

	DIE ZWÖLF		DIE SIEBEN	
	II/IV	BG/III	II/IV	BG/III
1.	Athôt	Jaôth (Haôth)+	Athôt	Jaôth (Aôth)
2.	Harmas	Hermas (Harmas)	Elôaiou	Elôaios
3.	Kalila-Oimbri	Galila	Astaphaios	Astaphaios (Astophaios)
4.	Iabêl	Jôbêl	Jaô	Jaô (Iazô)
5.	Adônaiou/ Sabaôth	Adônaios	Sabaôth	Adônaios
6.	Kain	Sabaôth	Adônin	Adôni (Adônin)
7.	Abel	Kainan/Kaê (Kainan-Kasin)	Sabbede	Sabbataios (Sabbadaios)
8.	Abrisene	Abiressine (Abiressia)		
9.	Iôbêl	Jôbêl		
10.	Armoupieêl	Harmupiaêl		
11.	Melcheir-Adônein	Adônin		
12.	Belias	Belias		

Sowohl in den Lang- als auch in den Kurzversionen entsprechen der erste der Sieben, Athôth (II/IV) oder Jaôth (BG)/Aôth (III), und der fünfte, nämlich Sabaoth (II/IV) oder Adônaios (BG/III) fast wörtlich dem ersten und dem fünften Glied der Zwölf. In den Langversionen entspricht der sechste unter den Sieben, Adônin, trotz Stellenverschiebung vom Namen her genau dem ersten Namen des fünften Gliedes der Zwölf. Ein ähnliches Verhältnis besteht auch in den Kurzversionen zwischen dem letzten Glied der Sieben, Sabbataios (Sabbadaios), und dem sechsten Glied der Zwölf, Sabaoth. Auch ist zwischen dem vierten Glied der Sieben, Jaô (Iazô) und dem entsprechenden Glied unter den Zwölf, Iabêl (II/IV) oder Jôbêl (BG/III) eine klangliche Nähe nicht zu verkennen. Dagegen läßt sich beim zweiten und dritten Glied der Sieben in keiner Version eine Entsprechung zum zweiten und dritten Glied unter den Zwölf erkennen. Ähnliches gilt für Sabbede, dem letzten Glied der Sieben in den Langversionen. Das vorletzte Glied der Sieben in den Kurzversionen scheint dagegen wieder dem elften Glied der Zwölf, Adônin, zu entsprechen.

Die Namensliste der Sieben entspricht also einerseits derjenigen der Zwölf mehr oder weniger genau, weicht andererseits aber von ihr ab. Dieses Nebeneinander von Entsprechungen und Abweichungen sieht zwar inkonsequent aus, es beweist aber gerade so, wie es uns jetzt vorliegt, daß unser Text hier ein astrologisch und/oder astronomisches Bild voraussetzt, das einerseits die sieben Planeten und die zwölf Tierkreiszeichen voneinander unterscheidet, andererseits aber diese beiden Größen wieder miteinander verbinden will. Solch eine Verbindung findet sich in der antiken Astrologie im Gedanken der zodiakalen Häuser der Planeten.[14] Von diesem Gedanken her wird verständlich, daß im **AJ**, wie wir das später noch eingehender nachweisen werden (§ 3.2.2), das räumliche Verhältnis der sieben Planeten (der Himmelsherrscher) und des Zodiakus (der zwölf Gewalten) zueinander nicht eindeutig geklärt ist.

Um die astrologischen und astronomischen Voraussetzungen des **AJ** zu erhellen, müssen wir jetzt noch auf das räumliche Verhältnis der sieben und der fünf Gewalten eingehen, das unser Text dadurch andeutet, daß er die sieben über die Himmel und die fünf über die Unterwelt (ⲁⲙ̄ⲛ̄ⲧⲉ) Herr sein läßt. Gnostisch kann unter der "Unterwelt" nur die irdisch-materielle Welt einschließlich des unterirdischen Bereiches verstanden werden und unter den "Himmeln" der Sieben nur die sieben Himmel der Planeten. Wenn aber diese beiden Gruppen die Zwölfzahl des Zodiakus ausmachen, muß man mit Giversen fragen, ob die antike Astrologie und/oder Astronomie überhaupt ein Modell für eine solche räumliche Teilung des Zodiakus bietet und wie dieses Modell aussehen könnte.

Welche astrologisch-astronomische Voraussetzung liegt der genannten Zweiteilung der Zwölf in unserem Text zugrunde?

Giversen beantwortet diese Frage folgendermaßen: "The two constellations in which the celestial equator divides the ecliptic, together with those which are above it comprise seven in all; those which lie under the equator are the five remaining constellations. If the celestial equator intersects the ecliptic at Aries and Libra, the seven constellations which completely or partly lie above the celestial equator comprise the signs from Aries to Libra, and the five are the signs from Scorpius to Pisces. This definitely presupposes that one adheres to the division which applied up until Hipparchus, where the equator intersects the centers of the signs of the equinox, while thereafter in astronomy the division was made at the beginning of the signs of the equinox."[15] - Eine höchst scharfsinnige und faszinierende These, allerdings für einen der antiken Astronomie unkundigen Leser schwer verständlich. Wir wollen die gemeinte Sache durch folgende Skizze erhellen:

[14] Vgl. dazu F.Boll/C.Bezold/W.Gundel, a.a.O., 58f. 120f. A.J.Welburn, The Identitiy of the Archons in the "Apocryphon of John", VigChr 32 (1978) 241-254 setzt sogar voraus, daß dem AJ die traditionell festgelegte Zuordnung der zodiakalen Zeichen als "Tages-" und "Nachthäuser" für die sieben Planeten zugrunde liegt. Aus dem v.a. in den Kurzversionen erfolgten Durcheinander dieser Zuordnung erklärt er z.B., warum bei den Kurzversionen an der ersten Stelle der beiden Listen Jaôth statt Athôt steht (ebd. 252). M.Tardieu, a.a.O., 277-285 gelangt jedoch zu einer ganz anderen Zuordnung der zwölf Gewalten des AJ und des Zodiakus.

[15] Zitat bei S.Giversen, a.a.O., 212.

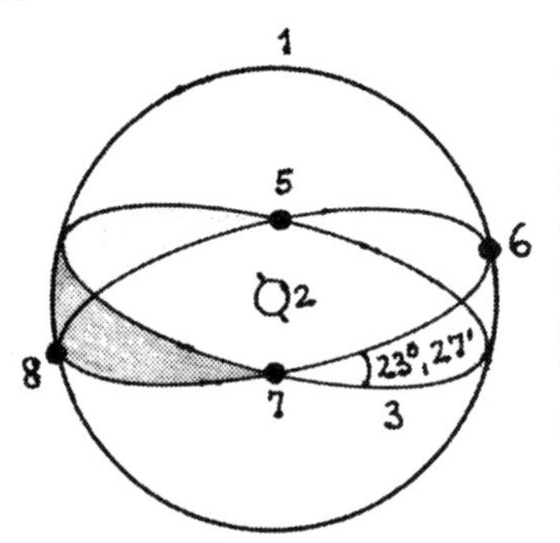

1 = Firmament der Fixsterne, kugelförmig
2 = die Erde
3 = himmlischer Äquator
4 = Ekliptik
5 = Äquinoktium des Frühlings
6 = sommerliche Sonnenwende
7 = Äquinoktium des Herbstes
8 = winterliche Sonnenwende

Das ganze Schema ist geozentrisch gedacht. Sämtliche Tierkreisbilder werden auf dem kugelförmigen Firmament der Fixsterne (1) befestigt vorgestellt, und zwar in folgender Reihe: Widder (Aries), um mit ihm zu beginnen, Stier, Zwillinge, Krebs, Löwe, Jungfrau, Waage (Libra), Skorpion, Schütze, Steinbock, Wassermann und zuletzt Fische (Pisces). Die Ekliptik ist die scheinbare Bahn der Sonne, die sich daraus ergibt, daß die jeweilige Position der Sonne von der Erde her auf die Oberfläche der Kugel des Fixsternfirmaments projiziert wird. Dem entspricht, daß die zwei Punkte, wo die Ekliptik sich mit dem himmlischen Äquator kreuzt, Äquinoktien genannt werden. Man muß allerdings wissen,daß der himmlische Äquator wegen der Präzession der sich drehenden Erde nicht für immer gleich bleibt, sondern jedes Jahr kontinuierlich seine Lage verändert. Erst in 25800 Jahren, einer ganzen Periode der Präzession, kommt er zur ursprünglichen Lage zurück.[16] Das hat zur Folge, daß auch die Äquinoktienpunkte und die anderen Kardinalpunkte der Ekliptik im Laufe der Jahrhunderte ihre Position ändern, so daß sie nicht immer auf das gleiche Tierbild des Zodiakus fallen, wenn sie von der Erde aus betrachtet werden.

Wir wissen, daß während der ganzen hellenistischen Zeit die beiden Äquinoktienpunkte auf Widder und Waage fielen, d.h., um mit Giversen zu sprechen, daß der himmlische Äquator in diesen zwei Sternbildern die Ekliptik durchschnitt. Aber auch innerhalb dieser beiden Sternbilder konnte der Schnittpunkt genau genommen unterschiedlich gelegt werden. Wie Giversen mit A. Bouché-Leclercq feststellt, wurden die beiden Äquinoktienpunkte seit der Zeit Hipparchs (tätig ca. 16O-125 v.Chr.) am Anfang des jeweiligen Sternbildes lokalisiert, während sie bis dahin in ihrer jeweiligen Mitte lagen.[17]

Nur in diesem letzteren Fall können auch die beiden Sternbilder, Widder und Waage, zu denjenigen gezählt werden, die - vorausgesetzt, daß man es mit der nördlichen Halbkugel zu tun hat - "oberhalb" des himmlischen Äquators situiert sind, während die fünf Sternbilder von Skorpion bis Fische "un-

---

[16] Über weitere diesbezügliche Einzelheiten der Geophysik sei auf allgemeine Enzyklopädien (sub verbo: Präzession der Erde) hingewiesen.

[17] A.Bouché-Leclercq, a.a.O., 129. 160f.; S.Giversen, a.a.O., 212.

terhalb" des Himmelsäquators, d.h. im dunkel gestrichenen Teil unseres Diagramms, auftauchen. Somit kann man sowohl die zahlenmäßige Zweiteilung der zwölf Sternbilder in sieben und fünf als auch die Charakterisierung der fünf letzten Gewalten als Herrscher über die Unterwelt im Unterschied zu den Sieben als Himmelsherrschern erklären.

Unter allen uns bekannten Erklärungen ist dies die plausibelste. Schwierig an dieser These ist nur, daß unsere Schrift **AJ**, obwohl sie später als Hipparch entstanden ist, immer noch eine Theorie zur Voraussetzung hat, die älter als Hipparch ist.[18]

Wir wissen andererseits, daß die antike, v.a. die griechische Astronomie sehr häufig verschiedene Klassifikationen oder Kategorisierungen der zodiakalen Sternbilder vorgenommen hat. Solche astronomische Klassifikationen implizieren von Anfang an eine Tendenz zur Abstraktion, weg vom realen Zodiakus hin zu einer Kombinationsarbeit am Schreibtisch. Erst Ptolemaeus, ein Zeitgenosse des **AJ**, hat daraus die Konsequenz gezogen und einen fiktiven Zodiakus hergestellt, indem er jedem Tierkreiszeichen ein δωδεκατημόριον, d.h. den zwölften Teil eines Kreises, mit dem jeweiligen Symbolzeichen (ζώδιον) zugewiesen hat, obwohl die realen Tierkreiszeichen nicht schematisch-geometrisch, sondern in unregelmäßiger Entfernung voneinander her angeordnet sind. Bekanntlich hat dann diese geometrisch-arithmetische Astronomie die ganze seitherige Geschichte der Astronomie beherrscht.[19]

Klassifikationen des Zodiakus überhaupt sind freilich schon vor Ptolemaeus entwickelt worden. Bekannt ist z.B. die Klassifikation nach der körperlichen Form (menschlich oder nicht-menschlich, fruchtbar oder unfruchtbar, ganz oder versehrt, einzeln oder doppelt usw.) und/oder nach der körperlichen Haltung (aufrecht, sitzend, liegend, gehend, laufend usw.). Nach Bouché-Leclercq gab es außerdem damals schon den Versuch, im Rückgriff auf die alte Tradition der ägyptischen Astronomie den Zodiakus in eine nächtlich-winterliche und eine täglich-sommerliche Hälfte zu teilen. Die erste Hälfte umfaßt dabei die sechs Sternbilder von der Waage bis zum Fisch, die zweite die anderen sechs vom Widder bis zur Jungfrau. Interessant ist, daß man auch graphisch die nächtlich-winterliche Hälfte als untere Hälfte und die andere Hälfte als obere darstellen wollte. Dazu jedoch war ein Kunstfgriff notwendig. Entweder wurde der ganze fiktive Tierkreis spiegelverkehrt umgedreht, so daß der Widder, der Beginn der täglich-sommerlichen Hälfte, in

---

[18] A.J.Welburn, a.a.O., 253f. schlägt im Unterschied zu Giversen eine andere Erklärung vor, die aber nicht überzeugt. Es scheint mir fraglich, ob man den Beisatz "das ist die Sonne", der in den Kurzversionen dem siebenten Tierkreiszeichen "Kain" (nach Welburn identisch mit Aquarius) zugefügt ist, durch eine Übersetzung mit "which constitute the sun - or day-signs" auf alle sieben vorausgehenden Zeichen (Gewalten) beziehen darf.

[19] Vgl. dazu A.Bouché-Leclercq, a.a.O., 129 Anm.1.

den Osten zu stehen kam, wo nach antiker Anschauung alles neu beginnen sollte, oder aber man drehte den Zodiakus einfach auf derselben Ebene und nahm es in Kauf, daß der Widder dann in den Westen zu stehen kam.[20]

Eine ähnliche Zweiteilung des Zodiakus nimmt F. Boll auch für die Stoa in Anspruch. Die stoische Astrologie soll nach ihm unter orientalischem Einfluß die Herbst- und Winterhälfte des Zodiakus als "Unterweltshälfte" bezeichnet haben.[21] An welchen Stoiker und an welche Belegstelle er dabei denkt, ist nicht klar. Boll hat wahrscheinlich an Poseidonios gedacht, der sich im Unterschied zu seinem Vorgänger Panaitios dem astronomischen Einfluß aus dem Orient geöffnet hatte.[22] Dazu paßt, daß er derjenige ist, der den Beginn des Jahres im Rückgriff auf den alt-babylonischen Kalender definitiv im Widder, dem Äquinoktium des Frühlings, festgesetzt hat. Bis dahin begann jedes Jahr in Ägypten mit der sommerlichen Sonnenwende, während es unter den Griechen verschiedene Theorien über den Beginn des Jahres gab.[23] Alle zuvor erwähnten Klassifikationsversuche gelten deshalb als post-poseidonianisch, insofern sie im Widder den Jahresbeginn erblicken.

Poseidonios war für die stoische Schule der römischen Kaiserzeit die Autorität schlechthin für den Bereich der Kosmologie. Wir dürfen daher annehmen, daß die obige Einteilung des Zodiakus in eine "Unterweltshälfte" und deren Gegenteil im ganzen Einflußbereich der stoischen Philosophie bekannt gewesen ist. Wir wissen freilich nicht, ob diese stoische Kategorisierung aufgrund des realen Zodiakus oder schon aufgrund eines mehr oder weniger fiktiv-geometrischen erfolgt ist, noch ist uns bekannt, ob das Frühlings- und Herbstäquinoktium nach der vorhipparchischen Lokalisierung oder, wie üblich, nach der Methode Hipparchs festgelegt worden ist. Sollten die Stoiker wirklich, wie Boll sagt, von der "Unterwelts-*hälfte*" gesprochen haben, ist der letzte Fall wahrscheinlicher und die ungleichmäßige Teilung des Zodiakus im **AJ** in sieben und fünf wäre dann weder aus der stoischen, noch aus einer vergleichbaren anderen Kategorisierung erklärbar. Sie wäre aber für denjenigen, der auf die Sieben-Zahl der Planeten Wert legt, aus dieser vorgegebenen Ka-

---

[20] Vgl. zum oben Stehenden A.Bouché-Leclercq, a.a.O., 149-157. Eine erschöpfende Behandlung der Klassifikation des Zodiakus in der antik-hellenistischen Astronomie mit zahlreichen Belegen findet sich jetzt bei W.Hübner, Die Eigenschaften der Tierkreiszeichen in der Antike, Wiesbaden 1982. Vgl. hier bes. 51. 82-88.

[21] F.Boll/C.Bezold/W.Gundel, a.a.O., 59.

[22] Vgl. dazu M.Pohlenz, Die Stoa, Bd.1, a.a.O., 198. 217f. F.Boll/C.Bezold/W.Gundel, a.a.O., 25f.; W.Gundel/H.Gundel, Astrologumena. Die astrologische Literatur in der Antike und ihre Geschichte, Wiesbaden 1966, 99-104. Zur neuen Himmelskunde des Poseidonios und zu deren Zusammenhang mit seiner bekannten Sympathielehre vgl. außerdem K.Reinhardt, Poseidonios, München 1921, 186-207 und ders., Kosmos und Sympathie, Neue Untersuchungen über Poseidonios, München 1926, 111-138.

[23] Vgl. dazu A.Bouché-Leclercq, a.a.O., 129.

tegorisierung leicht ableitbar.[24]

Es ist nach allem sehr wohl möglich, daß unser Text (und sein Kontext) mit seiner Teilung des Zodiakus in zwei Hälften die stoische Kategorisierung geistesgeschichtlich voraussetzt und sie modifiziert.[25] Diese Möglichkeit erscheint bei den Langversionen umso wahrscheinlicher, als sie alle Namen der sieben Gewalten mit dem Satz einführen: "Das aber sind die Körper(σῶμα)-Namen" (II 11,26/IV lacuna; es fehlt bei BG und III). Die Gestirne als σῶμα - das ist ein Charakteristikum der stoischen Gestirnlehre. Ein weiteres Charakteristikum dieser Lehre ist, daß die Gestirne, seien es Planeten oder Fixsterne, das schöpferisch-göttliche Feuer *sind*. Das soll im nächsten Abschnitt philologisch nachgewiesen werden, so daß die Gegenthese deutlich wird, gegen die der für uns entscheidende Satz: "Und er teilte ihnen von seinem Feuer mit, aber er gab ihnen nicht von der Lichtkraft, die er von seiner Mutter empfangen hatte" (II 11,7-9 u. Parr.) polemisiert.

3.1.4: Die stoische Gestirnlehre

Wir haben bereits im Zusammenhang mit der stoischen Qualitäten- und Mischungslehre (s.o.§ 2.2.2) vom schöpferischen πῦρ gesprochen, das von Anfang an der gestaltlosen Materie innewohnt und diese in ein organisch Gan-

---

24 F.Boll/C.Bezold/W.Gundel, a.a.O., 58 weist außerdem auf eine astronomische Tradition hin, nach der 7 und 5 als heilige Zahlen galten. Den dort genannten gewissen "Sené" (vgl. auch ebd. 63), kann ich allerdings trotz aller Bemühungen nicht identifizieren.

25 Daß eine astronomische Kategorisierung des Zodiakus den Gnostikern zugänglich war, wird jetzt eindeutig durch UW 107, 14-17 nachgewiesen, wo es heißt: "Ihre (=viele gute und unschuldige Geister) Wirkungsergebnisse (ἀποτέλεσμα) und ihre Wirkungsweisen (ἐνέργεια) wirst du finden in den Gestalten (σχῆμα) der Heimarmene des Himmels, der sich unterhalb der Zwölf befindet" (nach der Übersetzung von A.Böhlig, Die koptisch-gnostische Schrift ohne Titel, a.a.O., 59, nach seiner damaligen Seitenzählung 155, 14-17). Daß man es hier mit einem dem Verfasser (Redaktor) dieser Schrift vorgelegenen anonymen Werk zu tun hat, ist ganz sicher. Die Forschung kann es nur nicht identifizieren (vgl. A.Böhlig, ebd. 32 und J.Doresse, The secret books of the Egyptian Gnostics, London 1960, 174). Der Titel "die Gestalten (σχῆμα) der Heimarmene des Himmels" deutet aber an, daß es sich in diesem Werk um eine Kategorisierung des Zodiakus im Sinne der Mantik handelte. Interessant ist ferner, daß hier die Heimarmene "unterhalb der Zwölf" eingeordnet wird. Aus dem Kontext geht hervor, daß Sabaoth aufgrund seiner Bekehrung und Erhöhung auf dem siebenten Himmel sitzt (104, 20f). Die Vorstellung ist nach A.Böhlig, ebd. 21 und 58 die, daß die sechs Himmel zwischen dem 7. Himmel des Sabaoth und der niedrigsten Sphäre der Heimarmene von je zwei Archonten bewohnt werden. Ist das richtig, so ist im eingeschobenen Sabaoth-Bericht (103, 32-107,17) dieser Schrift, zu dem auch unser Passus gehört, das räumliche Verhältnis des Zodiakus einerseits und der sieben Planeten andererseits genauso wie im AJ nicht klar differenziert.

zes ordnet. Insofern kann man mit Recht in diesem πῦρ das Grundprinzip der ganzen stoischen theologia naturalis sehen. Cicero überliefert uns eine schön straffe Definition von Zenon selbst über dieses πῦρ: Zeno igitur naturam ita definit, ut eam dicat ignem esse artificiosum ad gignendum progredientem via. Censet enim artis maxime proprium esse creare et gignere, quodque in operibus nostrarum artium manus efficiat, id multo artificiosius naturam efficere, id est, ut dixi, ignem artificiosum, magistrum artium reliquarum: "Zenon also definiert die Natur als ein <künstlerisch tätiges Feuer> (ignem esse artificiosum), das methodisch zur Zeugung vorwärtsschreitet. Denn nach ihm ist Schaffen und Zeugen das Hauptcharakteristikum der Kunst, und was bei den Werken unsrer menschlichen Kunst die Hand bewirke, das bewirke noch viel kunstreicher die Natur, d.h., wie ich schon sagte, das künstlerisch tätige Feuer, der Lehrmeister aller übrigen Künste." (De nat. deor. II,57 = SVF I, 171).[26] Für Zenon war dieses schöpferische Feuer (ignis artificiosus) nichts anderes als die stoffliche Bezeichnung der Gottheit oder des Nus der Welt: Ζήνων ὁ Στωικὸς νοῦν κόσμου πύρινον (sc. θεὸν ἀπεφήνατο) (Aetios, Placita I,7,23 = SVF I, 157). Er hat ferner - was in unserem Zusammenhang von großer Bedeutung ist - die Substanz sämtlicher Gestirne, sowohl die der Planeten wie der Fixsterne, mit diesem πῦρ τεχνικόν (= ignis artificiosus), identifiziert. Davon berichtet Stobaios: "Zenon sagt, die Sonne, der Mond und die sonstigen Gestirne seien mit Vernunft und Denkkraft begabt (νοερὸν καὶ φρόνιμον), feurig (πύρινον) aber im Sinne des künstlerisch tätigen Feuers (πυρὸς τεχνικοῦ). Denn es gebe zwei Arten von Feuer: einerseits das nicht künstlerisch tätige (ἄτεχνον), das die Nahrung in Feuer verwandelt, andererseits das künstlerisch tätige, das in Pflanzen und Tieren ist und für deren Wachstum und Erhaltung geeignet sei. Dieses Feuer sei Physis und Seele. Das Wesen der Gestirne sei von solch einem Feuer." (Ecl.I, 25,5 = SVF I, 120). Das "künstlerisch tätige Feuer" durchwaltet den ganzen Weltorganismus, befindet sich jedoch in den leuchtenden Gestirnen auf den Himmelsgewölben am dichtesten und am klarsten. Damit wird zugleich gesagt: Die Gestirne sind Götter, die mit Vernunft und Denkkraft versehen sind.

Diese Auffassung der Gestirne durchzieht die ganze Geschichte der stoischen Schule. Eindeutige Äußerungen sind allerdings nur für Kleanthes und Poseidonios erhalten geblieben. Von Kleanthes überliefert Cicero folgenden Satz: Quare cum solis ignis similis eorum ignium sit, qui sunt in corporibus animantium, solem quoque animantem esse oportet, et quidem reliqua astra, quae oriantur in ardore caelesti,qui aether vel caelum nominatur: "Deshalb muß, wenn das Feuer der Sonne der Wärme ähnelt, die sich in den Körpern der beseelten Wesen befindet, somit auch die Sonne ein beseeltes Wesen sein, ebenfalls aber auch die übrigen Gestirne, da sie ja in jener feurigen Re-

---

[26] Zitat nach der Übersetzung von W.Gerlach/K.Bayer: Cicero, Vom Wesen der Götter, München 1978, 207.

gion entstehen, die als Äther oder Himmel bezeichnet wird." (De nat. deor. II, 41 = SVF I, 504).[27] Über Poseidonios referiert Stobaios: Ἄστρον δὲ εἶναί φησιν ὁ Ποσειδώνιος σῶμα θεῖον ἐξ αἰθέρος συνεστηκός, λαμπρὸν καὶ πυρῶδες, οὐδέποτε στάσιν ἔχον ἀλλ' αἰεὶ φερόμενον ἐγκυκλίως: "Poseidonios sagt, Stern sei göttlicher Körper, der aus Äther besteht, leuchtet und feurig ist, keinen Augenblick stehenbleibt, vielmehr stets auf Kreisbahn gehalten wird" (Ecl.I,24,5).

In dieser Überlieferung von Poseidonios wird zusätzlich der Gedanke bezeugt, daß die Gestirne σῶμα θεῖον, also göttliche Körper sind. Dieser Gedanke ist natürlich nicht nur bei Poseidonios zu finden, sondern war Gemeingut der Stoiker aller Zeit. Sie konnten sich alles, was wahrhaftig existiert, nur als Körper vorstellen, was erst recht für ihren Gottesgedanken galt.[28] So referiert Servius, ein lateinischer Grammatiker des 4.Jhdt.n.Chr. über Stoiker, wenn er von denjenigen spricht, "die behaupten, Gott sei körperlich, und ihn als πῦρ νοερόν (als vernunftbegabtes Feuer), d.h. als ein sinnliches Feuer definieren. Was wirklich existiert, sei Körper (corpus)".(In Verg. Aeneid. VI 727 = SVF II, 1031). Ebenso Eusebios, wenn er von "Stoikern" berichtet, "die sagen, daß der führende Teil (τὸ ἡγεμονικόν) der Welt die feurige und warme Substanz sei, daß Gott Körper sei und der Demiurg selbst nichts anderes sei als die Kraft des Feuers." (Praeparatio evangelica III 9,9 = SVF II, 1032).

Zum Schluß bleibt noch ein wichtiges Problem zu bedenken. Vorhin wurde einerseits festgestellt, daß der stoischen Gestirnlehre zufolge die Gestirne mit Vernunft und Denkkraft versehene Götter sind, deren Substanz das schöpferisch-künstlerische Feuer ist. Andererseits aber spricht die stoische Überlieferung an vielen Stellen, wie z.B. in den letzten beiden Zitaten, von Gott im Singular. Dieses Nebeneinander ist nicht von ungefähr. Es ist in einer anderen Überlieferung bewußt beibehalten: "Die Stoiker behaupten, Gott (Θεόν) sei vernunftbegabt, ein künstlerisch tätiges Feuer, das methodisch zur Erschaffung der Welt schreitet. Götter (Θεούς) aber seien auch die Welt, die Gestirne (τοὺς ἀστέρας) und die Erde. Die über allem stehende Vernunft (νοῦν) aber sei im Äther." (Aetios Placita I, 7, 33 = SVF II, 1027). Hier tritt die monistische Denkweise der stoischen Theologie klar an den Tag: Alle Einzeldinge in der Welt, auch die Gestirne und das Weltall selbst sind insofern Götter (θεοί) zu nennen, als in ihnen das höchste Vernunftswesen, Gott als πῦρ τεχνικόν, zur Wirkung und Erscheinung kommt. Dieses Verhältnis wird durch Diogenes Laertios unter räumlichem Aspekt so referiert: "Zuoberst habe das Feuer seinen Platz, das Äther genannt werde; in ihm bilde sich zuerst die Sphäre der Fixsterne, sodann die der Planeten; darauf folge die Luft, dann das Wasser; die Unterlage aber für alles sei die Erde, der Mit-

[27] Zitat nach der Übersetzung von W.Gerlach/K.Bayer, ebd. 189.

[28] Vgl. M.Pohlenz, Die Stoa, Bd.1, 64f. 295. 356.

telpunkt des Weltalls" (De clar. phil. VII, 137 = SVF II, 580).[29]

Soll in erster Linie die führende Stellung zum Ausdruck kommen, die dieses höchste Wesen für die Weltgestaltung und -erhaltung gegenüber allen anderen Einzeldingen einnimmt, so wird es τὸ ἡγεμονικόν genannt. Freilich war Kleanthes hier anderer Meinung. Er sah in der Sonne, dem hellsten und wärmsten Körper am Himmel, das Hegemonikon.[30] Das blieb jedoch eine Ausnahme.[31] Die offizielle Schulmeinung war vielmehr immer der oben genannten Ansicht. Dafür sei außer auf die bereits oben angeführte Überlieferung bei Eusebios noch auf einen Beleg für Chrysipp hingewiesen. "Dem Chrysipp aber scheint der reinste und geläutertste Äther (das Hegemonikon) zu sein, da er von allen der beweglichste ist und die ganze Bewegung der Welt ausführt." (Arius Didymus, Epitomae Physicae fr. 29 = SVF II, 642).[32]

3.1.5: Die gnostische Sinngebung

Wir kommen schließlich auf den für unsere Fragestellung entscheidenden Satz zurück, dessen polemische Spitze bereits oben (Ende von § 3.1.2 und § 3.1.3) wiederholt festgestellt worden ist: "Und er teilte ihnen von seinem Feuer mit, aber er gab ihnen von der Lichtkraft, die er von seiner Mutter empfangen hatte, nicht" (II 11,7-9 u. Parr.). Kann dieser Satz eine polemische Antithese gegen etwas anderes als die soeben dargestellte stoische Kosmologie oder Gestirnlehre sein?

Immerhin hat schon W. Gundel seinerzeit auf eine ähnliche Gestirn- und Feuervorstellung bei Proklus hingewiesen: "So kommt nach Proklus den Sphären (sc. Planetensphären) ein zarteres und durchsichtigeres Substrat als

[29] Zitat nach der Übersetzung von O.Apelt/K.Reich, a.a.O., Bd.II, 71.

[30] Vgl. dazu Eusebios. Praep.evang. XV, 15,7 (= SVF I, 499) und Diog.Laert., De clar.phil. VII, 139 (= SVF II, 644).

[31] K.Reinhardt, Kosmos und Sympathie, a.a.O., 331-365 versucht, aus Plutarch ("De facie quae in orbe lunae apparet") und Macrobius ("Comentarii in Ciceronis somnium") die eschatologisch-kosmologische Lehre des Poseidonios zu rekonstruieren, wonach dieser die Sonne als das Herz und Hegemonikon des Makrokosmos bezeichnet haben soll (bes. 331. 337. 351). So scharfsinnig diese Rekonstruktion auch ist, so bewegt sie sich doch insofern auf einem nicht ganz sicheren Boden, als sie auf späteren Überlieferungen beruht, die nur mutmaßlich auf Poseidonios zurückgehen. Dagegen berichtet Diog. Laert. De clar.phil VII 139 (SVF II, 644) eindeutig, daß Poseidonios die eigentlich leitende Macht der Welt genauso wie die ältere Stoa mit Ausnahme von Kleanthes im Ätherhimmel erblickt hat. Für die Frage, ob er dann das "Herz" der Welt vom Hegemonikon unterschieden und nur das erstere in die Sonne gesetzt habe, sei hier hingewiesen auf I.Heinemann, Poseidonios' metaphysische Schriften II, Breslau 1928, 309. 395 und M.Pohlenz, Die Stoa, Bd.1, a.a.O., 223f, Bd.2, 111f. 114.

[32] Vgl. zum Text auch H.Diels, Doxographi Graeci, Berlin 1879 (1958[3]) 465.

den Sternkörpern zu, überall aber, so fügt er in Tim.P.40B hinzu, herrscht das Feuer vor, jedoch nicht das brennende oder das zerstörende Feuer, sondern mit lebenschaffender Wärme und Lichtkraft, mit völliger Reinheit und Durchsichtigkeit intensiv leuchtendes Licht ist das dortige Feuer."[33] Als ein möglicher Gegenpol zur Polemik des **AJ** kann jedoch Proklus schon deswegen nicht in Frage kommen, da er erst im 5.Jhdt.n.Chr. das Schulhaupt der Akademie war. Außerdem erinnert seine von Gundel referierte Ansicht so sehr an eine ähnliche Aussage von Zenon über das schöpferisch-künstlerische Feuer, daß der Verdacht naheliegt, Proklus könnte hier eventuell von Zenon oder der stoischen Lehrtradition beeinflußt sein. Wie dem auch sei, es ist undenkbar, daß er, ein Platoniker, das so verstandene Feuer mit der höchsten Gottheit selbst gleichgesetzt hätte. Auch in Platons Timaios fehlt diese Gleichsetzung, obwohl hier die Gestirne - sowohl die Planeten als auch die Fixsterne - ebenfalls aus Feuer gestaltet (40A), mit Körpern versehen (38CE) und als "göttliche Lebewesen", ja als "Götter" (40BC), bezeichnet werden. Das Feuer als solches ist dabei nicht das höchste göttliche Prinzip, sondern ein Teil dessen, aus dem "der immer seiende Gott" der Weltseele, "dem Gott, der einmal sein sollte", ihren Körper herstellt (31B. 34AB). Der polemische Satz des **AJ** hat dagegen eine Position vor Augen, die, wie die Stoa, das Feuer als das höchste göttliche Wesen ansah und die Gestirne daran teilhaftig sein ließ. Sonst würde der Satz seine polemische Spitze einbüßen.

Ähnliches gilt auch für den "Poimandres" (Corpus Hermeticum I). Die Unterscheidung des ersten Nus, des Vater Gottes, vom zweiten, dem von ihm hervorgebrachten Nus, dem Demiurg, ist bekanntlich platonischer Herkunft.[34] Dieser zweite Nus wird als Gott des Feuers und Geistes (πυρὸς καὶ πνεύματος) beschrieben und dem achten Himmel zugewiesen (§ 9). Er schafft dann seinerseits die sieben Verwalter (d.h. die Planeten) aus Feuer und Geist (§ 9.16). Ihre Verwaltung heißt Schicksal oder Heimarmene, denen der Mensch, der eigentlich unsterblich war und zum Licht und Leben (d.h. dem Vater-Gott) gehörte, ein Sklave bleibt (§ 9.15). Wie W. Scott in seinem Kommentar gezeigt hat, ist das kosmologische Weltbild dieses Traktates trotz des genannten platonischen Zugs der Kosmologie der Stoiker sehr ähnlich: "The main lines of this system of cosmology had been laid down by Plato and Aristotle, but it was by the Stoics that it was formulated and popularized in the very shape in which we find it in this document".[35] Das stoische Feuer ist hier bereits ein gutes Stück degradiert worden,[36] so daß CH I eher ein Ge-

---

[33] In: F.Boll/C.Bezold/W.Gundel, a.a.O., 128f.

[34] Vgl. W.Scott, Hermetica. The ancient Greek and Latin writings which contain religious or philosophical teachings ascribed to Hermes Trismegistus, Bd.II (in IV Bden), 6. 10.

[35] Zitat bei W.Scott, a.a.O., 6f. So auch C.H.Dodd, The Bible and the Greeks, London 1935, 122f.

[36] Das ist umso mehr der Fall, wenn W.Scott, a.a.O., Bd.I, 118, Bd.II, 32 mit seiner

führte als der Gegenpol der Polemik des AJ sein könnte.

Die hermetische Literatur insgesamt als diesen Gegenpol anzunehmen empfiehlt sich nicht, weil sie keine einheitliche Weltanschauung bietet. Ihre physische Weltsicht ist zwar oft viel stoischer als die von CH I.[37] Eine Polemik gegen diese Weltsicht wäre eben deshalb im Grunde als Polemik gegen die stoische Kosmologie zu bewerten.[38]

Dagegen paßt die Gestirnlehre der stoischen Kosmologie zu allen Voraussetzungen auch unseres Textes und dessen Kontextes sehr gut. Die kategoriale Zweiteilung des Zodiakus, d.h. der zwölf Gewalten, die Auffassung der Gestirne als σῶμα und des Feuers als ihres Wesens - all diese Voraussetzungen sind nur in der stoischen Gestirnlehre zusammen belegbar. Eine beachtenswerte Parallelität besteht außerdem im Verhältnis des Jaldabaoth zu seinen Gewalten einerseits und des stoischen Hegemonikons zu den Gestirnen andererseits: Sind die Gestirne nach stoischer Ansicht zwar Götter, aber als Götter nur Teilerscheinung des höchsten vernunftbegabten, schöpferisch-künstlerisch wirkenden Feuers als des Hegemonikons des Weltalls, so haben auch in unserem Text die Gewalten erst vom Jaldabaoth, dem Protarchon, Anteil an seinem Feuer erhalten. Diese Parallelität wird sogar noch größer, wenn man die Vielgestaltigkeit des Jaldabaoth, von der gleich nach der Siebenheit der Woche die Rede ist (II 11,36-12,4/IV 18,26-19,3 // III 18,9-12/BG 42,10-13), so verstehen darf, daß die sieben Gewalten mit unterschiedlichen, aber immer scheußlichen Gesichtern eine Art Erscheinungsweise des Protarchons darstellen.[39]

Es muß auch hier unentschieden bleiben, wieweit derjenige, der als erster die aufgezählten Parallelitäten zustande gebracht hat, über die sonstigen Ein-

---

Textemendation recht hat, die πυρὸς καὶ πνεύματος in §9 nicht auf den zweiten Gott (Nus), sondern auf die unmittelbar danach erwähnten sieben Verwalter bezieht: Der zweite Gott schuf sie aus Feuer und Geist.

[37] Vgl. dazu die jeweilige Einleitung zu den einzelnen Traktaten von CH bei W.Scott, a.a.O., Bd.II-III. Über die stoischen Gedanken und ihre Wandlung in der Hermetik vgl. M.Pohlenz, Die Stoa, Bd.1, a.a.O., 382-384.

[38] Neuerdings hat A.Werner, Das AJ, a.a.O., 77f Anm.3 auf die alttestamentlich-jüdische Tradition hingewiesen, die sich den Thronsaal Gottes immer als mit Feuer und Blitz umhüllt vorgestellt hat (Hen 14,9ff; Dan 7,9f; Ps 18,8-15). Werner macht diesen Hinweis allerdings nicht für unseren Satz des AJ, sondern für die Schilderung des von seiner Mutter Sophia fehlgeborenen, löwengesichtigen Jaldabaoth. Es wird nämlich in II 10,9-11 (IV lacuna) // III 15,12/BG 37,21-38,1 von diesem berichtet, er habe flammende Augen und sei jetzt noch in der Flamme. Für diese Stelle scheint mir Werners Hinweis sehr treffend zu sein. Aber von dieser alttestamentlich-jüdischen Tradition her läßt sich der jetzt in Frage stehende Satz unseres Textes nicht verstehen. In dieser Tradition fehlt nämlich der für unseren Text und seinen Kontext so zentrale Bezug zu den Tierkreiszeichen, Planeten oder Gestirnen überhaupt.

[39] A.Werner, Das AJ, a.a.O., 101f.

zelheiten der stoischen Kosmologie und Gestirnlehre informiert war. Eine direkte Kenntnis ihrer ursprünglichen Quellen ist unwahrscheinlich. Ihre allerwichtigsten Grundzüge müssen jedoch mit Sicherheit bekannt gewesen sein.[40] Er stellt jetzt mit dem entscheidenden Satz, den wir am Anfang dieses Abschnitts aus dem Codex II 11,7-9 angeführt haben, dem Grundprinzip der stoischen Kosmologie und der Gestirnlehre, ja dem Grundprinzip der stoischen Weltanschauung überhaupt, also dem schöpferisch-künstlerischen Feuer, ein bisher ganz unbekanntes, fremdes und neues Seinsprinzip entgegen: die Lichtkraft! Hier wird dem Immanenzprinzip der Stoa ein antikosmisches Transzendenzprinzip frontal gegenübergestellt. Was Jaldabaoth zum Weltschöpfer und -herrscher, d.h. stoisch gesagt, zum Hegemonikon macht, ist nicht mehr das Feuer, sondern ausschließlich die Lichtkraft, die er allein von seiner Mutter empfangen hatte und die er nicht an seine Gewalten verteilt hat. Dadurch werden die Gestirne ihrer Göttlichkeit, die ihnen die Stoiker zugewiesen haben, beraubt. Dem entspricht, daß die sieben Gewalten bei der Schöpfung des psychischen Menschen die Absicht verfolgen und aussprechen, er solle für sie die Lichtkraft werden (II 15,11-13/IV 23,29-24,1) // III 22,14-18/BG 49,6-9). Außerdem wird diese Lichtkraft bald später durch ein Manöver seitens des Pleromas aus dem Protarchon Jaldabaoth selbst weggezogen (II 19,25-30/IV lacuna // III 24,9-12/BG 51,17-20). Deutlich ist, wie sorgfältig und konsequent die Gegenüberstellung des Feuers und der übertranszendentalen Lichtkraft durchdacht und durchgeführt ist. Insofern muß jenem entscheidenden Satz, der in der bisherigen Forschung nicht gebührend beachtet worden ist, eine zentrale Bedeutung zuerkannt werden. Die revolutionäre Umwertung der stoischen Weltimmanenz wird nirgends so eindeutig und thetisch formuliert wie an dieser Stelle.

Da dieser Satz, wie bereits weiter oben zum Ende von § 3.1.2 festgestellt wurde, in den Langversionen redaktionell verdoppelt wurde, ist für sie eine bewußte Steigerung der vorgefundenen Polemik gegen die Stoa zu konstatieren. Diese Steigerung muß die der redaktionellen Umgestaltung zugrunde liegende Absicht gewesen sein. Sie wird konkret greifbar, wenn durch die Verdoppelung nicht wie ursprünglich nur die sieben, sondern sämtliche zwölf Gewalten expressis verbis zu denen gezählt werden, die vom Protarchon Feuer zugeteilt bekommen (vgl.§ 3.1.3 Anfang). Dazu paßt auch der Befund, daß nur die Langversionen unmittelbar vor der Aufzählung der Namen der Sieben diese als σῶμα bezeichnen (II 11,26/IV lacuna). Ob der Redaktor, der so bearbeitet hat, derselbe ist, der für den großen Einschub der Langversionen verantwortlich ist, ist eine andere Frage. Der Verfasser der vorliegenden

[40] Als Zwischenglied könnte man die ausgesprochen stoische Metaphysik und Gotteslehre der pseudo-philonischen Schrift "Über das 'wohltätig verzehrende Feuer'" (in: F. Siegert, Drei hellenistisch-jüdische Predigten, Tübingen 1980, S. 84ff) in Betracht ziehen.

Arbeit hält persönlich die Identität der beiden Redaktoren für möglich. Wie dem jedoch auch sei, die polemische Spitze gegen die stoische Kosmologie war von vorneherein vorhanden, wie die Kurzversionen deutlich zeigen.

3.2: II 15,13-29 (Parr) und die stoische Psychologie

3.2.1: Der Text

In diesem Textabschnitt, der jetzt untersucht werden soll, handelt es sich darum, daß die sieben Gewalten - hier mit ihrer kurz zuvor jeweils zugeteilten Eigenschaft genannt - unter Veranlassung des Jaldabaoth den psychischen Adam schaffen wollen, damit er für sie die Lichtkraft wird. Dazu schaffen sie zuerst die dafür nötigen sieben psychischen Substanzen. Hier zunächst unsere Übersetzung:

"Und die Mächte (Gewalten) begannen. Die erste, die Güte (χρήστος), schuf eine Knochen-Seele. Die zweite aber, die Pronoia (πρόνοια), schuf eine Sehnen-Seele. Die dritte, die Göttlichkeit, schuf eine Fleisch(σάρξ)-Seele. Die vierte aber, die Herrschaft, schuf eine Mark-Seele. Die fünfte ist das Reich, sie schuf eine Blut-Seele. Die sechste ist die Eifersucht, sie schuf eine Haut-Seele. Die siebente ist die Weisheit, sie schuf eine Haar-Seele. Und die Menge der Engel traten zu ihm (sc. Adam) hin. Sie empfangen von den Gewalten die sieben seelischen (ψυχικός) Substanzen (ὑπόστασις), damit sie die Zusammensetzung der Glieder, die der Teile und die Synthese (σύνθεσις) der Ordnung jedes einzelnen Gliedes schüfen."

Umstritten ist, ob die siebente, von der Weisheit geschaffene Substanz wie hier als "eine Haar-Seele" oder als "eine Augenlid-Seele" zu übersetzen ist. Der Codex II (15,23) bringt dafür ϥⲟⲩϩⲉ, der Codex IV (24,14) ⲃⲟⲩϩⲉ (teilweise laucuna). ⲃⲟⲩϩⲉ ist bei Crum im Sinne von "eyelid" eindeutig belegt, bei ϥⲟⲩϩⲉ kann man dagegen streiten, ob es eine dialektische Nebenform von ⲃⲟⲩϩⲉ oder von ϥⲱⲉ, d.h. "Haar", ist, wie die beiden Kurzversionen in ihrer jeweiligen Parallelstelle (III,23,6/BG 50,4) lesen. Krause, Kasse und Wisse entscheiden sich für die erste Möglichkeit, Giversen, Schenke und Nagel für die zweite.[41] Unter den bekannten Nebenformen von ⲃⲟⲩϩⲉ ist ϥⲟⲩϩⲉ nicht belegt. Obwohl dasselbe auch für ϥⲟⲩϩⲉ als eine der Nebenformen von ϥⲱⲉ der Fall ist - deshalb spricht Nagel von "einer bisher unbekannten Nebenform"[42] - , ist diese zweite Lösung insofern wahrscheinlicher, als es sich hier nach dem Kontext um eine bestimmte (psychische) Substanz, aber nicht um

---

41 M.Krause, Die drei Versionen, a.a.O., z.St.; R.Kasse, RThPh 99 (1966) 176; F.Wisse, in: The Nag Hammadi Library in English, a.a.O, 107; S.Giversen, a.a.O., 63; H.M.Schenke, OLZ 59 (1964) 551; P.Nagel, Anatomie, a.a.O., 71. Auch M.Tardieu, a.a.O., 124.301 spricht sich für die zweite Ableitung aus.

42 P.Nagel, ebd. Anm.10.

einzelne Körperteile handeln kann.[43] Auf Kosten dieser Kontextgemäßheit muß dann irgendwann einmal im Laufe der Überlieferung der Langversion aufgrund eines Mißverständnisses eine Transformation von ϥⲟⲩϩⲉ in ⲃⲟⲩϩⲉ erfolgt sein.

Obwohl es zwischen den Lang- und den Kurzversionen (III 22,18-23,14/BG 49,9-50,14) noch etliche Unterschiede gibt, die literarkritisch festgestellt werden können,[44] sind sie meistenfalls für unsere Fragestellung irrelevant. Vor allem hat man darauf hingewiesen, daß die sieben Gewalten in den Langversionen ihre jeweilige Seelensubstanz *schaffen*, in den Kurzversionen dagegen sie selber darstellen.[45] Aber auch dieser Unterschied darf nicht allzu sehr gepreßt werden, weil auch in den Kurzversionen unmittelbar zuvor gesagt wird: "Und <jede einzelne> von <allen Kräften *schuf* aus> der Kraft <die Seele ψυχή>. Sie *schufen* sie (ⲁⲩⲧⲁⲙⲓⲟⲥ) nach dem Bilde..." (III 22,9-11/BG 48,17-49,3).

3.2.2: Das räumliche Verhältnis des Jaldabaoth und seiner Sieben zueinander

Um der Frage nachzugehen, ob und wie auch hier eine Polemik gegen die stoische Lehrtradition, diesmal gegen ihre Psychologie, vorliegt, wollen wir den Zusammenhang mit dem vorausgehenden Textabschnitt, der die gnostische Kosmologie zum Inhalt hat, genauer bestimmen. Unser Text bildet nämlich in der Entwicklung des Erlösungsmythos des **AJ** den Übergangspunkt von der Kosmologie zur Anthropologie, die in den Kurzversionen relativ kurz, in den Langversionen dagegen wegen des großen Einschubes sehr ausführlich dargestellt wird.

Wir greifen etwas zurück: Fast am Ende des Textabschnittes II 10,19-11,10 (Parr.), dessen Übersetzung bereits oben in § 3.1.1. vorgelegt wurde, taucht folgender Satz auf: "Und er (sc. Jaldabaoth) stellte sieben Könige, (und zwar) je einen gemäß den Firmamenten (στερέωμα) des Himmels bis zum siebten Himmel, und fünf über die Tiefe der Unterwelt, damit sie herrschen." Es geht erneut um die Zweiteilung der Zwölf Gewalten. Die erste Hälfte dieses Satzes lautet in der Übersetzung von Krause so: "Und er stellte sieben Könige auf - entsprechend (κατά) dem Firmament (στερέωμα) des Himmels - über den siebenten Himmel ..."[46] Dieser Übersetzung zufolge muß man sich das räumliche Verhältnis so vorstellen, als ob alle Sieben über denselben siebenten Himmel eingesetzt worden wären, während sie nach unserer Überset-

[43] Gegen W.Till, a.a.O., 44f, der bereits hier von den Körperteilen spricht.

[44] Vor allem die Namen und die Reihenfolge der sieben Gewalten sind in den Kurzversionen anders.

[45] So A.Werner, Das AJ, a.a.O., 130.

[46] M.Krause, Die drei Versionen, a.a.O., z.St.

zung vom ersten bis zum siebenten Himmel schichtweise eingesetzt wurden. Der Codex II 11,4-6 bringt dafür folgenden koptischen Satz: ⲁⲩⲱ ⲁϥⲧⲉϩⲟ ⲉⲣⲁⲧϥ̄ ⲛ̄ⲥⲁϣϥ ⲛ̄ⲣ̄ⲣⲟ ⲟⲩⲁ ⲕⲁⲧⲁ ⲥⲧⲉⲣⲉⲱⲙⲁ ⲛ̄ⲧⲡⲉ ⲉϩⲣⲁï ⲉϫⲛ̄ ⲧⲙⲉϩⲥⲁϣϥⲉ ⲙ̄ⲡⲉ.

Entscheidend ist hier, wie der präpositionale Ausdruck ⲉϩⲣⲁï ⲉϫⲛ̄ zu übersetzen ist. Er kann einerseits einfach der deutschen Präposition "über" mit Akkusativ im räumlichen Sinne entsprechen. Der Codex III gebraucht ihn in diesem Sinne an der Parallelstelle (17,18), während er unmittelbar danach bei der Einsetzung der fünf Gewalten über die Unterwelt die Präposition ⲉϫⲛ̄ im gleichen Sinne verwendet (17,19). Der Codex BG bringt an der Parallelstelle ebenfalls diese zwei Präpositionen, aber in umgekehrter Reihenfolge, also für die Einsetzung der Sieben über die Himmel ϩïϫⲛ (41,14), für die der Fünf über die Unterwelt ϩⲣⲁï ⲉϫⲛ̄ (41,15). Die beiden Kurzversionen verstehen nämlich ⲉϩⲣⲁï ⲉϫⲛ̄ und ⲉϫⲛ̄ synonym. Sollte man auch in II 11,5 ⲉϩⲣⲁï ⲉϫⲛ̄ für synonym mit ⲁϫⲛ̄ in 11,6 halten, muß man der Übersetzung von Krause Recht geben. Aber lexikalisch betrachtet, ist für ⲉϩⲣⲁï ⲉϫⲛ̄ auch eine andere Bedeutung, die mehr räumliche Bewegung zum Ausdruck bringt, eindeutig belegt: "hinauf bis" oder "up to".[47] Für die genannte Stelle der Kurzversion III braucht man diese Bedeutung nicht in Anspruch zu nehmen, weil sie, wie auch BG, die sieben Himmel nicht schichtweise, sondern kollektiv versteht: ⲉϩⲣⲁï ⲉϫⲛ̄ ⲙⲡⲏⲟⲩⲉ (BG: ϩⲓϫⲛ ⲙ̄ⲡⲏⲩⲉ). Aber mit dem Codex II steht es anders. Wie die Ordinalzahl (ⲉϩⲣⲁï ⲉϫⲛ̄) ⲧⲙⲉϩⲥⲁϣϥⲉ ⲙ̄ⲡⲉ zeigt, stellt sich diese Version die sieben Himmel offensichtlich als verschiedene Schichten vor. Dies würde noch deutlicher, wenn Giversen mit seinem Konjekturvorschlag für II 11,4-5 Recht hat: Er ergänzt nämlich ⲛ̄ⲥⲁϣϥ ⲛ̄ⲣ̄ⲣⲟ ⲟⲩⲁ ⲕⲁⲧⲁ ⲥⲧⲉⲣⲉⲱⲙⲁ ⲛ̄ⲧⲡⲉ zu ⲛ̄ⲥⲁϣϥ ⲛ̄ⲣⲣⲟ<ⲟⲩ> ⲟⲩⲁ ⲕⲁⲧⲁ ⲥⲧⲉⲣⲉⲱⲙⲁ ⲛ̄ⲧⲡⲉ und sieht mit ⲟⲩⲁ ⲕⲁⲧⲁ einen distributiven Sinn deutlich zum Ausdruck gebracht.[48] Unsere Übersetzung stimmt hier Giversen zu.[49]

Unsere Übersetzung wird auch dadurch unterstützt, daß sowohl in den Lang- als auch in den Kurzversionen dort, wo die sieben Gewalten mit je einer eigenen Eigenschaft benannt werden, gesagt wird, daß Jaldabaoth es "von oben" (ϫⲛ̄ ⲙ̄ⲡⲥⲁ ⲛ̄ⲧⲡⲉ) begann (II 12,14f/IV 19,14f // III lacuna/BG 43,10f). Auch Werner weist darauf hin, daß hier ein räumliches Untereinander der sieben Himmel implizit vorausgesetzt ist,[50] eine Voraussetzung, die in

---

[47] Vgl. dazu Crum 698b-699a; W.Westendorf, Koptisches Handwörterbuch, a.a.O., 386.

[48] S.Giversen, a.a.O., 67. 208f.

[49] Ähnlich übersetzen auch R.Kasse, RThPh 99 (1966) 167f und F.Wisse, The Nag Hammadi Library, a.a.O., 104. E.Lüddeckens, GGA 218 (1966) 7 denkt ähnlich, aber seine Übersetzung: "Er setzte sieben Könige - je einen je Himmelsfirmament - über den siebenten Himmel" erweckt einen ganz anderen Eindruck, was das räumliche Verhältnis angeht.

[50] A.Werner, Das AJ, a.a.O., 102.

allen drei Versionen unmittelbar nach der Benennnung der Eigenschaften explizit zum Ausdruck gebracht wird: "Sie (sc. die sieben Gewalten) aber haben ein Firmament in jedem (κατά) Äonen-Himmel" (II 12,25f vgl. auch IV 19,27-20,1 // III lacuna/BG 44,5f).

Die beiden zuletzt angeführten Aussagen beweisen zugleich, daß auch bei den Kurzversionen die Schichtung der Himmel vorausgesetzt wird, obwohl sie bei der Einsetzung der Sieben über die Himmel von ihr nicht so deutlich wie die Langversionen sprechen. Dennoch kann man nicht sagen, daß die Langversionen die räumliche Schichtenvorstellung deutlicher machen wollen. Die Kurzversionen bemerken bei der Erschaffung der sieben psychischen Substanzen ausdrücklich, daß die sieben Gewalten es "von unten" (ϫⲓⲛ ⲡⲉⲥⲏⲧ) begannen (III 22,18/BG 49,10), während in den Langversionen eine solche Bemerkung fehlt, wie das der oben (§ 3.2.1) beigelegten Übersetzung der betreffenden Parallelstelle leicht zu entnehmen ist.

Verhält sich die Sache so, dann stellt sich die Frage, in welchem Himmel sich Jadabaoth selbst befindet. Ist es der achte, was als Antwort am nächsten liegt? Aber in III 21,11-15/BG 47,8-13 wird von der Sophia, die ihren Fehltritt bereut, gesagt: "Und sie würde nicht zu ihrem Äon (αἰών) hinaufgeführt, der der ihrige ist, sondern (ἀλλά) wegen der besonders großen Unwissenheit, die in ihr zutage getreten war, ist sie in ⲧⲙⲉϩⲯⲓⲧⲉ (so BG 47,12)/ⲧⲙⲁϩⲯⲓ<ⲧⲉ> (so III 21,14f), bis sie ihren Mangel richtig stellt". Die Langversionen (II 14,9-13/IV 22,11-15) lesen hier anders: "Und sie wurde nicht hinauf zu ihrem eigenen Äon, sondern zum Himmel ihres Sohnes gebracht, damit sie in ⲡⲙⲁϩⲯⲓⲧ (so II 14,12)/ⲧⲡⲉ ⲙ̄ⲙⲁϩ<ⲯ>ⲉⲓⲧ (so IV 22,14) bleibe, bis sie ihren Fehler richtiggestellt hat". Problematisch ist hierbei einmal, ob die koptisch angegebenen Wendungen kollektiv mit "die Neunheit" oder ordinal mit "der neunte Himmel" wiederzugeben sind, und zum anderen, wie sich "der Himmel ihres Sohnes" (d.h. des Jaldabaoth) -hier übersetzen wir die koptische Wendung ⲛ̄ⲧⲡⲉ ⲙ̄ⲡⲉⲥϣⲏⲣⲉ (II 14,11/IV 22,13) zunächst einmal vorläufig so - dazu verhält.

Giversen hat als erster die Ansicht vertreten, daß diese koptischen Wendungen im ordinalen Sinne "den neunten Himmel" meinen. Dabei stützte er sich hauptsächlich auf die grammatische Regel in W. Tills Grammatik, wonach das Präfix ⲙⲉϩ-/ⲙⲁϩ- mit Zahlwörtern nur Ordinalzahlen, aber keine Kollektivzahlen bilden kann.[51] Für die Bildung von Kollektivzahlen sei das Präfix ⲁⲛ- oder ein griechischer Ausdruck anzuwenden. Giversen glaubte außerdem, diesen "neunten Himmel" mit "dem Himmel ihres Sohnes", d.h. dem Sitz des Jaldabaoth, gleichsetzen zu können. Da er andererseits den ersten bis siebenten Himmel - wie bereits erwähnt - mit Recht schichtweise den sieben Gewalten zuweist, bleibt nur der achte unbesetzt. Diesen bezeichnet er

---

[51] S.Giversen, a.a.O., 236f. Ihm stimmt E.Lüddeckens, GGA 218 (1966) 8 zu. Vgl. W.Till, Koptische Grammatik (saidischer Dialekt), Leipzig 1970[4], §124. 170. 215.

als den gemeinsamen Himmel für die zwölf Gewalten, also als den Himmel des Zodiakus.[52]

Diese Ansicht Giversens scheint mir sehr fraglich. Zumindest wird ⲦⲘⲈϨⲮⲒⲦⲈ/ ⲦⲘⲀϨⲮⲒⲦⲈ in den Kurzversionen von W. Till, Krause und Kasse im kollektiven Sinne übersetzt[53] und zwar mit Recht, weil trotz der von Giversen erwähnten Regel in Tills Grammatik Zahlwörter mit dem Präfix ⲘⲈϨ-/ⲘⲀϨ- promiscue mit griechischen Kollektivzahlen gebraucht werden können.

Das ist jetzt, worauf Werner hingewiesen hat,[54] in einer der Nag-Hammadi-Schriften, OgdEnn (NHC VI,6) eindeutig belegt. In dieser Schrift wechselt nämlich die griechische Wendung ὀγδοάς (VI 56,26; 58,17f) ohne weiteres mit der koptischen ⲦⲘⲀϨϢⲘⲞⲨⲚⲈ. Daneben kommt einmal ἑβδομάς (56,27) und sehr häufig ⲦⲘⲀϨⲮⲈⲒⲦⲈ vor. Insofern kann man alle diese Wendungen kollektiv mit "die Siebenheit", "die Achtheit" und "die Neunheit" übersetzen. Aber bezeichnenderweise läßt sich ein ordinaler Sinn nicht von der Hand weisen, denn es handelt sich in dieser hermetischen Schrift um einen stufenförmigen Erkenntnisvorgang. Das heißt: Hier sind kollektiver und ordinaler Sinn so miteinander verbunden, daß das jeweilige Kollektiv nicht aus gleichwertigen, nebeneinander stehenden, sondern aus hierarchisch geordneten Elementen besteht.

Die gleiche Vorstellung liegt uns auch in der genannten koptischen Wendung der Kurzversionen vor. Sie ist schon deshalb dort mit "Neunheit" wiederzugeben, weil sie die sieben Gewalten ergänzt um Jaldabaoth und die Sophia als eine Gruppe von 9 ansieht. Dabei ist allerdings zu beachten, daß die Sophia die höchste Stelle, also den neunten Himmel, einnimmt. Das wird freilich nicht expressis verbis gesagt, ist aber sicher vorausgesetzt, wenn in direktem Anschluß an unsere Stelle berichtet wird, daß Jaldabaoth die Offenbarungsstimme *von oben her* nicht verstand, sondern fälschlicherweise für die Stimme seiner Mutter hielt (III 21,16-21/BG 47,14-20). Die Mutter muß hier als *oberhalb* des Jaldabaoth sitzend gedacht sein. Sind andererseits die sieben unteren Himmel durch die sieben Gewalten besetzt, so wird dem Jaldabaoth, wie wir jetzt folgern können, als eigener Wohnort unausgesprochen der achte Himmel zugedacht. Auf jeden Fall bieten die beiden Kurzversionen keinen Anhaltspunkt dafür, mit Giversen dem Jaldabaoth den höchsten, d.h. den neunten Himmel vorzubehalten. Möglicherweise hat sich Giversen durch die Langversion II irreführen lassen, die scheinbar den neunten Himmel als "den Himmel ihres (der Sophia) Sohnes" bezeichnet. In den Kurzversionen selbst gibt es jedoch keine vergleichbare Aussage.

---

[52] S.Giversen, a.a.O., 208. 236f. Auch M.Tardieu, a.a.O., 120 übersetzt es im ordinalen Sinne, ordnet aber Sophia und Jaldabaoth jeweils dem achten und dem siebenten Himmel zu. Seine Begründung ist wenig überzeugend.

[53] Vgl. W.Till, BG 47,12; M.Krause, Die drei Versionen, a.a.O., zu III 21,14f; R.Kasse, RThPh 99 (1966) 174.

[54] A.Werner, Das AJ, a.a.O., 119 Anm.1.

Ist es aber überhaupt sicher, daß die Langversionen im neunten Himmel den Wohnort Jaldabaoths sehen? Giversen hat sicher Recht, wenn er die bereits weiter oben angegebene, koptische Wendung von II 14,12 ⲡⲙⲁϩⲯⲓⲧ mit "the ninth (heaven)" übersetzt. Der definitive Artikel des Maskulinums ⲡ hindert uns sowohl daran, das Wort als absoluten Ausdruck der "Neunheit" zu verstehen (so Krause), als auch daran, als Beziehungswort ⲧⲡⲉ (ein Femininum!) zu ergänzen. Hinter dem definitiven Artikel kann sich nur das griechische Wort οὐρανός (so Giversen) oder aber αἰών (so Werner) verstecken, das allerdings nicht ins Koptische übersetzt wurde.[55] Was nun den Kodex IV angeht, hat Krause die betreffende Parallelwendung <...ⲧ>ⲡⲉ ⲙ̄ⲙⲁϩ<ⲯ>ⲉⲓⲧ ergänzt (IV 22,14). Dafür ist keine andere Übersetzung als "der neunte Himmel" möglich.

Es bleibt die Frage, ob der so unmißverständlich bezeichnete neunte Himmel als der Wohnort des Jaldabaoth gedacht ist. Der einschlägige Satz heißt im koptischen Text: ⲁⲩⲉⲓⲛⲉ ⲙ̄ⲙⲟⲥ ⲉϩⲣⲁï ⲁⲡ̄ⲥⲁⲓⲱⲛ ⲁⲛ ⲙ̄ⲙⲓⲛ ⲙ̄ⲙⲟⲥ ⲁⲗⲗⲁ ⲛ̄ⲧⲡⲉ ⲙ̄ⲡⲉⲥϣⲏⲣⲉ ⲁⲧⲣⲉⲥϣⲱⲡⲉ ϩⲙ̄ ⲡⲙⲁϩⲯⲓⲧ ϣⲁⲛⲧⲉⲥⲥⲱϩⲉ ⲙ̄ⲡⲉⲥϣⲧⲁ (II 14,9-13/IV 22,11-15). Man bekommt tatsächlich zunächst den Eindruck, daß hier ⲧⲡⲉ ⲙ̄ⲡⲉⲥϣⲏⲣⲉ "der Himmel ihres Sohnes" mit ⲡⲙⲁϩⲯⲓⲧ "dem neunten (Himmel)" gleichgesetzt ist. Außer Giversen meint auch Werner, diese Gleichsetzung vornehmen zu müssen. Er zählt jedoch anders als Giversen noch vor bzw. unter den sieben Himmeln der Archonten "den irdischen Himmel als den ersten", damit dem Jaldabaoth der neunte zukommt.[56] Es bleibt jedoch unklar, was Werner unter "dem irdischen Himmel" versteht, und es wird auch kein Nachweis dafür erbracht, daß eine solche Zählweise in der späthellenistischen Antike üblich war. Viel ungezwungener ist die Erklärung, wonach ⲛ̄ⲧⲡⲉ ⲙ̄- aus der vorgefügten Präposition ⲛ und dem nachgefügten Genitiv ⲛ̄ besteht und als Ganzes im Sinne der räumlichen Präposition "oberhalb"/"au-dessus"/"above" zu verstehen ist. Crum (259b) gibt dafür viele Belege an. Kasse, Wisse und Tardieu übersetzen deshalb in diesem Sinne.[57] Dieses Verständnis paßt auch zu der Tatsache, daß sowohl in den Langversionen wie in den Kurzversionen die Sophia als "oberhalb" ihres Sohnes sitzend gedacht ist (II 14,13-18/IV 22,15-22).[58] Die oben genannte Gleichsetzung ist daher unhaltbar. Der höchste, neunte Himmel muß vielmehr auch in den Langversionen der Sophia zugewiesen werden und infolgedessen dem Jaldabaoth der nächsttiefere, d.i. der achte!

Aber auch wenn man ⲛ̄ⲧⲡⲉ ⲙ̄ⲡⲉⲥϣⲏⲣⲉ wortwörtlich mit "zum Himmel ihres Sohnes" übersetzen möchte, ist die angestrebte Gleichsetzung von ⲧⲡⲉ

[55] S.Giversen, a.a.O., 236; A.Werner, Das AJ, a.a.O., 119.

[56] A.Werner, Das AJ, a.a.O., 118f.

[57] R.Kasse, RThPh 99 (1968) 174; F.Wisse, The Nag Hammadi Library in English, a.a.O., 106; M.Tardieu, a.a.O., 120.

[58] Das sieht auch A.Werner, Das AJ, a.a.O., 118 schon richtig.

ⲘⲠⲈⲤⲰⲎⲢⲈ mit ⲠⲘⲀϨⲮⲒⲦ nicht ohne weiteres gegeben. Denn auch in diesem Fall kann man den Satz so paraphrasieren: Sie (Sophia) wurde nicht hinauf zu ihrem eigenen Äon, sondern zum Himmel ihres Sohnes gebracht, innerhalb dessen sie sich oberhalb ihres Sohnes befindet, in dem sie sich den neunten Himmel bildet und darin bleibt (vgl. v.a. den kausativen Infinitiv ⲀⲦⲢⲈⲤⲰⲰⲠⲈ).

Zusammenfassend können wir sagen: Sowohl die Kurz- als auch die Langversionen setzen voraus, daß der achte Himmel der Wohnsitz des Jaldabaoth ist. Damit erweist sich ein Satz, den W. Foerster bereits 1958 formulierte, als zutreffend: "Das Apokr.Joh. zählt neben den sieben Planetensphären die Ätherregion der Fixsterne und des Feuers als die achte, den Sitz des Jaldabaoth, darüber ist die neunte der Mutter".[59] Das ist für unseren Gedankengang überaus wichtig, denn gerade die stoische Kosmologie sah die achte, ätherische Himmelssphäre der Fixsterne als Feuerregion an. Wenn nun der Jaldabaoth, dessen Substanz, wie oben festgestellt wurde, das Feuer ist, im **AJ** in eben diesen achten Himmel angesiedelt wird, so kann diese Koinzidenz kein Zufall sein. Vielmehr liegt die Vermutung nahe, daß wir es mit einer gnostischen Polemik gegen die Kosmologie der stoischen Lehrtradition zu tun haben. Diese Vermutung gewinnt an Wahrscheinlichkeit, wenn wir im folgenden sehen, daß auch die stoische Kosmologie und/oder Gestirnlehre genauso wie die des **AJ** mit einer bestimmten Psychologie verbunden ist.

Zuvor muß jedoch noch auf ein anderes Problem eingegangen werden, das sich erst jetzt ergibt: Bei dem oben herausgearbeiteten räumlichen Verhältnis von Jaldabaoth zu seinen sieben Gewalten scheint es so, als ob der Himmel des Zodiakus, der in der hellenistischen Astrologie und/oder Astronomie stets mit dem achten Himmel gleichgesetzt war, nicht mehr als solcher eigens aufgezählt werden kann. Das aber erklärt sich daraus, daß unsere Schrift den Zodiakus, d.h. die zwölf Gewalten des Jaldabaoth, wie oben (§ 3.1.3) festgestellt wurde, in zwei Grupen von 7 und 5 teilt, wobei die Gruppe der 7 einerseits mit den sieben Planeten verbunden und andererseits als eine Art Erscheinungsform des Jaldabaoth selbst dargestellt wird (s.o.S. 51). Der Eindruck einer gewissen Unklarheit läßt sich freilich nicht leugnen. Aber diese Unklarheit finden wir in der antiken Astronomie selbst. Diese nahm nach Boll und Gundel im achten Himmel der Fixsterne bald Entfernungsunterschiede der Gestirne von der Erde an, bald stellte sie sich alle Fixsterne als gleichmäßig am achten Himmelsgewölbe befestigt vor, wobei angenommen wurde, daß die sieben Planeten nicht unterhalb, sondern unmittelbar inmitten ihrer zodiakalen "Häuser" standen.[60] Insofern darf man den genannten Eindruck von Unklarheit nicht überbewerten.

---

[59] W.Foerster, Das Apokryphon des Johannes, a.a.O., 137 Anm.17.
[60] F.Boll/C.Bezold/W.Gundel, a.a.O., 45. 120f.

3.2.3: Die stoische Psychologie

Wenden wir uns nun der stoischen Psychologie zu, so fällt zuerst die gegenseitige Verzahnung zwischen ihr und der Kosmologie auf. Diese Verzahnung wird vor allem daran sichtbar, daß das Hegemonikon, von dem bereits im Zusammenhang der stoischen Gestirnlehre (§ 3.1.4) die Rede war, auch in der stoischen Psychologie begegnet, ja deren Spezifikum darstellt. Das ist freilich nur folgerichtig angesichts des stoischen Grundgedankens, das Weltall sei ein beseelter Organismus.

Es sei hier nochmals daran erinnert, daß das Hegemonikon im kosmologischen Sinne nichts anderes als das schöpferisch-künstlerisch wirkende Feuer ist, d.i. die höchste Gottheit (τὸ θεῖον) oder die Weltvernunft (λόγος).Obwohl in den uns erhaltenen Überlieferungen nirgends deutlich belegt ist, daß dies Hegemonikon im *achten*, d.h. höchsten Himmel der Fixsterne, seinen Sitz hat, so wird dies immer - abgesehen vom Heliosverehrer Kleanthes, der es in der Sonne suchte - mehr oder weniger als selbstverständlich vorausgesetzt. Einschränkend muß allerdings gesagt werden, daß sein Sitz nicht auf den achten Himmel beschränkt ist, weil die Gestirne seine Teilerscheinungen sind (vgl. S. 72). Von diesem Sachverhalt zeugt z.B. die oben angeführte Überlieferung bei Diogenes Laertios, De clar. phil. VII 135 (= SVF II 580; vgl. S. 70): Am höchsten liegt das Feuer,das Äther genannt wird, und in dieser Ätherregion kommt ἡ σφαῖρα der Fixsterne als die erste zur Entstehung, darunter folgen dann schichtweise die Planeten - sieben an der Zahl - und erst unterhalb der Ätherregion liegt der Luft- und Wasserbereich. Am tiefsten liegt schließlich die Erde, die allerdings die Mitte des Weltalls bildet. Diogenes überliefert dies Weltbild unter dem Namen des Chrysipp. Ebenso Stobaios, der allerdings die bei Diogenes nur vorausgesetzt gebliebenen Namen der Planeten und ihre Reihenfolge namentlich aufzählt: "Die Menge der Fixsterne sei unvorstellbar, die Planeten aber seien sieben an der Zahl, und alle Planeten befänden sich unter den Fixsternen. Die Fixsterne seien auf einer einzigen Fläche befestigt, wie man sehen könne. Die Planeten aber befänden sich auf jeweils verschiedenen Sphären (σφαῖρα). Alle Sphären der Planeten seien jedoch durch die der Fixsterne umschlossen. Von den Planeten liege die Sphäre des Kronos (= Saturnus) am höchsten unmittelbar unter der der Fixsterne, darunter sei die des Zeus (= Jupiter), dann weiter die des Ares (=Mars), danach die des Hermes (= Merkur) und nach dieser die der Aphrodite (=Venus), dann die der Sonne und nach diesen allen die des Mondes, die dem Luftbereich am nächsten liege." (Eclogae I. 185,8 W = SVF II 527).[61]

---

[61] Die Reihenfolge der sieben Planeten ist in den Überlieferungen nicht immer gleich. Z.B. zählt sie Cicero, De nat. deor. II 45-55 von unten nach oben auf: Mond, Venus, Merkur, Sonne, Mars, Jupiter, Saturn. Diese Reihenfolge ist nach K.Reinhardt, Kosmos und Sympathie, a.a.O., 121-138 die des Poseidonios. Bis dahin sei in stoi-

Von dieser Stufenfolge der sub- und supralunaren Bereiche spricht Chrysipp - weiter nach Stobaios -, um das Weltall als "σύστημα" mit göttlicher διακόσμησις darzustellen (ebenda 184,9.13; 185,3). Das Weltall aber wird ein solches σύστημα erst dadurch, daß das Hegemonikon, das schöpferisch-künstlerische Feuer, das Weltall durchzieht, aber je nach Stufe in unterschiedlicher Reinheit und Dichte. Wenn das Feuer in den sublunaren Bereich kommt und sich mit der Luft verbindet, entsteht daraus das πνεῦμα als seine sublunar-irdische Existenzform. Selbst dieses πνεῦμα unterteilt sich in drei Seinsweisen, die u.a. Galen so überliefert: "Nach den 'Alten'gibt es zweierlei Pneumata: das ψυχικόν (das seelische Pneuma) und das φυσικόν (das physische). Aber die Stoiker führen als das dritte das ἑκτικόν, das sie ἕξις nennen, ein. ἑκτικόν sei ein Pneuma, das die Steine zusammenhalte, φυσικόν aber ein Pneuma, das die Tiere und Pflanzen ernähre, ψυχικόν aber das Pneuma, das bei beseelten Wesen die Lebewesen sowohl wahrnehmungsfähig (αἰσθητικά) als auch aller Bewegung fähig (κινούμενα πᾶσαν κίνησιν) mache." (Introductio s.medicus 9 XIV 697.726 = SVF II 716). Die niedrigste Stufe ἕξις/ἑκτικόν ist hiernach die der anorganischen Gebilde wie Steine, "auf der das Pneuma die ihm innewohnende Spannkraft in der primitivsten Form als das in sich zurückkehrende Pneuma bewährt und nur Einheit und Dauer verleiht."[62] Die nächsthöhere Stufe φύσις/φυσικόν ist die der Pflanzen und Tiere, sofern diese fähig sind, Nahrung aufzunehmen.[63] Die dritthöchste Stufe ψυχή/ψυχικόν ist die der Lebewesen, sofern sie zur sinnlichen Wahrnehmung sowie Bewegung fähig sind. Wenn auch die Stoiker das Wort ψυχή als solches genau genommen nur den höheren Stufen von dieser dritten an zuerkennen wollen,[64] so geht es doch im großen und ganzen um eine spezifische Psychologie aus kosmologischer Sicht.

Für die Einzelwesen konkretisiert sich diese Psychologie unterschiedlich, je nachdem, zu welcher Stufe sie im Einzelfall gehören. Wie steht es aber mit dem Menschen? Dazu findet sich ein Passus bei Philo, den sowohl Arnim (SVF II 458) als auch Pohlenz der älteren Stoa (Chrysipp) zuschreiben:[65] "Nachdem wir dies vorausgeschickt haben, muß weiter gesagt werden, daß der nackte, nicht an den Körper gebundene Geist - und von diesem noch nicht an den Leib geketteten ist ja die Rede - viele Kräfte hat: die zusammenhaltende, belebende, beseelende, denkende und viele tausend andere mit ihren Gattun-

---

schen Kompendien eine andere Liste als kanonisch gültig gewesen, der auch Panaitios, wie Reinhardt aufgrund von Cicero, De divinatione II §91 annimmt, folgte (ebd. 131). Die hier angeführte Reihenfolge nach Chrysipp weicht wieder von der letzteren ab.

62 Zitat bei M.Pohlenz, Die Stoa, Bd.1, a.a.O., 83.

63 Die "Physis" im engeren Sinne wird von den Stoikern von der Physis im Sinne des Makrokosmos unterschieden. Vgl. M.Pohlenz, ebd.

64 Vgl. M.Pohlenz, ebd.

65 M.Pohlenz, Die Stoa, Bd.2: Erläuterungen, Göttingen 1972[4], 49.

gen und Arten. Den Zusammenhalt (ἡ ἕξις) besitzen auch die unbeseelten Steine und Hölzer; an ihm haben auch unsere Knochen (ὀστέα) Anteil, die sich mit Steinen vergleichen lassen. Die belebende Kraft wirkt auch bis ins Pflanzenreich hinein; und auch wir haben Körperteile, die den Pflanzen vergleichbar sind, nämlich Nägel (ὀνυχές) und Haare (τρίχες). Belebung bedeutet aber einen schon bewegungsfähigen Zusammenhalt. Seele ist ein Belebtes, das außerdem Vorstellungsvermögen und Begehrungstrieb besitzt. Beides haben wir mit den vernunftlosen Tieren gemeinsam; auch unser Geist hat einen der Seele der vernunftlosen Tiere entsprechenden Bestandteil. Die denkende Kraft ist dem Geist eigentümlich, sie ist uns vielleicht gemeinsam mit den göttlichen Wesen, unter den Sterblichen aber nur den Menschen eigen; sie ist von doppelter Art und bekundet sich erstens, wenn wir logisch denken als vernunftbegabte Wesen, zweitens, wenn wir uns unterhalten." (Leg. Alleg. II § 22).[66]

In diesem Passus kommt zwar zunächst nur die stoische Psychologie im engeren Sinne, sofern sie auf die menschliche Seele bezogen ist, zur Sprache, aber sie erscheint in einem umfassenderen Rahmen. Der Mensch stellt - metaphorisch ausgedrückt - einen Vertikalschnitt von der obersten bis zur niedrigsten Stufe dar. An der niedrigsten Stufe ἕξις/ἑκτικόν nimmt er mit seinen Knochen Anteil und an der zweiten φύσις/φυσικόν mit seinen Nägeln und Haaren. Diese beiden Stufen zusammenfassend sagt Diogenes Laertios, De clar. Phil. VII 139 im Namen von Chrysipp und Poseidonios, daß nicht nur die Knochen, sondern auch die Sehnen (τὰ νεῦρα) zu den niedrigen Stufen gehören, die von der Vernunft (dem λόγος und dem πῦρ) in geringerem Maße durchdrungen werden. An der dritten Stufe ψυχή/ψυχικόν nimmt der Mensch Anteil durch seine zur sinnlichen Vorstellung sowie Begehrung fähigen "Seele". Womit der Mensch aber diese drei Stufen von der anorganischen über die pflanzliche bis zur tierischen weit transzendiert und sich als den Göttern wesensverwandt zeigt, ist sein Denkvermögen (ἡ διανοητικὴ δύναμις), das seinerseits nicht nur die logische Denkkraft, sondern auch die Fähigkeit zum διαλέγεσθαι, also zur sprachlichen Kommunikation, einschließt.

Wie ist aber diese höhere Fähigkeit in der menschlichen Seele mit den anderen Fähigkeiten der "dritten" Stufe vereinigt? Die Stoiker haben einerseits die menschliche Seele als eine Mischung des schöpferisch-göttlichen Feuers mit der Luft und somit als eine Art "Körper" angesehen. Zahlreiche Kritiken, v.a. aber die von Alexander von Aphrodisias, beweisen das.[67] Sie haben ande-

---

[66] Zitat nach der Übersetzung von I.Heinemann, in: L.Cohn/I.Heinemann/M.Adler/W.Theiler (Hg), Philo von Alexandria. Die Werke in deutscher Übersetzung, Bd.III, Breslau 1929[2] (Nachdr. Berlin 1962) 60-61. Die Einsetzung der griechischen Wörter stammt von mir.

[67] Vgl. für Zenon Diog. Laert. VII 157 (= SVF I, 135); Galenos, Historia Philosopha 24 (SVF I, 136); Tertullianus, De anima 5 (SVF I, 137); Nemesios, De nat. hom. 2 (SVF I, 137), für die Stoiker allgemein Alexander von Aphrodisias, De mixtione 224, 14ff

rerseits die bekannte Achtteilung der Seele unternommen. Das ist für Zenon und die stoische Schule bei vielen antiken Schriftstellern wie Plutarch, Diogenes Laertios, Nemesios und Stobaios reichlich belegt. Hier sei nur das deutlichste Zeugnis angeführt, das H. Diehls seinerzeit dem Aetios, einer der Quellen von Plutarch, zuschrieb:

"Die Stoiker sagen, die Seele bestehe aus acht Teilen. Fünf davon seien diejenigen, die der sinnlichen Wahrnehmung fähig (αἰσθητικοί) seien, einer für die Sehkraft (ὁρατικόν), einer für den Hörsinn (ἀκουστικόν), einer für den Geruchsinn (ὀσφραντικόν), einer für den Geschmacksinn (γευστικόν) und einer für den Tastsinn (ἁπτικόν). Der sechste aber sei für die Sprache (φωνητικόν), der siebente für die Erzeugung (σπερματικόν) und der achte sei der führende Teil (ἡγεμονικόν) selbst, von dem alle Teile mittels der ihnen innewohnenden Organe kontrolliert werden - ähnlich den Verschlingungen des Meerespolypen." (Aetios, Placita IV,4.4).[68]

Nimmt man diese zwei Lehrsätze zusammen, so wird klar, daß auch die menschliche Seele als stufenförmig aufgebaut gedacht ist. Unter den fünf Sinnen Sehen, Hören, Riechen, Schmecken und Tasten und den zwei Seelenteilen für Erzeugung und Sprache läßt sich zwar keine eindeutige Stufenordnung erkennen, aber über ihnen allen steht der achte Teil als der oberste.[69] Dieser wird wegen seiner führenden und herrschenden Position τὸ ἡγεμονικόν genannt: ἡγεμονικὸν δὲ εἶναι τὸ κυριώτατον τῆς ψυχῆς (Chrysipp bei Diog. Laert. De clar. Phil. VII 159 = SVF II 837). Er stellt den reinsten Teil der Seele dar, der von der Mischung mit der Luft am wenigsten berührt bleibt und somit das schöpferisch-göttliche Feuer am reinsten bewahrt.[70] Damit ist die am Anfang dieses Abschnittes genannte Verzahnung von Psychologie und Kosmologie ineinander systematisch dargestellt: Im Menschen spiegelt und wiederholt sich der Stufenbau des Makrokosmos, angefangen mit dem Hegemonikon im achten Himmel bis zu den anorganischen Knochen. Der Mensch ist ein Mikrokosmos.

(Bruns = SVF II, 442); 224, 32ff (SVF II, 310); De anima 26,13 (SVF II, 786).

[68] H.Diels, Doxographie Graeci, a.a.O., 390, 5-13 (= SVF II, 827). Vgl. für Zenon auch Stobaios, Ecl.I 49,34 und Nemesios, De nat. hom. 2 (beide in SVF I, 143) und für Chrysipp und die Stoiker allgemein Diog. Laert. VII 110. 157 (= SVF II, 828) und die weiteren Überlieferungen in SVF II, 823-833.

[69] Bei Aetios, Placita IV, 4,4 wird die sprachliche Fähigkeit dem sechsten Teil zugewiesen. Bei Philo, Leg. Alleg. II 22 (s.o.) jedoch scheint sie als eine der Fähigkeiten der denkenden Kraft im Menschen dem obersten Teil der Seele zugehörig zu sein.

[70] Für genauere Informationen zur stoischen Lehre vom Hegemonikon und dessen Verhältnis zu den anderen Teilen sei verwiesen auf: M.Pohlenz, Die Stoa, Bd. 1, a.a.O., 87-90 (Zenon und Chrysipp), 225f (Poseidonios) und 198 (über die Verminderung der Seelenteile auf sechs bei Panaitios).

3.2.4: Die gnostische Sinngebung

Erst jetzt können wir uns der eigentlichen und letzten Frage zuwenden, ob und inwieweit in unserem Text (s.§ 3.2.1) eine Polemik gegen die stoische Psychologie vorliegt. Die Antwort ist diesmal viel schwieriger als bei den vorhergehenden Themenkreisen, weil eine mit Kosmologie oder -gonie ähnlich verzahnte Psychologie nicht allein in der stoischen Lehrtradition, sondern auch sonst in der hellenistischen Antike sehr verbreitet gewesen sein dürfte.

Die Forschung hat oft auf die Vorstellung von "Planetenseele" (H. Jonas) und auf die einschlägigen Partien von Platons Timaios als die zwei Exponenten einer solchen Psychologie hingewiesen.[71] Bei Jonas steigt (oder fällt) die menschliche Seele von ihrem ursprünglichen Ort durch sieben Himmelsphären ab, wobei sie von jeder die ihr innewohnende seelische Kraft bekommt, bis sie schließlich auf der Erde mit einem fleischlichen Leib in Verbindung tritt. Diese Vorstellung findet sich in in § 12-16 von Poimandres, ohne daß das Schicksal der Seele negativ bewertet wird. Sie entspricht aber den Voraussetzungen unseres Textes im **AJ** insofern nicht, als dieser Text nicht vom Seelenabstieg durch die Himmelsphären spricht. Insofern hat Nagel mit Recht gefolgert: "Die Psychogenese des AJ basiert auf einer anderen Konzeption als die des Corpus Hermeticum (CH I § 12-16)".[72]

Bei Platons Timaios 41A-D 69C geht es hingegen darum, daß der Demiurg, der bereits die mit Intellekt versehene und zur Erkenntnis fähige Weltseele (§35A) und daraus die himmlischen Götter, d.s. die Fixsterne, die Planeten, die übrigen Götter und die Erde (§ 39E-40B), geschaffen hat, diesen jüngeren Göttern befiehlt (41A-D), drei weitere Kreaturen, darunter die menschliche Seele, zu schaffen, nachdem er zuvor die dazu nötige Grundsubstanz hervorgebracht und entsprechend der Zahl der Gestirne unterteilt hat (41D). Nagel und Werner glauben hier "eine frappierende Übereinstimmung" mit der Vorstellung des **AJ** konstatieren zu dürfen.[73] Was in der Psychologie des Timaios freilich fehlt, ist die Bindung an die sieben Planeten, die für das **AJ** von großer Wichtigkeit ist. Van Broek hat jedoch neuerdings mit Hilfe einer griechisch beeinflußten persischen Quelle (Zâdspram aus dem 9.Jhdt.n.Chr.) eine ältere doxographisch-medizinische Tradition wahrscheinlich gemacht, die anknüpfend an die in Timaios 73B-76E dargelegte Melothesia des fleischlichen Körpers des Menschen einerseits die Siebenzahl der Bestandteile des Körpers kennt, andererseits diese mit den sieben Planeten in Verbindung bringt. Nach von Broek muß unser Text des **AJ** diese Tradition gekannt haben.

---

[71] Vgl. H.Jonas, Gnosis und spätantiker Geist, a.a.O., 181-185; A.Werner, Das AJ, a.a.O., 134; P Nagel, Anatomie, a.a.O., 71.

[72] Zitat bei P.Nagel, ebd.

[73] Zitat bei P.Nagel, ebd. Ähnlich meint auch G.Quispel, The Demiurge in the Apocryphon of John, in: R.Mcl.Wilson (Hg.), Nag Hammadi and Gnosis, Leiden 1978 (NHS XIV), 1-33, hier bes. 27-30.

Tatsächlich sind die in Timaios 73B-76E aufgezählten sieben Bestandteile des menschlichen Körpers fast identisch mit den sieben "seelischen" Substanzen im **AJ**.[74] Wir müssen daher annehmen, daß die Psychologie des **AJ** in unserem Textabschnitt möglicherweise durch eine Tradition vermittelt wurde, die letztlich auf Platons Timaios zurückgeht.

Trotzdem dürfen wir auch diese Tradition nicht als die alleinige geistesgeschichtliche Voraussetzung der Psychologie des **AJ** annehmen, denn sie könnte ihrerseits - durch die manichäische Literatur vermittelt - letztlich von **AJ** abhängig sein, eine Möglichkeit, die jetzt M.Tardieu mit guten Belegen erwägt.[75] Außerdem kann diese Tradition nicht erklären, warum die sieben Bestandteile des menschlichen Körpers, die ursprünglich *fleischliche* Bestandteile sind, im **AJ** zu sieben *seelischen* Substanzen für den noch zu schaffenden psychischen Menschen geworden sind. Ungeklärt bleibt, wie eine auf die *Anatomie* bezogene Tradition für die *Pyschologie* des **AJ** bestimmend wurde. Van Broek ist sich dieser zweiten Problematik bewußt, behilft sich aber mit der vorhin erwähnten Vorstellung von der "Planetenseele".[76]

Wahrscheinlich können weder Platons Timaios noch der Poimandres allein, sondern nur beide zusammen vollständig den Bezugsrahmen der Psychologie in unserem Abschnitt des **AJ** abstecken. Gerade in der feinen Diskrepanz, die sich aus der Zusammensetzung beider Traditionen ergibt, besteht m.E. das Charakteristikum der Psychologie des **AJ**: Diese entwirft im Rahmen der mit den sieben Planeten verbundenen Psychologie eine Anatomie des fleischlichen Körpers des Menschen mit sieben Hauptbestandteilen. Selbst in der von Broek angeführten Stelle von Timaios (73B-76E) sind Mark, Knochen, Sehnen, Fleisch usw. ja weder die Seele selbst noch Teile davon, sondern die Ansiedlungsorte der verschiedenen Teile der Seele, wie zuvor in 72D gesagt wird: "Daß unsere Ausführungen über die Seele, wie weit sie sterblich und wie weit sie göttlich ist und wie und in Verbindung womit und aus welchen Gründen sie an getrennten Orten angesiedelt wurde, die Wahrheit seien, das möchten wir ..."[77] Die verschiedenen Teile der Seele sind dabei zusammen mit den entsprechenden körperlichen Organen als für verschiedene Sinneswahrnehmungen zuständig gedacht (vgl. 61D-72D).

Diese Diskrepanz wird m.E. als verborgene Polemik gegen eine Psychologie der "Planetenseele" verständlich, die nicht die körperlichen Bestandteile, sondern die sinnlichen Wahrnehmungsfunktionen mit den Planeten verbindet. Das **AJ** läßt dagegen die sieben Gewalten (Kräfte), d.h. Planeten, nur die

---

[74] R.Van den Broek, The Creation of Adams' Psychic Body in the Apocryphon of John, in: ders./M.J.Vermaseren (Hg.), Studies in Gnosticism and Hellenistic Religions presented to G.Quispel, Leiden 1981, 38-57.

[75] M.Tardieu, a.a.O., 302-304.

[76] R.van den Broek, ebd. 56f. M.Tardieu sieht diese Problematik nicht (vgl. ebd.).

[77] Übersetzung von H.Müller in: G.Eigler (Hg.), Platon: Werke in acht Bänden, Bd.7, Darmstadt 1972, 153.

körperlichen Bestandteile des Menschen hervorbringen. Gerade dadurch degradiert es diese Gewalten (Kräfte). Wie bewußt und konsequent das **AJ** diese Polemik und Degradierung betreibt, ist daran sichtbar, daß es - bei den Kurzversionen sofort nach unserem Textabschnitt (III 23,15-17/BG 49,15-19), bei den Langversionen erst nach dem großen Einschub (II 19,14/IV 29,23-25) - den von den sieben Gewalten geschaffenen Menschen als noch "unbeweglich" bezeichnet. Er bleibt noch "pflanzlich", obwohl es sich bei ihm vom Kontext her - v.a. bei den Kurzversionen - um einen "psychischen" Menschen handeln soll. Die Langversionen verstehen ihn konsequenterweise als der sinnlichen Wahrnehmungen noch unfähig, denn er wird dies erst dann, wenn er die Licht-Kraft von Jaldabaoth eingeblasen bekommen hat (II 20,13-14/IV: lacuna)!

Wann konnte es aber in der Geschichte der griechischen Philosophie dazu kommen, daß sich eine Psychologie, die die sinnlichen Wahrnehmungsfunktionen der Seele mit den sieben Planeten in Verbindung bringt, und Platons Lehre im Timaios zusammenfinden? Stellt man sich diese Frage, so kommt man unweigerlich in den Bannkreis der mittleren Stoa, näherhin des Poseidonios.[78]

Die Forschung hat nämlich aufgrund von Sextus Empiricus, Adv.Math.IX,71-74 und weiteren anderen mutmaßlich auf Poseidonios zurückgehenden späteren Quellen seinen Gedanken von Seelenab- und -aufstieg rekonstruiert: Die Seele steigt von der Sonne, dem für ihn vierthöchsten Planeten, ab, indem sie in der jeweiligen Sphäre darunter eine weitere Funktion erwirbt, um schließlich auf der Erde mit dem Leib einen Organismus zu bilden. Nach der Auflösung ihrer Verbindung mit dem Leib beim Tod geht sie denselben Weg zurück, wobei sie ihre erworbenen Funktionen wieder nach und nach verliert.[79]

Es ist zwar richtig, daß hier immer noch nicht alle Planeten komplett in die

---

[78] Bei den älteren Stoikern vermißt man, soweit es sich aus den Quellen ermitteln läßt, jede Verbindung ihrer Psychologie mit dem Gedanken der "Planetenseele". Von ihrer Theorie her, daß das Hegemonikon makrokosmisch den obersten, führenden Teil der menschlichen Seele ausmacht, hätte eigentlich eine Zuordnung der Seelenteile zu den Planetensphären nahegelegen. Eine solche Zuordnung hätte weiter bedeutet: eine himmlische Präexistenz der Seele. Die ältere Stoa hat jedoch diese Konsequenz nicht gezogen. Sie waren "reine Diesseitsmenschen" und dachten, daß die Seele bei der Geburt zugleich mit dem Körper entsteht (vgl. M.Pohlenz, Die Stoa, Bd.1, a.a.O, 229).

[79] Vgl. zu dieser Rekonstruktion und ihren Quellen, M.Pohlenz, ebd. 229f und K.Reinhardt, Kosmos und Sympathie, a.a.O., 308-365. W.Theiler, Poseidonios, a.a.O., Bd.II, 334.343 meint dazu zwar kritisch, konstatiert aber andererseits die "stark nachwirkende Auffassung" des Poseidonios, "daß die Seelen von den Sternen kommen" (ebd. 303) und daß sie wieder ins göttlich-ätherische Allwesen zurückkehren (ebd. 305).

Sicht kommen. Aber hier ist ein neuer Ansatz - wohl unter einem orientalischen Einfluß - zum Gedanken der "Planetenseele" nicht zu verkennen. M.Pohlenz macht diese Psychologie des Poseidonios, v.a. den Gedanken der Herabkunft und des Wiederaufstieges der Seele, eindeutig zu einer der geistesgeschichtlichen Voraussetzungen sowohl der Hermetik als auch des Gnostizismus.[80] Außerdem ist es sehr wahrscheinlich, daß Poseidonios die Psychologie des Timaios kannte. Pohlenz spricht von einer "Umformung der platonischen Lehre" (Psychologie) bei Poseidonios.[81] Nur, daß es aufgrund der mangelnden und etwas unsicheren Quellenlage nicht möglich ist, philologisch eindeutig nachzuweisen, ob und was für eine Integration Poseidonios aus den beiden Lehren sowie aus der vorgegebenen Psychologie der älteren Stoa vorgenommen hat. Solange wir aber bei der obigen Rekonstruktion bleiben, ist es schon anzunehmen, daß er unter den Funktionen, die sich die Seele während ihres Abstieges bis in den Körper erwirbt, nichts anderes als die Sinneswahrnehmungen gemeint hat, die in der älteren Stoa mit der Lehre von den acht Seelenteilen verbunden sind, zumal diese altstoische Lehre ihrerseits sehr viel in bezug auf die sinnlichen Wahrnehmungsfunktionen der Seele mit der Psychologie von Timaios gemeinsam hat.

Unter dieser Voraussetzung ist einmal die Möglichkeit zu prüfen, ob unser Textabschnit des **AJ** neben der eindeutigen Bezugnahme auf die von Broek herausgearbeiteten Tradition eine verborgene Polemik gegen die stoisch-poseidonische Psychologie impliziert. Dabei ist zunächst auf eine Entsprechung formaler Art aufmerksam zu machen. Der achte Seelenteil wird bei den Stoikern seiner Führungsposition wegen ebenso wie das höchstgöttliche Wesen auf dem achten Himmel "Hegemonikon" genannt. Ebenso sitzt auch beim AJ der Weltschöpfer Jaldabaoth auf demselben achten Himmel. Auf sein Geheiß hin erfolgt die Erschaffung der sieben Seelensubstanzen durch die sieben Gewalten. Diese Entsprechung sieht tabellarisch so aus:

	AJ (NACH II 15,13-29)		STOA (NACH AETIOS, PLACITA IV,4,4)	
8.	Πρωτάρχων	Jaldabaoth	ἡγεμονικόν	Hegemonikon
7.	ⲞⲨⲮⲨⲬⲎ Ⲛ̄ϤⲞⲨϨⲈ	Haar-Seele	σπερματικόν	Erzeugungsseele
6.	ⲞⲨⲮⲨⲬⲎ Ⲛ̄ϢⲀⲀⲢⲈ	Haut-Seele	φωνητικόν	Sprachseele
5.	ⲞⲨⲮⲨⲬⲎ Ⲛ̄ⲤⲚⲞϤ	Blut-Seele	ἁπτικόν	Tastsinn-Seele
4.	ⲞⲨⲮⲨⲬⲎ Ⲛ̄ⲀⲦⲔⲀⲤ	Mark-Seele	γευστικόν	Geschmackssinn-Seele
3.	ⲞⲨⲮⲨⲬⲎ Ⲛ̄ⲤⲀⲢⲜ	Fleisch-Seele	ὀσφραντικόν	Riechsinn-Seele
2.	ⲞⲨⲮⲨⲬⲎ Ⲙ̄ⲘⲞⲨⲦ	Sehnen-Seele	ἀκουστικόν	Hörsinn-Seele
1.	ⲞⲨⲮⲨⲬⲎ Ⲛ̄ⲔⲀⲤ	Knochen-Seele	ὁρατικόν	Sehkraft-Seele

[80] M.Pohlenz, ebd. Bd.1, 229; Bd.2, 115.

[81] M.Pohlenz, ebd. 382. Vgl. auch K.Reinhardt, ebd. 366. 371 und W.Theiler, ebd. 303.

Allerdings liegt unserem Text des AJ nicht sehr viel an einer genauen Zuordnung der einzelnen Seelensubstanzen zu den Gewalten (Planeten). Das wird daran sichtbar, daß Namen und Reihenfolge der sieben Gewalten in den Lang- und Kurzversionen teilweise wechseln. Dagegen bleiben Namen und Reihenfolge der sieben Seelensubstanzen in allen Versionen konstant.[82] Ob man ihnen deshalb eine "kanonische" Geltung anerkennen kann, scheint mir fraglich.[83] Der Unterschied zur stoischen Psychologie, die auch keine genaue Stufenordnung unter den sieben Seelenteilen erkennen läßt,[84] ist in dieser Hinsicht nicht sehr groß.

Die Reihenfolge der sieben Seelensubstanzen ist für unseren Text trotzdem nicht ganz gleichgültig. In einem Punkt ist sie sogar von großer Bedeutung, nämlich in der untersten Stellung der Knochen-Seele! Daß der Knochen-Seele die unterste Position zukommt, wird daran deutlich, daß die beiden Kurzversionen in den Parallelstellen bemerken, die sieben Gewalten hätten die Erschaffung der Seelensubstanzen "von unten" begonnen (III 22,18/BG 49,10)![85] Das hängt weiter damit zusammen, daß allein die Knochen-Seele unter den sieben Seelensubstanzen - stoisch gesagt - zum ἑκτικόν, also dem anorganischen Bereich gehört, während alle sonstigen Seelen, Sehnen-,

[82] Nur wenn ⲞⲨϢⲀⲖ Ⲛ̄ⲮⲨⲬⲎ in III 23,4 "eine Zahnseele" bedeutet (so M.Krause, Die drei Versionen, a.a.O., z.St.; R.Kasse, RThPh 99/1966, 176), ist das eine Abweichung von allen anderen Versionen, die in ihren Parallelstellen ⲞⲨⲮⲨⲬⲎ Ⲛ̄ϢⲀⲀⲢ "eine Hautseele" bieten (BG 50,2-3 // II 15,21-22/IV 24, <12>. W.Till weist auf ϢⲈⲈⲖ, die faijumische Form von ϢⲀⲀⲢ, hin (vgl. in der Textausgabe von BG, 1.Aufl., 131 Anm. zu 50,3). Man muß aber hier mit der Möglichkeit rechnen, daß ϢⲀⲀⲢ (Crum 582a) zumindest phonetisch sehr leicht mit ϢⲀⲖ (Crum 557b) verwechselt werden konnte. In diesem Fall gilt die Abweichung des Codex III als Nachweis dafür, daß er eine diktierte Abschrift ist. Vgl. M.Tardieu, a.a.O., 301.

[83] Gegen P.Nagel, Anatomie, a.a.O., 71. 83. R. van den Broek, a.a.O., 46 meint sogar, daß in BG 49,10-50,5 eine bestimmte traditionell festgelegte Reihenfolge der sieben körperlichen Bestandteile (vom Inneren zum Äußeren des Körpers) und ihrer Zuordnung zu den sieben Planeten zwar etwas verstellt, aber immer noch rekonstruierbar erhalten ist. Die so rekonstruierte Reihenfolge und Zuordnung stimmt jedoch nicht ganz mit der aus Zâdspram zitierten Tradition (a.a.O., 50) überein. Außerdem hat bereits A.J.Welburn, a.a.O., 247f nachgewiesen, daß die Zuordnung und ihre Reihenfolge in unserem Textabschnitt in den Kurzversionen im Vergleich zu den Langversionen viel konfuser sind. Geht man von den Langversionen aus, in denen nach Welburn die ursprüngliche Ordnung erhalten ist, läßt sich die rekonstruierte Reihenfolge von Broek nicht verifizieren.

[84] So bereits A.Bonhöffer, a.a.O., 102. 104.

[85] M.Tardieu, a.a.O., 305f versteht ϪⲒⲚ ⲠⲈⲤⲎⲦ stattdessen als "ab imo" = "von innen", damit die Parallelität zu Timaios 73B-76E größer wird, wo Knochen den zweiten innersten Bestandteil des menschlichen Körpers nach dem Mark darstellen. Die koptische Wendung läßt sich aber in unserem Kontext der Kurzversionen nicht anders als im räumlichen Sinne verstehen.

Fleisch-, Mark-, Blut-, und Haar-Seele, - wieder nach der stoischen Sicht - zum φυσικόν, also zum pflanzlichen und tierischen Organismus, soweit er zur Nahrungsaufnahme und zum Wachsen fähig ist, gehören.

Es sei in diesem Zusammenhang nochmals an das oben angeführte Zeugnis Galens erinnert, daß die Stoiker als erste in die Psychologie zu den bereits vorhandenen zwei Kategorien vom φυσικόν und ψυχικόν die dritte von ἑκτικόν einführten. Deutet nicht schon die bloße Tatsache, daß in unserem Text ein Proprium stoischer Psychologie so betont "unten" angesiedelt wird, auf die Möglichkeit, daß hier Polemik gegen die stoische Psychologie vorliegt?

Was aber kann konkret als Polemik verstanden werden? Unsere Antwort: Gerade der auffallendste Unterschied, den unser Text nach der obigen Tabelle gegenüber der stoischen Achtteilung der Seele aufweist. Die Tabelle zeigt nämlich , daß die stoische Psychologie den acht Teilen der Seele nur die Fähigkeiten des ψυχικόν bis einschließlich des ἡγεμονικόν zuweist, während sämtliche Seelensubstanzen im **AJ** zum ἑκτικόν und φυσικόν gehören und somit unterhalb des ψυχικόν bleiben! Der damit verbundene polemische Sinn dürfte sein, daß die sieben Planeten, die die Stoiker zu den himmlisch-siderischen Göttern zählten, dem Menschen nur solche - auch nach stoischer Ansicht[86] - niedrigeren Fähigkeiten geben konnten. Ihre Herrschaft reiche nur bis zum Menschen als φυσικόν/φυτόν, aber nicht weiter. Selbst das Hegemonikon entspreche nur Jaldabaoth, dem eigentlichen Schöpfer des unbeweglichen Menschen!

Wir müssen gestehen, daß es sich hierbei nur um eine Möglichkeit handelt. Aber sie würde zugleich blitzartig sichtbar machen, mit welcher Folgerichtigkeit unsere Schrift **AJ** denkt und arbeitet, wenn sie in den Kurzversionen unmittelbar anschließend von der Unbeweglichkeit des so geschaffenen Menschen spricht: "Und er blieb unbeweglich (ἀργόν) lange Zeit, da ihn die sieben Gewalten (ἐξουσία) nicht aufrichten konnten ..." (III 23,14-17/BG 50,15-18); er bleibt gleichsam ein φυτόν, weil er - wenn man mit stoischem Maßstabe mißt - ein φυσικόν, und kein ψυχικόν mit Bewegungsfähigkeit ist.

Dieser womöglich polemisch gegen die stoische Psychologie gerichtete Sinnzusammenhang wurde freilich in den Langversionen durch den großen Einschub nicht nur räumlich weit auseinandergerissen (vgl. II 19,13-14/IV 29,23-25), sondern auch inhaltlich insofern aufgehoben, als jetzt der große Einschub von der Wahrnehmungs- und Erkenntnisfähigkeit und den Affekten

---

86 Sextus Empiricus, Adv.Math. XI,144(= SVF III,752) referiert von Chrysipp etwas Ungeheueres: Man solle, falls seine Eltern gestorben sind, ihren fleischlichen Körper je nach dessen Bestandteilen auf unterschiedliche Weise behandeln. Er sei für uns genauso wie Nägel und Haare nichts, so daß für ihn genauso wenig wie für diese zu sorgen sei.

des so geschaffenen Menschen spricht, wie bereits ausführlich herausgearbeitet wurde (vgl. oben Kap.2).

Wodurch aber wird dieser Mensch "beweglich"? Damit befinden wir uns im Bereich der Anthropologie im engeren Sinne, der wir im folgenden einen kurzen, doch selbständigen Abschnitt widmen wollen.

3.3: II 19,25-33 (Parr.); 20,33-21,14 (Parr.) und die stoische Anthropologie

3.3.1: Die Texte

II 19,25-33: "Und er (sc. Jaldabaoth) blies in sein Gesicht seinen Geist (πνεῦμα), das ist die Kraft seiner Mutter; er wußte es nicht, da er in einer Unwissenheit ist. Und die Kraft (δύναμις) der Mutter ging aus Jaldabaoth hinein in den seelischen (ψυχικόν) Körper (σῶμα), an dem sie nach dem Aussehen dessen, der von Anfang an existiert, gearbeitet hatte. Der Körper bewegte sich, erhielt Kraft und leuchtete."

II 20,33-21,14: "Und sie berieten sich mit der ganzen Archontenschaft und der ganzen Engelschaft. Sie nahmen Feuer, Erde und Wasser. Sie mischten sie miteinander mit den vier Feuerwinden, schlugen sie zusammen und verursachten eine große Verwirrung und brachten ihn in den Schatten des Todes, damit sie ihn wiederum bilden (πλάσσειν) aus der Erde, dem Wasser, dem Feuer und dem Wind (πνεῦμα), d.h. aus der Materie (ὕλη) - d.i. die Unwissenheit der Finsternis und der Begierde (ἐπιθυμία) - und aus ihrem[87] wiedersätzlichen Geist, - d.i. die Höhle (σπήλαιον) des neugeschaffenen (ἀνάπλασις) Körpers, den die Räuber (λῃστής) dem Menschen angezogen hatten, die Fessel des Vergessens - und er wurde ein sterblicher Mensch. Das ist der, der zuerst herabkam und die erste Spaltung."

Der erste Text steht in einem Kontext, in dem zunächst vom Wunsch der Sophia die Rede ist, die bereut, daß sie ihrem Sohn Jaldabaoth ihre Kraft gegeben hat, und die diese nun zurückerhalten will. Anschließend wird vom daraufhin erfolgenden Manöver seitens des wohltätigen und erbarmungsreichen Metropators berichtet, der fünf Phoster (= den Autogenes und seine vier Lichter) in Gestalt der Gewalten des Jaldabaoth sendet. Auf ihre täuschende Beratung hin bläst Jaldabaoth seinen Hauch ins Gesicht des unbeweglich daliegenden Menschen. Die darauf folgenden Paralleltexte der Kurzversionen (III 24,9-14/BG 51,17-52,1) sind beide viel schlichter als der hier angeführte des Codex II.

[87] Das bezieht sich auf das laufende Subjekt ("sie" = die Archonten). So auch in III 26,19 "ihrem Antimimon-Geist".

Die Gewalten des Jaldabaoth wurden eifersüchtig, als sie sahen, daß der Mensch kräftiger als sie selbst ist, und warfen ihn in den tiefsten Ort der Materie. Der Metropator aber erbarmt sich nun jener Lichtkraft, die vom Jaldabaoth zurückgezogen wurde und sich jetzt im Adam befindet. Er schickt die Licht-Epinoia - auch die Zoê genannt - als Helferin des Adams. Sie verbirgt sich in Adam, so daß dieser sich höher als die Gewalten erhebt und viel heller als sie strahlt. An dieser Stelle setzt unser zweiter Text ein. Die beiden Paralleltexte der Kurzversionen (III 26,6-27,1/BG 54,11-55,15) sind weitgehend gleich, syntaktisch jedoch nicht so überladen.[88]

3.3.2: Züge möglicher Polemik gegen die stoische Lehrtradition

Der erste Text ist eine Persiflage des alttestamentlichen Schöpfergottes, der in Gen 2,7 seinen Lebensodem ins Gesicht des Adams einbläst. Das steht fest.[89] So interessant und wichtig diese Persiflage aber im Hinblick auf die gnostische *Theo*-logie ist, so erschöpft sie die anthropologischen Implikationen unseres Textes noch lange nicht. Denn dessen anthropologische Voraussetzungen, wie sie im vorigen Abschnitt (§ 3.2) herausgearbeitet wurden, sind kaum von der alt. Schöpfungsgeschichte her erklärbar. Es geht hier um denjenigen Menschen, der aus den sieben niedrigen Seelensubstanzen durch die Zusammenarbeit der gesamten Archonten- und Engelschaften geschaffen wurde und doch zur Bewegung unfähig blieb. Steht unser Text mit diesen Vorstellungen in engster Verbindung, so *kann* er eine Polemik gegen die stoische Anthropologie mindestens in dem Maße implizieren, wie diese Vorstellungen polemisch gemeint sind.

Aus stoischer Sicht ist es die Seele, die den menschlichen Körper zu einem sich bewegenden Wesen macht: "Die Seele aber verbindet sich mit und trennt sich vom Körper" (Chrysipp bei Nemesios, De nat. hom. C.2 = SVF I, 137). Da aber die Seele nichts anderes als eine bestimmte Mischung des Feuers mit

[88] Unsere syntaktische Auffassung stimmt weitgehend mit R.Kasse, RThPh 100 (1967) 4f überein. Auf die einzelnen Abweichungen der Kurzversionen kommen wir an jeweils passender Stelle zu sprechen.

[89] Vgl. über die gnostische Umbildung und Umwertung der alttestamentlichen Schöpfungsgeschichte A.Böhlig, Der jüdische Hintergrund in gnostischen Texten von Nag Hammadi, in: ders. Mysterion und Wahrheit, Leiden 1968, 90-95, der die für dieses Thema allerwichtigsten Schriften und Stellen (UW, HA, AJ, ApcAd, ÄgEv) behandelt. Speziell zur Persiflage von Gen 2,7 im AJ vgl. S.Giversen, The Apocryphon of John and Genesis, StTh 17 (1963) 60-76, bes. 69f. Was vom Schöpfergott eingehaucht wird, ist nicht immer die göttliche Licht-Kraft wie im AJ, sondern viel häufiger ein psychischer Mensch. Vgl. hierzu P.Nagel, Die Auslegung der Paradieserzählung in der Gnosis, in: K.W.Tröger (Hg.), Altes Testament - Frühjudentum - Gnosis, Berlin/Gütersloh 1980, 49-70, bes. 59, der eine Typisierung der gnostischen Auslegung der Paradieserzählung einschließlich Gen 2,7 unternimmt.

der Luft ist, ist es letztlich doch jenes schöpferisch-künstlerische Feuer,das den Menschen zu einem Organismus macht. Es ist ja, wie immer wieder zu betonen ist, ein weltimmanentes Prinzip. Dagegen wird in unserem Text behauptet, daß es ein ganz antikosmisches, welttranszendentes Prinzip ist, das erst den unbeweglichen, seelischen Menschen sich bewegen, erheben und letztlich die Welt transzendieren läßt: die Licht-Kraft der Mutter. Das hängt u.a. damit zusammen, daß das **AJ** in seiner bewußten Polemik gegen die stoische Kosmologie deren Immanenzprinzip, dem Feuer, sein Transzendenzprinzip, das Licht, gegenüberstellte. Von daher ist es möglich, daß sich in unserem Text dieselbe Polemik im Rahmen der Anthropologie wiederholt.

In diesem Zusammenhang sei auf einen weiteren Befund im Text hingewiesen: Die Langversionen bringen unmittelbar vor der oben übersetzten zweiten Textpartie zur Begründung, warum der wohltätige und erbarmungsreiche Metropator die Epinoia abschicken wollte, die Aussage: "weil sie (sc. Gewalten) mächtig über den seelischen (ψυχικός) und wahrnehmbaren (αἰσθητός) Körper (σῶμα) werden könnte (II 20,13-14/IV lacuna). Die beiden Kurzversionen machen in ihren Parallelstellen (III 25,5/BG 53,2-3) keinen Gebrauch von ψυχικός und αἰσθητός und sprechen ganz schlicht vom Körper (σῶμα).[90] Eine Erklärung, die naheliegt, ist, daß die genannte

[90] In BG 53,2-3 lautet es: "damit sie über den Leib (σῶμα) Macht bekomme". Das Subjekt bezieht sich auf die "Kraft der Mutter", von der unmittelbar zuvor (BG 52,20-53,1) die Rede ist. BG meint hier etwas Positives: Der erbarmungsreiche Vater sorgt dafür, daß die jetzt vom Protarchon herausgebrachte Kraft der Mutter weiterhin darum kämpft, um über den von den Archonten geschaffenen Leib die Oberhand zu bekommen. Anders in II 20,13-14, wo es sich um etwas Negatives handelt: Weil die Archonten - worauf sich die 3.Pers.Pl. "sie" bezieht - über den jetzt nicht nur seelischen, sondern wegen der eingeblasenen "Kraft der Mutter" wahrnehmungsfähig gewordenen Leib Herr werden könnten, trifft der Vater eine Vorbeugungsmaßnahme. Dieser Sinnzusammenhang in Codex II kommt in der Übersetzung von M.Krause, Die drei Versionen, a.a.O., z.St. nicht zur Geltung. Er übersetzt den betreffenden Satz als Finalsatz, der den Zweck für den unmittelbar angehenden Satz angibt, den er so übersetzt: "... mit der Kraft (δύναμις) der Mutter, die sie durch Protarchon herausgebracht hatten". Diese Übersetzung weckt den falschen Eindruck, als ob es die Archonten ("sie") gewesen wären, die die Kraft vom Protarchon wegnahmen, was natürlich nicht stimmt. Dasselbe läßt sich auch für Krauses Übersetzung von III 25,3-4 sagen. Sowohl ⲈⲦⲀⲨⲚ̄ⲦⲤ̄ ⲈⲂⲞⲖ in II 20,12 als auch Ⲛ̄ⲦⲀⲨⲈⲒⲚⲈ Ⲙ̄ⲘⲞⲤ ⲈⲂⲞⲖ in III 25,3-4 muß genauso wie die Parallelstelle in BG als Passiv mit unbestimmtem Subjekt übersetzt werden (vgl. W.Till, Koptische Grammatik a.a.O., § 326 und ders., BG 53,1). Richtig übersetzen R.Kasse, RThPh 100 (1967) 3, F.Wisse, The Nag Hammadi Library in English, a.a.O., 109f und M.Tardieu, a.a.O., 134. Die Lücke in III 25,5 darf außerdem nicht wie bei M.Krause mit <ⲬⲈ ⲤⲈⲞ Ⲛ̄>ⲬⲞⲈⲒⲤ, sondern besser mit der 3.Pers.Sg.f. <ⲬⲈ ⲈⲤⲞ Ⲛ̄>ⲬⲞⲈⲒⲤ emendiert werden, weil wir keinen Grund haben, anzunehmen, daß der Codex III hier etwas anderes als der Codex II zum Ausdruck bringen will. Die 3.Pers.Sg.f. bezieht sich nämlich auf die Kraft der

Aussage auf denselben Redaktor zurückgeht, der für den großen Einschub der Langversionen verantwortlich ist. Weil dieser Einschub - so würde die Begründung lauten - dem aus den sieben Seelensubstanzen geschaffenen Menschen bereits die Wahrnehmungsfähigkeit (αἴσθησις) zugewiesen hat (II 17,32/IV 27,19), wollte der Redaktor mit der obigen Aussage die Konsequenz ziehen und die Sendung der Epinoia neu motivieren. Aber diese Erklärung ist unbefriedigend. Denn er hätte diese Konsequenz früher ziehen können und müssen, nämlich gleich nach dem Ende seines Einschubes, wo der unbeweglich daliegende Mensch als ⲮⲨⲬⲒⲔⲞⲚ ⲚⲤⲰⲘⲀ = σῶμα ψυχικόν (II 19,12/IV 29,22) bezeichnet wird. Insofern muß man mit der Möglichkeit rechnen, daß die Aussage von II 20,13-14 (IV lacuna) von ihm vorgefunden wurde.

Eine Entscheidung zwischen diesen beiden Möglichkeiten ist kaum möglich. Wahrscheinlicher scheint mir der zweite Fall, weil sie der Folgerichtigkeit des **AJ** entspricht, mit der es die Partie von der Erschaffung der sieben Seelensubstanzen bis zur Szene des unbeweglichen Daliegens des Menschen gestaltet hat (vgl oben § 3.2.4): Erst nach dem Einblasen der Licht-Kraft (II 19,25-33/IV lacuna) wird das σῶμα ψυχικόν (II 19,12/IV 29,22) zum σῶμα ψυχικὸν καὶ αἰσθητόν (II 20,13-14/IV lacuna)! Derjenige, der dieses καὶ αἰσθητόν zugefügt hat, hat - das kann man mit Sicherheit sagen - das erste Glied σῶμα ψυχικόν als noch der Wahrnehmungsfähigkeit entbehrend verstanden und muß sich außerdem einer bestimmten anthropologischen Ansicht bewußt gewesen sein, derzufolge die Bewegungs- und die Wahrnehmungsfähigkeit zusammengehören. Diese Ansicht *muß* nicht stoisch sein, weil die Zweiteilung von τὸ φυσικόν, d.h. dem nur zur Nahrungsaufnahme fähigen Wesen, und τὸ ψυχικόν, d.h. dem bewegungs- sowie wahrnehmungsfähigen, in der hellenistischen Antike weit verbreitet gewesen zu sein scheint, wie Galen bezeugt (s.o.S. 75). Sie *kann* jedoch durchaus auch stoisch sein, insbesondere wenn unsere Aussage nicht isoliert, sondern mit dem gesamten, so folgerichtigen Zusammenhang von der Erschaffung der sieben Seelensubstanzen zusammen gesehen wird. In diesem Fall wäre der polemische Sinn unserer Aussage dieser: Der seelische (ψυχικός) Mensch könne nicht die höchste Stufe der irdischen Lebewesen sein, wie die stoische Anthropologie meint, sondern nicht mehr als τὸ φυσικόν sein - um in deren Terminologie zu bleiben. Zu einem bewegungs- und wahrnehmungsfähigen Wesen - stoisch: dem τὸ ψυχικόν - werde er erst aufgrund der von außen her eingeblasenen, transzendentalen Kraft.[91]

Mutter, die nunmehr über den Leib Herr sein soll. Ebenso emendiert auch R.Kasse, ebd.

91 A.Werner, Das AJ, a.a.O., 155 gesteht die Schwierigkeit zu, die hinter II 20,14 stehende Vorstellung zu deuten und weist auf eine angebliche Parallele bei Valentinianern hin. Unsere Annahme erklärt das Problem viel besser.

Der zweite Text bringt unter den vielfältigen gnostischen Quellen am deutlichsten die dualistische Sicht des Menschen zur klassischen Formulierung: der materielle Mensch als "Spaltung". Damit ist die Spaltung zwischen der Licht-Kraft auf der einen und dem seelischen und materiellen Körper des Menschen auf der anderen Seite gemeint. Um diesen materiellen Körper aus der Erde, dem Wasser, dem Feuer und dem Wind (Luft) herzustellen, mischen die Archonten- und Engelschaft zuerst vier Stoffe: Feuer, Erde, Wasser und die vier Feuerwinde.

Etwas merkwürdig mutet das vierte Glied an. Hält man es mehr für Feuer als für Wind (Luft), so läge hier eine Verdoppelung des ersten Gliedes vor.[92] Aber unmittelbar daneben sind die vier Stoffe, Erde, Wasser, Feuer und Wind ohne solche Verdoppelung aufgezählt. Deshalb meint Werner, "daß hier in bestimmten Nuancen voneinander abweichende Vorstellungen miteinander verbunden worden sind."[93] Er weist dafür auf Klemens von Alexandrien, Exc Theod. 48 und auf Philo, op. mundi 146 hin.[94] Sein erster Hinweis überzeugt wenig, weil es in der genannten Stelle drei ganz andere Dinge (Trauer, Furcht, Entsetzen) sind, die durch Feuer gemischt werden. Vielleicht braucht man die genannte Verdoppelung jedoch exegetisch nicht allzu sehr zu "pressen", da unsere Schrift **AJ** im weiteren Verlauf (s.u.) nur von den vier regulären Stoffen spricht. Für diese vier regulären Stoffe muß man über Philo und sonstige hellenistisch-jüdische Schriften[95] hinaus auf jene wissenschaftliche Debatte über die Mischung der vier Hauptqualitäten und vier Grundelemente der Materie hinweisen, die wir bereits oben (§ 2.2.2) behandelt haben.[96]

---

[92] Die Verdoppelung ist in den Kurzversionen III 26,8-10/BG 54,14-16 noch deutlicher, da beide das vierte Glied durch ПЄКРШМ "die Flamme" ersetzen.

[93] Zitat bei A.Werner, Das AJ, a.a.O., 162.

[94] A.Werner, ebd. 160 Anm.3, 161 Anm.3.

[95] A.Werner, ebd. 161 Anm.3 weist auch auf die syrische Schrift "Schatzhöhle" hin.

[96] In diesem Zusammenhang sei auf ein terminologisches Problem hingewiesen: In unserem oben angeführten Text II 20,33-21,14 haben wir das letzte Glied der von den Archonten zum zweiten Male hervorgebrachten vier Dinge, πνεῦμα (21,7), mit "Wind" übersetzt. Die beiden Kurzversionen haben in ihren Parallelstellen (III 26,17/BG 55,6) dasselbe griechische Lehnwort. Alle Versionen sprechen, wovon weiter unten die Rede sein wird, später noch einmal von denselben vier Dingen: II 24,20-24/IV 38,6-10 // III 31,16-19/BG 62,15-18. Die Kurzversionen bringen hier wieder πνεῦμα (III 31,18/BG 62,17), während in den Langversionen (II 24,22/IV 38,8) ТНY: "Wind" oder "Luft" (Crum 439b) steht. Wie diese Umschreibung in den Langversionen deutlich zeigt, ist πνεῦμα in allen hier genannten Stellen als mit ἀήρ synonym zu übersetzen, nicht etwa "Geist" (M.Krause, zu II 21,7), "spirit" (F.Wisse zu 21,7) oder "esprit" (R.Kasse zu allen Stellen). Auch in der antiken doxographischen Überlieferung ist diese Synonymität eindeutig belegt: "Anaximenes, der Sohn des Eurystratos aus Milesia, hat behauptet, die Arche der Seienden sei Luft (ἀέρα). Wie unsere Seele, sagte er, Luft (ἀήρ) ist und uns zusammenhält, so auch umspannen

Da diese Debatte auf einer sehr breiten Basis unter verschiedenen Philosophieschulen in den ersten zwei bis drei Jahrhunderten geführt wurde, *muß* unser Text nicht speziell die stoische Elementen- und Mischungslehre im Auge haben. Er *kann* sie aber voraussetzen, weil gerade die Stoiker mit ihrem sogenannten "Materialismus" diese Debatte wesentlich bestimmten (s.o.S. 24). Auf jeden Fall ist unser zweiter Text in zweifacher Hinsicht als entfernte Polemik gegen die stoische Lehrtradition interpretierbar.

Erstens: Nach stoischer Sicht sind die vier Elemente genauso wenig wie die Materie überhaupt negativ bewertet. Die Mischung der Qualitäten und der Elemente ist unentbehrlich für die Entstehung der Welt als eines wohl geordneten Organismus. Ist dieser, wie oben festgestellt wurde (§ 2.2.2), ein durch das göttliche Prinzip durchdrungenes Ganzes, so wird dem Mischungsvorgang ein sehr hoher positiver Wert beigemessen. Dagegen wird in unserem Text - abgesehen davon, daß die Materie negativ beurteilt wird - die Mischung der vier Elemente so negativ bewertet, daß sie nur eine Verwirrung, also das Gegenteil eines geordneten Ganzen, hervorbringt.

Zweitens steht unser Text in engster Verbindung mit der ein wenig späteren Partie II 24,6-34/IV 37,15-38,23 // III 31,4-32,6/BG 61,19-63,12. Hier wird in allen Versionen erzählt, daß Jaldabaoth den Adam und seine inzwischen geschaffene Frau aus dem "Paradies", d.h. dem tiefsten Ort der Materie, vertreibt und mit Finsternis umhüllt, und daß der Protarchon die Frau vergewaltigt und zwei Söhne, Elôim (d.h. Elôhim) und Jave (Jahwe) gebären läßt. Nach den Langversionen setzt er den ersten als Herrscher über Wasser und Erde, den zweiten hingegen als Herrscher über Feuer und Wind ein. Nach den Kurzversionen geschieht die Zuteilung der zwei Herrschaften an die zwei Söhne genau umgekehrt; entsprechend wird Jave der erste, Elôim der zweite Sohn genannt. Beidemal wird auf die vier stofflichen Elemente, von denen in unserem Text die Rede war, zurückgegriffen. Beachtenswert ist, daß unmittelbar danach die zwei Namen "Kain" und "Abel" auftauchen (II 24,24-25/IV 38,10-11 // BG 62,19-63,2). Dürfte man das so verstehen, daß "Kain" der Beiname des ersten Sohnes (Elôim nach den Lang-, Jave nach den Kurzversionen), "Abel" der des zweiten (Jave nach Lang-, Elôim nach den

Pneuma (πνεῦμα) und Luft den ganzen Kosmos. Luft und Pneuma werden synonym (συνωνύμως) gebraucht" (Aetios, Placita I, 3,4 = H.Diels, Doxographie Graeci 278). K. Reinhardt, Kosmos und Sympathie, a.a.O., 209-213 geht sogar so weit, die letzten zwei Sätze als einen späteren, im Geist des Poseidonios erfolgten stoischen Zusatz zu erklären. Für die gleiche Synonymität von πνεῦμα und ἀήρ bei Chrysipp weist er mit Recht auf SVF II, 449 hin: "Die Ursache vom Sein jedes bestimmten der durch Hexis zusammengehaltenen Dinge ist Luft, die es so zusammenhält" und ebd. 441: "Die Ursache davon, daß die Körper nicht auseinander fallen, sondern zusammenbleiben, ist Pneuma, das sie zusammenhält." Dies alles berechtigt uns, in den vier Größen von "Erde", "Wasser", "Feuer" und "Wind (Luft)" eine reguläre Liste der antiken Elementenlehre zu sehen.

Kurzversionen) ist, so wäre "Kain" für die Herrschaft über Wasser und Erde, "Abel" für die über Feuer und Wind zuständig. Ob man aber die Reihenfolge "Kain und Abel" so verstehen kann, ist fraglich, da der Codex III in seiner Parallelstelle (31,19-21) umgekehrt "Abel und Kain" sagt. Andererseits kann man gemäß dem unmittelbar vorangehenden Kontext, in dem in allen vier Versionen zuerst von der Einsetzung des zweiten Sohnes über Feuer und Wind, dann von der des ersten Sohnes über Wasser und Erde die Rede ist, dies auch so verstehen, daß "Kain" - in radikaler Umkehr der atl. Aussage (Gen 4,1-2) - der Beiname des zweiten Sohnes ist, der somit für die Herrschaft über Feuer und Wind zuständig ist, "Abel" dagegen der Beiname des ersten Sohnes ist, der somit über Wasser und Erde herrscht.[97]

Was aber soll das alles bedeuten? Sollten die Zweiteilung der vier Elemente und die zwei Beinamen keine sinnlosen Abschweifungen im Kontext sein, so muß irgendein Sinnzusammenhang ausfindig gemacht werden. Dazu gibt uns die stoische Prinzipienlehre wertvolle Hinweise.

Die Stoiker haben nämlich zwischen den vier Elementen (und den vier Qualitäten) einerseits und den zwei Prinzipien (ἀρχαί), τὸ ποιοῦν und τὸ πάσχον, andererseits streng unterschieden. Davon legt u.a. Diogenes Laertios Zeugnis ab: "Sie machen aber einen Unterschied zwischen Prinzipien (ἀρχάς) und Elementen (στοιχεῖα) ; die ersteren nämlich seien unerschaffen und unvergänglich, die Elemente dagegen würden durch den Weltbrand zerstört, ferner seien die Prinzipien unkörperlich und formlos, während die Elemente eine bestimmte Gestalt hätten." (De clar. phil. VII 134 = SVF II 299).[98] Obwohl diese zwei ἀρχαί sehr häufig mit ὁ Θεός und ἡ ὕλη gleichgesetzt werden, durchziehen sie alle Dinge der Welt, die ihre Gestalt gerade aus dem Zusammenwirken der beiden Prinzipien erhalten haben, so daß auch die vier Elemente in zwei Klassen geteilt werden. Davon zeugt u.a. Nemesios: "Die Stoiker aber sagen, von den Elementen seien die einen die Tätigen (δραστικά), die anderen aber die Leidenden (παθητικά). Die Tätigen seien Luft und Feuer, die Leidenden Erde und Wasser." (De nat. hom.c.5=SVF II 418). Daraus ergibt sich für die vier Elemente und die vier Qualitäten folgende Klassifikation und Kombination.

Prinzipien (ἀρχαί)	aktiv		passiv	
Elemente (στοιχεῖα)	Feuer	Luft(Wind)	Wasser	Erde
Qualitäten(ποιότητες)	warm	kalt	feucht	trocken

[97] Aus dieser Zuordnung fällt allerdings der Codex III heraus. Davon soll später die Rede sein.

[98] Zitat nach der Übersetzung von O.Apelt/K.Reich, a.a.O., Bd.II. 70. (leicht verändert vom Verfasser der vorliegenden Arbeit)

Auf dem Hintergrund der stoischen Prinzipienlehre kann es kein Zufall sein, daß alle Versionen des **AJ** die vier Elemente in zwei Klassen einteilen, einerseits Feuer und Wind, andererseits Wasser und Erde. Wenn wir außerdem der zweiten von den oben erwägten beiden Zuordnungsmöglichkeiten der Beinamen "Kain" und "Abel" Recht geben dürften, so könnte sich hinter diesen Beinamen eine Persiflage der beiden stoischen Prinzipien, τὸ ποιοῦν und τὸ πάσχον, verbergen: "Kain", der über Feuer und Wind herrscht, soll τὸ ποιοῦν, "Abel", der über Wasser und Erde herrscht τὸ πάσχον persiflieren!

Allerdings ist es nicht sicher, daß eine solche Persiflage vorliegt, zumal der Codex III "Kain" über Wasser und Erde, "Abel" über Feuer und Wind herrschen läßt, also die Herrschaftsansprüche vertauscht (vgl. III 31,16-21). Das könnte zwar ein Mißverständnis sein, beweist aber, daß die Persiflage später nicht mehr bewußt war. Außerdem bringen alle vier Versionen zum Schluß der in Frage stehenden Textpartie die Aussage: "Er (d.i. der Protarchon) setzte die zwei Archonten (d.h. Elôim und Jave) über die Elemente (ἀρχή) ein, damit sie über die Höhle (σπήλαιον) herrschen." (II 24,32-34/IV 38,20-23 // III 32,3-6/BG 63,9-12). Es würde keinen Sinn ergeben, wenn man das griechische Lehnwort ἀρχή hier wie Krause mit "(einige) Reiche" übersetzen würde.[99] Es muß sicher "Elemente" übersetzt werden, denn es kann sich vom Kontext her auf nichts anderes als die *vorhin* aufgezählten vier Elemente von Feuer, Luft (Wind), Wasser und Erde beziehen.[100] Das beweist aber ferner, daß sich der Verfasser des **AJ** kaum der terminologischen Unterscheidung bewußt war, die die Stoiker zwischen den Prinzipien (ἀρχαί) und den Elementen (στοιχεῖα) gemacht haben. Außerdem ist die obige Klassifikation der vier Elemente (und erst recht der vier Qualitäten) keine exklusive stoische Originalität, sondern setzt eine lange Problemgeschichte seit Aristoteles voraus. Noch weniger originell stoisch ist die Elementenlehre als solche, die bekanntlich ein locus communis der griechischen Philosophie seit Empedokles darstellt.[101]

---

[99] M.Krause, Die drei Versionen, a.a.O., zu II 24,33/IV 38,22 // III 32.5. Vgl. auch R.Kasse, RThPh 100 (1967) 14 "monarchies", F.Wisse, The Nag Hammadi Library in English, a.a.O., 112 "principalities" und ebenso auch M.Tardieu, a.a.O., 147.

[100] So richtig bemerkt von W:Till, BG, a.a.O., 167 (Anm. zu 63,9-11). A.Werner, Das AJ, a.a.O., 193. 195 Anm.3 weist in diesem Zusammenhang sogar auf die philosophiegeschichtliche Unterscheidung von στοιχεῖον und ἀρχή hin, aber erwägt das Verhältnis zur schulphilosophischen Situtation im 2. Jhdt. n.Chr. nicht weiter.

[101] Vgl. dazu C.Colpe, Orientalia Suecana 27/28 (1978/79), 140ff. Etwas abwegig ist es, wenn A.Böhlig, Der jüdische Hintergrund in gnostischen Schriften von Nag Hammadi, a.a.O., 100 den betreffenden Satz des AJ mit QS III, 17ff in Verbindung bringt. Zur jüdischen Tradition, nach der Adam durch Zusammenfügung der aus den vier Himmelsrichtungen genommenen vier Elementen entsteht, vgl. H.Ch.Puech, Das Apokryphon des Johannes, in: E.Hennecke/W.Schneemelcher (Hg.), Neutestamentliche Apokryphen, Bd.1, Tübingen 1959[3], 229-243, bes. 237.

Zusammenfassend kann gesagt werden: Eine verborgene Polemik gegen die stoische Anthropologie, die Elementen- und Prinzipienlehre ist in unseren zwei Texten gut möglich. Wir können aber über die Vermutung einer solchen Möglichkeit nicht hinauskommen. Dasselbe gilt auch für die mit beiden Texten eng verbundene Psychologie in II 15,13-29 (Parr.), die wir im vorigen Abschnitt behandelt haben.

3.4: Polemik gegen die stoische Vorsehungslehre und Eschatologie

Wir sind jetzt an den letzten der für unsere Fragestellung relevanten Themenbereiche angelangt: nämlich bei der Frage, ob und wie unsere Schrift **AJ** gegen die stoische Vorsehungslehre und Eschatologie polemisiert. Da das griechische Lehnwort πρόνοια, das dafür an erster Stelle berücksichtigt werden muß, von Anfang bis Ende des **AJ** an mehreren Stellen vorkommt, ist es nicht möglich, wie bisher einen bestimmten Textabschnitt auszuwählen, an dem wir unserer Frage intensiv und konzentriert nachgehen könnten. Deshalb beginnen wir diesmal sofort damit, die Grundzüge der stoischen Lehre darzustellen, um anschließend deren neue gnostische Sinngebung im **AJ** herauszuarbeiten, indem wir die relevanten Aussagen aus den Kurz- und Langversionen vergleichen und untersuchen.

3.4.1: Grundzüge der stoischen Vorsehungslehre und Eschatologie

Eines der älteren Zeugnisse der stoischen Vorsehungslehre findet sich bei Cicero De nat. deor. III 92, wo er Balbus, seinem stoischen Gesprächspartner, sagt: "Und diese Behauptung stellt ihr nicht etwa abergläubisch und wie alte Weiber auf, sondern ihr stützt euch dabei auf eine feste physikalische Theorie; denn nach eurer Lehre ist der gesamte Urstoff, aus dem und in dem alles besteht, durchaus beweglich und veränderungsfähig, so daß es nichts gibt, was aus ihm - und sei es auch noch so plötzlich - nicht gebildet und umgebildet werden könnte; was diesen ganzen Urstoff aber bilde und beherrsche, das sei die göttliche Vorsehung (divinam esse providentiam); diese könne, ganz gleich, wohin sie sich auswirkt, alles zustande bringen, was sie will."[102] Schon hier sieht man deutlich, daß die stoische πρόνοια - von Cicero mit "providentia" wiedergegeben - nichts anderes als eine der Weltgestaltung zugewandte Funktion dessen bedeutet, der von den Stoikern ὁ λόγος oder ὁ θεός genannt wird (vgl. Diog. Laert. De clar.phil. VII 134 = SVF II, 300 zitiert oben auf S. 21). Cicero überliefert ferner ein Wort von Zenon, in dem diese πρόνοια/povidentia mit der Gesetzmäßigkeit der Natur (φύσις) gleichgesetzt wird: "Zenon aber meint, die Gesetzmäßigkeit der Natur sei göttlich

---

[102] Zitat nach der Übersetzung von W.Gerlach/K.Bayer, a.a.O., 459.

(naturalem legem divinam esse) und übe diese Kraft aus, indem sie das Richtige gebietet und das Gegenteil verhindert." (De nat. deor. I,36 = SVF I,162).[103] Diese Überlieferung bezeugt zugleich einen weiteren wichtigen Gedanken, daß nämlich die Weltgestaltung und ihre gesetzmäßige Erhaltung durch die göttliche Pronoia alles Gute und Richtige besorgt und das Gegenteil verhindert. Aber zu wessen Gunsten geschieht das? Eine eindeutige Antwort darauf findet sich bei Origenes: "... die stoischen Philosophen ..., die nicht mit Unrecht den Menschen und überhaupt die vernünftigen Wesen über alle unvernünftigen stellen und behaupten, die Vorsehung (πρόνοια) habe vorzüglich um der vernünftigen Wesen willen alles hervorgebracht. ..., daß ebenso auch die Vorsehung vorzugsweise für die vernünftigen Wesen sorgt (προνοεῖ), daß aber folgerichtig auch den vernunftlosen Wesen das zugute kommt, was der Menschen wegen geschieht." (Contra Celsum IV,74 = SVF II 1157).[104] Hier ist deutlich ausgedrückt, was oft als Anthropozentrismus der Stoa bezeichnet wird: Alles, was in der Welt ist und geschieht, ist und geschieht den Menschen zugute, die das am meisten dem λόγος/ϑεός teilhaftige Wesen sind (vgl. Philo, Leg. Allg. II, 22).

Die Pronoia als Kraft der Weltgestaltung und -erhaltung wird bereits von Zenon selbst mit Physis und Heimarmene gleichgesetzt: "Zenon der Stoiker (definiert) in seinem Buch <Über Physis> ebenfalls auf die gleiche Weise als die bewegende Kraft der Materie (und sagt), es mache keinen Unterschied, sie Pronoia und Physis zu nennen." (Aetios, Placita I 27,5 = SVF I,176). Die Pronoia wie die Heimarmene werden ferner als Wirkung des göttlichen Logos, genauer seiner weltimmanenten Form, also der sog. λόγοι σπερματικοί, verstanden: "Die Stoiker behaupten, Gott sei vernunftbegabt und ein künstlerisch tätiges Feuer, das methodisch zur Erschaffung der Welt schreitet und alle keimhaften Logoi (σπερματικοὺς λόγους) enthält, denen zufolge ein jedes Ding gemäß der Heimarmene (καϑ’ εἱμαρμένην) geschieht." (Aetios, Placita I, 7,33 = SVF II 1027).

Aus diesen Belegen, die nur eine kleine Auswahl aus der Menge relevanter Texte darstellen, bekommt man zunächst den Eindruck, als ob Pronoia, Heimarmene, Logos, Gott, Physis und Feuer ohne weiteres miteinander austauschbar sind. Tatsächlich findet sich bei Diogenes Laertios eine klare Formulierung für diese Austauschbarkeit: "Gott sei ein einiges Wesen, sei Vernunft (ἕν τε εἶναι Θεὸν καὶ νοῦν) und Schicksal (εἱμαρμένην) und werde Zeus (Δία) genannt, werde aber auch noch mit vielen anderen Namen bezeichnet." (De clar. Phil. VII 135 = SVF II 580).[105] Alle Bezeichnungen sind

[103] Zitat nach der Übersetzung von W.Gerlach/K.Bayer, a.a.O., 45.

[104] Zitat nach der Übersetzung von P.Koetschau, Des Origenes acht Bücher gegen Celsus, München o.J., 395f. Die Einsetzung der griechischen Wörter und die Auslassungen sind von mir.

[105] Zitat nach der Übersetzung von O.Apelt/K.Reich, a.a.O., Bd.II, 70. Die griechischen Wörter sind von mir eingesetzt.

"nur verschiedene Namen der einen Allgottheit."[106] Man kann aber kleine Unterschiede der Bedeutung feststellen: Als am meisten philosophisch gelten auf dem Hintergrund der langen Geschichte griechischer Philosophie seit den Vorsokratikern Logos und Physis. Feuer ist die stoffliche Bezeichnung des Logos. Wird dieser Logos dann, wie beim bekannten Zeushymnus des Kleanthes,[107] als ein personhaftes Wesen angeredet, so wird er Gott und erst recht Zeus genannt. Die Pronoia ist, wie gesagt, nichts anderes als die Funktion des weltgestaltenden und -erhaltenden Logos. Die Perspektive, mit der die Stoiker sie betrachten, ist eine Vogelperspektive, die nur demjenigen möglich ist, der alles zustande bringen kann, was er will (efficere posse quicquid velit, vgl. oben bei Cicero, De nat. deor. III 92). Sie ist insofern ein Begriff "von oben her". Die Heimarmene könnte man im Gegensatz dazu als einen Begriff "von unten her" bezeichnen. Da die Welt ein Organismus ist, kann kein Einzelding von der durch die Pronoia getragenen Gesetzmäßigkeit und Notwendigkeit ausgenommen bleiben. Das eine steht mit dem anderen in gegenseitigen Zusammenhang, ja in Sympathie.[108] Der Mensch, obwohl das höchste Wesen auf der Erde, kann sich über diesen kausalen Zusammenhang nicht auf einmal Klarheit verschaffen. Seine Perspektive ist und bleibt eine Froschperspektive. Aus dieser Perspektive erscheint dieselbe Gesetzmäßigkeit und Notwendigkeit der Weltgestaltung und -erhaltung als Heimarmene, d.h. Schicksalsordnung, die von Gott her gesehen "Pronoia", Vorsehung, ist.

Von den zahlreichen Quellen über die stoische Definition der Heimarmene seien hier noch zwei angeführt. Die erste steht bei Diogenes Laertios: "Alles vollzieht sich nach fester Schicksalsordnung (εἱμαρμένη). Das versichern übereinstimmend Chrysipp in den Büchern über das Schicksal, Poseidonios im zweiten Buch über das Schicksal, Zenon und Boethos im elften Buch über das Schicksal. Es ist aber das Schicksal die Ursachenverkettung des Seienden (ἔστι δὲ εἱμαρμένη αἰτία τῶν ὄντων εἰρομένη) oder die vernunftsgemäße Veranstaltung, nach der die Welt ihren Verlauf nimmt" (De clar. phil. VII 149 = SVF I, 175).[109] Die andere bekommen wir bei Stobaios zu lesen: "Chrysipp (sagt), das Wesen der Heimarmene sei eine pneumatische Kraft, die alles ordnend beherrscht. Im zweiten Buch seines Werkes <Über die Definitionen>, in den Büchern <Über die Heimarmene> und sonst auch vielerorts behauptet er, 'Heimarmene ist der Logos des Kosmos' oder der 'Logos, nach dem das Gewordene (τὰ γεγονότα) geworden ist, das Werdende (τὰ γινόμενα) wird und das Künftige (τὰ γενησόμενα) sein wird." (Ecl. I, 79.1 = SVF II, 913). In der ersten

---

106 Zitat bei M.Pohlenz, Die Stoa, Bd.1, a.a.O., 108.

107 In Stobaios, Ecl.I, 1,12 = SVF I, 537. Eine deutsche Übersetzung findet sich bei M.Pohlenz, ebd. 109f.

108 Vgl. dazu v.a. K.Reinhardt, Kosmos und Sympathie, a.a.O., 92-121.

109 Zitat nach der Übersetzung von O.Apelt/K.Reich, a.a.O., Bd.II, 76. Die griechischen Wörter sind teilweise von mir eingesetzt.

Überlieferung wird das Wort εἱμαρμένη aus dem Zeitwort εἴρειν (aneinanderreihen; Substantiv εἱρμός; Verknüpfung) abgeleitet, eine "unmögliche Etymologie", wie Pohlenz sagt.[110] Die zweite Überlieferung ist für uns deshalb von Bedeutung, weil hier nicht nur die synchronische Seite, sondern auch - v.a. im letzten Satz - die zeitlich-geschichtliche Seite der Weltlenkung der Heimarmene zum Ausdruck kommt, wenn vom Vernunftsgesetz die Rede ist, nach dem das Gewordene geworden ist, das Werdende wird und das Künftige sein wird.[111]

Bevor wir von hier aus zur stoischen Eschatologie übergehen, sei das Neue betont, das die stoische Vorsehungs- und Heimarmenelehre gegenüber der vorausgehenden Epoche der griechischen Philosophie aufweist. Schon vor der Stoa war der Gedanke der göttlichen Vorsehung bekannt, sei er nun terminologisch mit πρόνοια bezeichnet oder nur der Sache nach als Fürsorge der Götter für die Menschen oder als erste Ursache der ewigen Bewegung und Ordnung der Natur vorgestellt. "Aber bei der Stoa entwickelte sich dieser Gedanke nach ganz bestimmter Richtung. Auch sie nahm an, daß Gott die Guten belohne und die Frevler strafe. Aber für sie geht die Fürsorge der Gottheit nicht in erster Linie den einzelnen Menschen an. Sie ist die Vorsehung, die in der Welt alles zum Besten gestaltet hat und erhält," so urteilt Pohlenz.[112] Er hält außerdem den oben erwähnten Anthropozentrismus der stoischen Vorsehungslehre für etwas, das dem griechischen Geist fremd ist, und erklärt ihn aus dem semitischen Hintergrund der ältesten Schulleiter, Zenon aus Kition und Chrysipp aus Soloi. Mit ihnen sei der semitische Vorsehungsglaube, wie er im Alten Testament bezeugt ist, in die griechische Philosophie neu eingeführt worden.[113]

Ähnlich verhält es sich mit der stoischen Lehre von der Heimarmene. So vertraut dies Wort dem griechischen Geist war und so viele Bausteine für diese Lehre vorher da waren, so war ihm dennoch der systematisch durchdachte Gedanke von der Schicksalsverkettung fremd, deren Herrschaft bis ins einzelne Tun und Wollen des Menschen reicht. "Das griechische Freiheitsgefühl war viel zu stark, um in die Kausalität des äußeren Naturgeschehens auch das eigene Seelenleben einzubeziehen."[114] So glaubt Pohlenz auch in diesem Punkt eine Wirkung semitischer Traditionen sehen zu können.[115]

---

[110] M.Pohlenz, Die Stoa, Bd.1., a.a.O., 102.

[111] Zitat bei M.Pohlenz, ebd.

[112] M.Pohlenz, ebd. 98. Vgl. zum Problem des Vorsehungsgedankens bei Platon und Aristoteles A.P.Bos, Providentia Divina. The Theme of Divine Pronoia in Plato and Aristotle, Assen/Amsterdam 1976.

[113] M.Pohlenz, ebd.100.

[114] Zitat bei M.Pohlenz, ebd. 104.

[115] M.Pohlenz, ebd. 107: "Dafür finden wir die ausgeprägteste Form des Fatalismus bei den semitischen Arabern, und es ist auch kein Zufall, daß in der Antike sofort die orientalische Astrologie einen Bund mit der Heimarmenelehre der Stoa schloß.

Ob und wieweit Pohlenz mit seiner These vom semitischen Einschlag, der übrigens nach ihm auch sonst in der Stoa nachwirken soll, Recht hat, darüber läßt sich streiten.[116]

Man muß ihm aber Recht geben, wenn er die neuen Aspekte der stoischen Lehre von der Vorsehung und Heimarmene als einer Erklärung bedürftig ansieht.

Ein neues Element ist auch die Eschatologie der Stoiker - wenn man ihre Lehre von der Weltverbrennung (ἐκπύρωσις) und -periode so nennen darf. Als Zeuge für diese Lehre sei Origenes angeführt, der selbst von ihr beeinflußt war: "Die Stoiker behaupten, daß nach Ablauf einer gewissen Anzahl von Jahren eine Verbrennung des Weltalls und darauf eine Neuordnung der Welt stattfinde, in der alles im Vergleich mit der früheren Ordnung unverändert sei. Alle aber von ihnen, die vor dieser Lehre eine gewisse Scheu hatten, äußerten die Ansicht, es würde eine geringe und ganz unbedeutende Veränderung in der folgenden Periode gegenüber den Verhältnissen in der früheren Periode eintreten" (Contra Celsum V,20; vgl. SVF II 626).[117] Hier sehen wir eine Konsequenz der stoischen Lehre von der Vorsehung und Heimarmene: Gestaltet und erhält die göttliche Vorsehung jetzt in dieser Welt alles zum Besten, so kann logischerweise auch in der neuen Periode keine andere Weltordnung als die jetzige herrschen. Sollte diese Konsequenz selbst einigen Stoikern eine Scheu bereitet haben,[118] so beweist eben das die Neuheit dieser Lehre.

Aus der peripatetischen Seite sagt Aristokles hierzu: "(Zenon sagt darauf weiter), der ganze Kosmos werde nach bestimmten, festgelegten Zeitperioden verbrannt (ἐκπυροῦσθαι), danach aber wieder in Ordnung gebracht. Das erste Feuer sei fürwahr gleichsam ein Same (σπέρμα), der die Logoi aller Dinge und die Ursachen des Gewordenen, des Werdenden und dessen, was noch sein wird, enthalte. Deren Verbindung und Folge seien Heimarmene, Erkenntnis, Wahrheit und ein Gesetz des Seienden, dem man unmöglich entrinnen und entfliehen könne." (Aristokles bei Eusebios, Evang. praep. XV,14,2 = SVF I,98).[119]

Chrysipp selbst hat sich bei seinen Untersuchungen über die Heimarmene ausdrücklich auf die chaldäische Astrologie berufen und wollte für sie die logische Begründung geben."

[116] Semitische Einschläge sieht M.Pohlenz auch in der stoischen Spracherklärung (v.a. dem Zeitverständis), dem Verständnis alles Existierenden als Körper, der Schwarz-Weiß-Malerei von Leib und Seele und auch dem Gottesgedanken (Physis/Logos). Vgl. dazu a.a.O., 66. 69. 164f. Skeptisch dagegen ist, ohne allerdings den Namen von Pohlenz zu nennen, H.Langerbeck, Das Problem der Gnosis als Aufgabe der klassischen Philologie (1951) in: ders., Aufsätze zur Gnosis, a.a.O., 31f.

[117] Zitat nach der Übersetzung von P.Koetschau, a.a.O., 465.

[118] Vgl. dazu M.Pohlenz, Die Stoa, Bd.1., a.a.O., 198.

[119] Aristokles von Messene, Peripatetiker im 2.Jhdt.n.Chr. und Lehrer Alexanders von

Was die stoische Ethik anbelangt, besteht ihr Grundideal darin, in einer ständigen und gewollten Entsprechung zu diesem Logos zu leben, der so alles in der Welt und in der Geschichte mit unvermeidbarer wie unentfliehbarer Gesetzmäßigkeit beherrscht. Dieses Ideal wollten die ältesten Stoiker mit ihren weithin bekannten Formulierungen zum Ausdruck bringen. τὸ ὁμολογουμένως ζῆν (Zenon) oder τὸ ὁμολογουμένως τῇ φύσει ζῆν (Kleanthes) oder aber τὸ ἀκολούθως τῇ φύσει ζῆν (Chrysipp).[120] Als Weiser (σοφός) im stoischen Sinne wird nur derjenige bezeichnet, der - um noch einmal unsere Metapher zu benutzen - über seine Froschperspektive so hinauswächst, daß er in Heimarmene und Schicksalsverkettung eine Vorsehung von oben her wahrnimmt. Diese stoische Perspektive begegnet in eindrucksvoller Weise bei Mark Aurel, dem letzten Stoiker, der zugleich Zeitgenosse des **AJ** war: "Der Bereich der Götter ist voll der Vorsehung (πρόνοια), der Bereich des Zufalls ist nicht ohne Natur oder Verkettung und Verflechtung mit dem von der Vorsehung Durchwalteten. Alles fließt von dort drüben. Es kommt dazu Notwendigkeit und Nutzen für die ganze Welt, deren Teil du bist. Jedem Teil der Natur ist gut, was die Natur des Ganzen mit sich bringt und was diese erhält. Es erhalten aber die Welt sowohl die Wandlungen der Elemente wie auch die der zusammengesetzten Körper. Wenn dies für dich Leitsätze sind, hab daran genug." (Wege zu sich selbst II,3). An anderer Stelle: "Daran ist immer zu denken, welches die Natur des Alls ist und welches die meine, und wie sich diese zu jener verhält, und was für ein Teil sie ist und von was für einem Ganzen, und daß es niemanden gibt, der hindern kann, was der Natur, deren Teil du bist, gemäß ist (τὰ ἀκόλουθα τῇ φύσει, ἧς μέρος εἶ), immer zu tun und zu sagen." (ebenda II,9).[121]

Aphrodisias. Näheres über seine Person und Werke findet sich in: Lexikon der Alten Welt, a.a.O., Sp. 307 und PRE II/1, Sp. 934f.

[120] Die zwei wichtigsten Belegstellen für diese Formulierungen sind Diog. Laert. De clar. phil. VII, 87 (SVF I, 179; III,4) und Stobaios, Ecl. II,75,11-77,27 (SVF I, 179; III, 12). Die Zuordnung der genannten drei Formulierungen zu den drei älteren Stoikern ist bei ihnen unterschiedlich. Stobaios weist, wie wir, die erste Formulierung Zenon und die zweite Kleanthes zu. Von Chrysipp berichtet er dagegen nur, daß er der zweiten eine Erläuterung zufügte: "das auf erfahrungsmäßiger Kenntnis der Naturvorgänge beruhende Leben (ζῆν κατ'ἐμπειρίαν τῶν φύσει συμβαινόντων)". Diogenes Laertios schreibt Chrysipp die dritte Formulierung zu und hält außerdem fälschlicherweise auch die zuletzt genannte Erläuterung für einen weiteren Teil davon. Er weist ferner die zweite Kleanthische Formulierung Zenon zu. Allgemein hält die Forschung hier Stobaios' Bericht für glaubwürdiger (vgl. M.Pohlenz, Die Stoa, Bd.2, a.a.O., 67).

[121] Beide Zitate bei Kaiser Marc Aurel, Wege zu sich selbst, hrsg. und übertr. von W.Theiler, Zürich 1951, 43.45.

3.4.2: Die gnostische Sinngebung

3.4.2.1: Bewußte Polemik gegen die stoische Vorsehungslehre

Wir kommen nun zu der in unserem Zusammenhang entscheidenden Frage, ob die soeben in ihren Grundzügen dargestellte, stoische Lehre von Vorsehung und Eschatologie dem Verfasser des AJ mehr oder weniger bekannt war. Diese Frage ist für die Eschatologie anders zu beantworten als für die Vorsehungslehre. Daher soll die Eschatologie gesondert behandelt werden. (§ 3.4.2.4). Bei der Vorsehungslehre ist die Frage eindeutig zu bejahen; offen ist nur, durch was für eine Überlieferung sie vermittelt worden ist. Wir hatten schon oben festgestellt, daß diese Lehre in der Geschichte der griechischen Philosophie etwas Neues darstellte. Schon aus diesem Grund mußte sie als Bezugsgröße, sei es der Kritik, sei es der Anpassung, immer dort berücksichtigt werden, wo in der hellenistischen Antike von Pronoia und Heimarmene gesprochen wurde.[122] Von daher ist es auch verständlich, daß gerade diese stoische Lehre von der altkatholischen Kirche positiv rezipiert wurde. Sie fand nämlich die stoische Vorsehungslehre - als Kontrast zur gnostischen Dämonisierung der sichtbaren Welt - nützlich für den Nachweis, daß diese Welt durch und durch von der Fürsorge des Schöpfer- und Erlösergottes durchwaltet und erhalten wird. Auch im Vergleich mit der stoischen Logoslehre, die besonders bei den altkatholischen Apologeten wie Justin für deren Logoschristologie eine eminent wichtige Rolle spielte, bald danach aber bereits bei Irenaeus zugunsten einer mehr auf die Person Jesu Christi bezoge-

[122] Hier seien u.a. genannt: Cicero, De fato; De nat. deor. II, 73-153; Philo, Über die Vorsehung I,II, in: W.Theiler u.a. (Hg.). Philo von Alexandria. Die Werke in deutscher Übersetzung, Bd. VII, Berlin 1964 (übers. von L.Früchtel aus der lateinischen Übersetzung von J.B.Aucker aus dem Jahre 1822, die ihrerseits aus einem armenischen Manuskript übertragen wurde); Plutarch, De Stoicorum repugnatiis 46 (1055ef); De liberis educandis 5 (3c); De defectu oraculorum 30 (426e); De fato (568 B ff - Echtheit umstritten); Alexander von Aphrodisias, Quaestiones I, Kap XXV (CAG, Supl. II, pars. II, 39-41); :Alexander von Aphrodisias, Quaestiones II, XXI (ebd. 65-71); De fato, ebd. 164-212; Plotin, Von der Vorsehung I, II (Enneades III/2 u. 3). Zu zahlreichen anderen Beiträgen aus dem Platonismus zum stoisch vorgeprägten Thema Pronoia vgl. H.Dörrie, Der Begriff "Pronoia" in Stoa und Platonismus, FZPhTh 24 (1977) 60-87, bes. 76ff. Von der späteren Stoa selbst sei hingewiesen auf: Seneca, De providentia und Epiktet, Dissertationes I, 6. 16; III,17. Auch von Hierokles, einem Stoiker der hadrianischen Zeit, ist eine Schrift über die Vorsehung fragmentarisch überliefert. Über das philosophiegeschichtliche Verhältnis dieser Schrift zu Plotins Schrift zum gleichen Thema vgl. H.Langerbeck, a.a.O., 152. Über den Einfluß der stoischen Pronoia-Lehre auf das hellenistische Judentum außer Philo vgl. J.Boehm, Art: πρόνοια in ThWNT. IV (1942) 1004-1011, bes. 1009f.

nen und konzentrierten Christologie ihre Substanz einbüßte, war und blieb die stoische Vorsehungslehre - angefangen mit Klemens von Rom bis zu Irenaeus und über diesen hinaus - äußerst einflußreich.[123] Für den ersteren verbürgt die göttliche Fürsorge (πρόνοια), die sich am Fruchttragen der Bäume beobachten läßt, u.a. die Sicherheit der kommenden Auferstehung der Gläubigen: "Nehmen wir die Früchte; wie und auf welche Weise geschieht die Aussaat? Es ging der Sämann aus und warf jedes der Samenkörner auf die Erde; diese fallen trocken und nackt auf die Erde und lösen sich auf: aus der Auflösung läßt sie dann die großartige Fürsorge (πρόνοια) des Herrn auferstehen, und aus dem einen erwachsen viele und bringen Frucht" (1Kl.24,4f). Irenaeus baut diese Sicht theologisch weiter aus: Himmel und Gestirne in ihrer regelmäßigen Bewegung, nach Zeit und Ort fallender Regen und Frost, Hitze und Trockenheit, Flüsse und ihre Quellen, Pflanzen als Zierde der Erde, Tiere mit schönen Figuren (Adv. Haer.II.3O.3) sowie die organische Verbundenheit der Körperteile des Menschen und ihre wunderbare Wirkung (Adv. Hear. V.3.2-3) - dies alles beweist die providentia Dei. Kommen unter den einzelnen Dingen oft Zusammenstöße und Widerstände vor, so hebt die Vorsehung Gottes sie alle in einer Harmonie des Ganzen auf (Adv. Haer. II.25,2). Die so geordnete Natur als Geschöpf beweist eben das Dasein Gottes unwiderlegbar (Adv. Haer. II.9.1) und ebenso seine Eigenschaften: Weisheit, Kraft und - etwas dem πῦρ τεχνικόν von Zenon entsprechend - Kunst. Außerdem setzt Irenaeus diese providentia Dei mit der lex naturalis gleich

---

[123] Die Logoschristologie von Justin und Irenaeus und ihre Beziehung zur stoischen Logoslehre habe ich bereits anderweitig abgehandelt: T.Onuki, Die recapitulatio und Heilsgeschichte bei Irenaeus von Lyon, in; Fukuin to Sekai (Evangelium und Welt), Januar bis August 1980 (= japanische Übersetzung meiner Seminararbeit bei Prof. Dr. W.Pannenberg/München, SS 1978); Die Bibel bei Justin, Tatian und Irenaeus, in: S.Arai (Hg.), Entstehungsgeschichte des neutestamentlichen Kanons, Tokio 1987, 165-232. Auch bei Klemens von Alexandrien tritt der stoisch beeinflußte Gedanke Justins vom Logos spermatikos wegen des persönlichen Charakters des Logos des Klemens zurück, worauf M.Pohlenz, Die Stoa, Bd.1. a.a.O., 417 zutreffend hinweist. Außerdem arbeitet Pohlenz (ebd. 406ff) sehr schön heraus, in welchen Theoriebereichen die stoische Lehre durch die altkatholische Orthodoxie von den Apologeten über Justin, Irenaeus, die christliche Hochschule in Alexandrien, Origenes u.a. bis zu Tertullian und Augustin im Westen positiv übernommen, und in welchen anderen Theoriebereichen sie kritisch modifiziert oder sogar abgestoßen wurde. Positiv übernommen wurde manches im Bereich der Ethik, die als mit der christlichen verwandt empfunden wurde. Im Bereich der Theologie gilt dasselbe für die Vorsehungslehre, den teleologischen Gottesbeweis und die natürliche Gotteserkenntnis und im Bereich der Eschatologie auch für die Ekpyrosislehre (vgl. M.Pohlenz, ebd. 409). Auch das stoische Apathieideal wurde auf Gott übertragen (ebd. bes. 435). Als anstößig wurde dagegen der Gedanke der materieimmanenten Gottheit abgelehnt sowie die Vorstellung von der Heimarmene, die jetzt im Sinne des der Willensfreiheit des Menschen widersprechenden Fatalismus verstanden wurde (ebd. 410f. 416-418. 425-431).

und spricht von naturalia legis, d.h. demjenigen Teil des mosaischen Gesetzes, der diesem vorausgegangen sei - und jetzt noch für die Christen gültig bleibe.[124]

Aus diesen Aussagen des Irenaeus, die sich beliebig vermehren liessen, dürfen wir schließen, daß er mit Hilfe der stoischen Vorsehungslehre - er deutet an einer Stelle seine Kenntnisse der stoischen theologia naturalis an (Adv. Haer. II.9.1) - versuchen wollte, die positive Bedeutung der Natur als des noch immer durch die providentia Gottes durchwalteten Geschöpfes nachzuweisen und somit den Gnostikern entgegenzutreten. Zu diesen gnostischen Gegnern gehörte auch jene Gruppe, die denselben Erlösungsmythos wie unsere Schrift **AJ** mindestens bis zum Punkt der Bekehrung der Sophia (II 13,36-14,15/IV 21,27-22,18 // III 21,1-18/BG 46,9-47,16) kannte (Adv. Haer. I,29).

Angesichts der oben skizzierten philosophiegeschichtlichen Position der Stoa einerseits und der zeitgenössischen Lage der christlichen Kirche andererseits dürfen wir getrost annehmen, daß es sich bei den im weiteren zu behandelnden Aussagen des **AJ** über die Pronoia und Heimarmene um eine bewußte Polemik gegen die stoische Lehrtradition handelt. Dafür kann man tatsächlich einen wünschenswerten Beweis aus der teilweise mit dem **AJ** verwandten Schrift "Die Sophia Jesu Christi" erbringen, die an einer Stelle Christus dem Erlöser die folgenden polemischen Sätze in den Mund legt: "Die Weis(este)n aber (δέ) unter ihnen (sc. den auf die Erde Geborenen) stellten aus der Lenkung (διοίκησις) der Welt (κόσμος) und der Bewegung eine Vermutung auf. Ihre Vermutung aber (δέ) traf die Wahrheit nicht. Denn (γάρ) von der Lenkung (διοίκησις) heißt es, sie werde in dreierlei Weise von allen Philosophen (φιλόσοφος) betrachtet (ἄγειν). Deshalb stimmen sie nicht überein (συμφωνεῖν). Denn (γάρ) einige von ihnen sagen, es sei ein heiliger Geist (πνεῦμα) durch sich selbst. Andere wieder (δέ): es sei eine Vorsehung (πρόνοια). (Wieder) andere aber (δέ): es sei eine Tetont." (BG 80,12-81,11/III 92,13-93,4; vgl. auch Eug III 70,8-22). Was mit dem zuletzt genannten Wort "Tetont" gemeint ist, war früher unsicher, "Tetont" kann jetzt aber aufgrund der Parallelstellen in SJC III 93,3/Eug III 70,21 mit der Heimar-

---

[124] Die hier angeführten Argumente gehen nicht ausschließlich auf Irenaeus zurück, sondern sie sind mehr oder weniger gemeinsame Topoi mancher Apologeten und antihäretischer Theologen für den teleologischen Gottesbeweis und die natürliche Gotteserkenntnis. Die Vorsehung Gottes, von der Irenaeus in diesem Kontext spricht, ist seiner groß angelegten Konzeption der Offenbarungsgeschichte, die ebenfalls durch die Vorsehung Gottes geleitet wird, nicht ganz organisch zugeordnet. Vgl. darüber meinen Aufsatz, Die Naturanschauung im Gnostizismus und bei Irenaeus, in: K.Riesenhuber (Hg.), Wandel der Naturanschauung (2 Bde), Bd.1, Tokio (im Druck; japanisch) und A.v.Harnack, Lehrbuch der Dogmengeschichte, Bd.II, Tübingen 1909/10[4] (Nachdr. Darmstadt 1983), 125.

mene gleichgesetzt werden.[125] Das heißt: Die hier angegebenen drei Positionen haben alle mehr oder weniger sicher mit der stoischen Weltanschauung zu tun. Damit ist nachgewiesen, daß eine Auseinandersetzung mit der stoischen Vorsehungs- und Heimarmenelehre für den Gnostizismus von aktueller Bedeutung war.

3.4.2.2: Identifikation der Barbelo mit Pronoia und Steigerung ihrer Rolle

a) Das Vorkommen der πρόνοια

Geht man alle Stellen des **AJ** durch, wo sich das Wort πρόνοια bietet, so kann man sie in drei Gruppen unterteilen:

1) Pronoia ist zunächst eine der dem Jaldabaoth unterstehenden Kräfte. BG 43,12 weist der ersten der sieben Gewalten des Jaldabaoth Pronoia als Eigenschaft zu (Codex III hat hier lacuna). Die Paralleltexte der Langversionen II 12,17/IV 19,17 sprechen sie der jeweils zweiten Gewalt zu. In BG 49,16/III 23,1f taucht dann diese Pronoia als die vierte der sieben Kräfte auf, die die sieben Seelensubstanzen hervorbringen, und ist für die Mark-Seele zuständig, während sie in ihren Parallelstellen II 15,15f/IV 24,5 als die zweite Kraft für die Sehnen-Seele zuständig ist.
2) Eine andere Kategorie stellt Pronoia in BG 33,16/III 12,7 dar. Hier zählt sie zu den drei Unteräonen, die dem zweiten Großlicht Oroiaêl zugeteilt sind. Die Parallelstellen II 8,11/IV 12,19 bieten hier allerdings nicht dasselbe Wort, sondern ἐπίνοια.
3) Die dritte, größte Gruppe bilden schließlich die Aussagen, die πρόνοια als Beiname der Barbelo bringen. Solche Stellen finden sich im Codex III mindestens fünf Mal, in BG acht Mal, in Codex II ebenfalls mindestens 13 Mal.[126]

[125] Vgl. W.Tills Anmerkung in seiner Ausgabe vom BG, 303f. Er erklärte das Wort sinngemäß als "etwas Angeordnetes, in Auftrag Gegebenes" oder "Vorbestimmung", was er selbst für fraglich hielt. Aber A.Böhlig, Die koptisch-gnostische Schrift ohne Titel, a.a.O., 104 setzte es mit Heimarmene gleich. Die Erklärung und Übersetzung werden jetzt bestätigt durch die Parallelstellen SJC III 93,3/Eug III 70,21, in denen als koptisches Äquivalent ⲠⲈⲦⲎⲠ ⲈϢⲰⲠⲈ "was bestimmt ist, zu geschehen" angegeben wird. Vgl. dazu F.Siegert, Nag-Hammadi-Register, a.a.O., 134.

[126] III 7,16; 9,23; 21,10; 23,1; 39,4, unsicher in 8,5.10; 37,19; BG 27,10; 28,4.10; 30,13f; 31,3; 47,6; 72,18; 75,2; II 5,16; 6,5; 7,22; 14,20; 23,24.29; 24,13f; 28,2; 29,2; 30,12.24.35; 31,11, unsicher in 4,32; 6,22.30.31f.

b) Der Befund der Kurzversionen

Die letzte Gruppe ist für uns zunächst von größerer Bedeutung. Betrachtet man alle in Frage kommenden Stellen genauer, so kann man sich kaum des Eindrucks erwehren, als ob der Beiname Pronoia erst sekundär in den jeweiligen Kontext gekommen wäre. Am deutlichsten ist das in III 10,4-9/BG 30,19-31,5, wo es um das Hervorkommen des eingeborenen Sohnes, des Autogenes, aus dem Vater und der Barbelo geht:

III 10,4-9	BG 30,19-31,5
<Er> erschien ihm (sc. dem Vater) und empfing die<Salbung> durch die jungfräulich<en> (παρϑενικός) <G>eist (πνεῦμα), und er trat vor <ihn> hin (und) pries den unsichtbar<en> (ἀόρατος) <G>eist (πνεῦμα) und den, durch den er in Erscheinung getreten war.	Er (sc. der Sohn) erschien ihm (sc. dem Vater) und empfing die Salbung durch den jung<fräulichen> (παρϑενικόν) Geist (πνεῦμα). Er stand <vor ihm> preisend den <unsichtbaren> Geist (πνεῦμα) und die vollkommene πρόνοια, diesen (Geist), <in> dem er gewohnt hatte.

Daß das Wort πρόνοια in BG 31,4 erst sekundär eingefügt wurde, geht nicht nur aus dessen Fehlen im Codex III, sondern auch daraus klar hervor, daß es die Textkohärenz des BG deutlich stört: Der letzte Satzteil "diesen (Geist), <in> dem er gewohnt hatte" lautet in Koptisch ⲠⲀⲒ̈ ⲚⲦⲀϤⲞⲨⲰϨ Ⲛ̄<ϨⲎ>ⲦϤ, und kann sich deshalb nur über die πρόνοια (ein Femininum!) hinweg auf "den <unsichtbaren> Geist" beziehen. Hier wird ein redaktioneller Wille sichtbar, den soeben hervorgebrachten Sohn nicht allein den Vater (so III), sondern den Vater *und* (ⲘⲚ̄) die Pronoia preisen zu lassen. Die Hypothese liegt nahe, daß BG unter der πρόνοια die Barbelo versteht und diese im Vergleich zum Codex III, wo sie im Schatten bleibt, mehr ins Licht treten lassen will. Das heißt zugleich, daß der Codex III hier eine überlieferungsgeschichtlich ältere Stufe als BG repräsentiert.[127]

Aber selbst im Codex III sind nicht wenige Stellen vorhanden, die den Eindruck erwecken, als sei das Wort πρόνοια sekundär eingefügt. An allen diesen

---

[127] Zu einem entgegengesetzten Ergebnis kommt R.Kasse, RThPh 97 (1964) 144f, wonach BG dem Original am nächsten stehe, während der Codex III relativ spät anzusetzen sei. Kasse scheint sich seiner Sache aber nicht ganz sicher zu sein, denn im gleichen Jahr vertrat er an anderer Stelle die Ansicht, der Codex III sei, wenn man von einer Statistik der griechischen Lehnwörter ausgeht, eine relativ junge, wenn man von der Textform ausgeht, dagegen die dem Original am nächsten stehende Version (Muséon LXXVII/1964, 14f).

Stellen weist der Codex BG in seiner Lesung keine wesentlichen Unterschiede auf, so daß hier nur die Texte des Codex III der Reihe nach anzuführen sind:

1) III 7,12-19 (BG 27,5-14) "... und seine Ennoia (ἔννοια) wurde wirksam, <sie t>rat in Erscheinung, sie trat <vor> ihn hin aus seinem <Licht>glanz (λαμπηδών) - sie ist (ⲉⲧⲉ ⲛ̄ⲧⲟⲥ ⲡⲉ) die Kraft (δύναμις), die vor allen Dingen <is>t, die Pronoia (πρόνοια) <des Al>ls, die erstrahlt in dem Lichte <des Abbil>des (εἰκών) des Unsichtbaren (ἀόρατος), die vollkommene (τέλειος) Kraft (δύναμις), die Barbelon."

2) III 8,9-13 (BG 28,9-13) "Sie (sc. die Erste Erkenntnis) <ste>llte sich mit der Ennoia (ἔννοια) - das ist (ⲉⲧⲉ) die Pro<noia> (πρόνοια) - hin und pries den unsichtbaren (ἀόρατος) <Geist> (πνεῦμα) und die vollkommene Kraft (δύναμις), die <Barbelon>, denn sie war durch <sie> entstanden."

3) III 9,21-23 (BG 30,11-15) "das Licht (sc. der Autogenes), das in Erscheinung getreten war durch die erste Kraft - das ist (ⲉⲧⲉ ⲧⲁï ⲧⲉ) seine Pronoia (πρόνοια) - die Barbelon."

In allen drei Texten ist die Pronoia mit der Barbelon gleichgesetzt. Aber genauer betrachtet, sie ist immer durch einen Beisatz - ⲉⲧⲉ ⲛ̄ⲧⲟⲥ ⲡⲉ, ⲉⲧⲉ, ⲉⲧⲉ ⲧⲁï ⲧⲉ sind für einen Beisatz charakteristische Wendungen![128] - mit der ἔννοια identifiziert. Nur im dritten Text fehlt dieses Wort, aber "die erste Kraft", mit der die Pronoia hier gleichgesetzt wird, ist nach dem ersten Text nichts anderes eben als eine Umschreibung der ἔννοια! Außerdem wird der dritte Text etwas später in III 11,6-11/BG 32,9-14 wiederholt, wobei statt πρόνοια das Wort ἔννοια fällt: "weil er (der Autogenes) entstanden war aus einer ersten Ennoia (ἔννοια)."

Das erinnert stark an die Art und Weise, wie im **AJ** der Autogenes mit Christus identifiziert wird, wenn auch in den verschiedenen Versionen in unterschiedlicher Deutlichkeit. Diese Identifizierung erfolgt in der Regel einfach dadurch, daß gleich nach "Autogenes" appositionell das Wort "Christus" eingefügt wird.[129] Aber an einer Stelle finden wir dieselbe Beisatzformel wie bei der Pronoia (III 11,15 : ⲉⲧⲉ ⲡⲉⲭ̅ⲣ̅ⲥ̅ ⲡⲉ/BG 32,20: ⲛⲧⲉ ⲡⲉⲭ̅ⲥ̅ ⲡⲉ; II 7,31/IV 12,3: ⲉⲧⲉ ⲧⲁï ⲡⲉ ⲡⲉⲭ̅ⲣ̅ⲥ̅).[130]

---

[128] BG 27,5-14 bringt insgesamt dreimal die Identifikationsformel ⲉⲧⲉ ⲧⲁï ⲧⲉ (27,8.10) und ⲉⲧⲉ ⲛⲧⲟⲥ ⲧⲉ (27,13), also zweimal mehr als III 7,12-19. Vgl. zur erklärenden Beisatzformel W.Till, Koptische Grammatik, a.a.O., § 464.

[129] III 10,22/BG 31,17f // II 7,11/IV 10,28f; III 11,7/BG 32,9 // II 7,20/IV 11,12; III 12,21/BG 34,12 // II 8,23/IV lacuna; III 13,6f/BG 35,8 // II 9,2/IV lacuna.

[130] Auch in ÄgEv 59,16 und 60,7 (beidemal beim Codex III lacuna) ist Christus erst sekundär durch dieselbe Beisatzformel eingefügt worden. Zu diesem sekundären Charakter vgl. A.Böhlig/F.Wisse (Hg.), Nag Hammadi Codices III,2 and IV,2 = The Gospel of the Egyptians, Leiden 1975 (NHS IV), 46.175 und A.Böhlig, Triade und Trinität in den Schriften von Nag Hammadi, in: B.Layton (Hg.), The Rediscovery of

Mit gleichem oder noch größerem Recht dürfen wir schließen, daß bereits in einer wesentlich älteren Stufe der Überlieferungsgeschichte des **AJ** eine Identifizierung der ἔννοια mit der πρόνοια geschehen sein muß. In diesem Zusammenhang sollte man jedoch besser von einer früheren Stufe seiner Entstehungsgeschichte statt von Überlieferungsgeschichte sprechen, weil dieses Problem engstens mit dem verbunden ist, was H.M.Schenke 1962 mit seinem gewichtigen Aufsatz "Nag-Hammadi Studien III: Die Spitze des dem Apokryphon Johannis und der Sophia Jesu Christi zugrundeliegenden gnostischen Systems" angeschnitten hat.[131] Nach einer recht überzeugenden Beweisführung kommt er zum Ergebnis: "Die Spitze des Systems, das dem AJ und der SJC gleichermaßen zugrunde liegt, bestand nach all dem, was ausgeführt worden ist, aus drei Gestalten: Dem Vater, seiner ἔννοια, die den Namen Sophia trug, und ihrem gemeinsamen Sohn, dem Christus. Bei dessen Entstehung haben Vater und Mutter zusammengewirkt; vermutlich auch bei der Entstehung anderer Äonen (vgl. 28,4-32,3; 114,4-12). Dann aber begeht die Sophia einen Fehltritt, indem sie versucht, nun auch einmal ein Wesen ohne den Vater hervorzubringen. Durch dieses natürlich unvollkkommen ausfallende Produkt ist dann die untere Welt entstanden."[132] Schenke scheint allerdings das ursprüngliche System, dessen Spitze er so rekonstruiert, für von Anfang an christlich zu halten, wenn er den Sohn den Christus nennt. Es gilt aber heute als opinio communis, daß die Verchristlichung des ursprünglich nichtchristlichen Erlösungsmythos des **AJ** durch die Gleichsetzung des Autogenes mit Christus und den Rahmendialog erst sekundär eingesetzt hat.[133]

Gnosticism, Leiden 1981, Bd. 2, 617-634, bes. 627. Es lassen sich in den Nag Hammadi Schriften noch weitere Belegstellen dafür finden, daß der Name Christus sekundär eingefügt worden ist. Sie alle aufzuzählen, ist jedoch für usneren Zweck nicht nötig.

131 In: ZRGG XIV (1962) 352-361.

132 Zitat bei H.-M.Schenke, ebd. 361.

133 Vgl. dazu S.Arai, Zur Christologie des Apokryphon des Johannes, NTS 15 (1968/69) 302-318; W.C. van Unnik, Evangelien aus dem Nilsand, Frankfurt a.M. 1960,92; R.Kasse, RThPh 97 (1964) 140-150, bes. 146 Anm.1; M.Krause, Der Stand der Veröffentlichung der Nag Hammadi-Texte, in: U.Bianchi (Hg.), The Origins of Gnosticism, Leiden 1967, 61-89, bes. 75 (M.Krauses Habilitationsschrift, die speziell dieses Problem behandelt haben soll, war mir trotz aller Mühe nicht zugänglich). Ein Forschungsbericht bezüglich dieses Problems findet sich bei K.Rudolph, ThR 34 (1969) 141-147 und R.Mcl.Wilson, Gnosis and the New Testament, Oxford 1968, 107-109. Der letztere neigt sehr zur Annahme der Verchristlichung einer ursprünglich nichtchristlichen Schrift, aber läßt die Frage letzten Endes unentschieden (vgl. seine neueste Äußerung hierzu in TRE 13,545). 1973 hat sich dann der Berliner Arbeitskreis über das AJ in dem Sinne geäußert, daß die sekundäre Verchristlichung als selbstverständlich vorausgesetzt wird. Vgl. K.-W.Tröger (Hg.), Gnosis und Neues Testament, a.a.O., 24. Interessant wäre es zu wissen, wie H.-M.Schenke, der am Berliner Arbeitskreis führend beteiligt ist, das Alter der von ihm rekonstruierten Urspitze des

Insofern ist das Ergebnis von Schenke in dem Sinne zu revidieren, daß der gemeinsame Sohn des Vaters und der Sophia nicht "Christus", sondern entweder eben der Sohn oder "Autogenes" heißt.[134] Abgesehen davon ist sein Ergebnis nach wie vor überzeugend. Wegweisend ist vor allem Schenkes Erklärung des danach eingesetzten, mutmaßlichen weiteren Entwicklungsprozesses des Mythos: "Da der Gedanke, daß ein so hohes göttliches Wesen fallen könnte, dem frommen Verstande unerträglich wurde, versetzte man die fallende und zu erlösende Sophia in die unterste Region der Lichtwelt. Oben blieb als ein Schatten ihrer selbst ihr Charakter, soweit er untadelig war, unter dem Namen Barbelo zurück. Da aber zu der Vorstellung des Falles, so wie sie einmal da war, ein männliches Wesen gehört, dem die Paargenossin nicht

---

Systems einschätzt. Sein Schüler A.Werner urteilt konsequent (Das AJ, a.a.O., 43), wenn er von der Verchristlichung einer ursprünglich "nicht-christianisierten obersten sethianischen Götterdreiheit" spricht. Gegen diesen allgemeinen Forschungstrend meint allein B.Aland anders: Für sie setzt das AJ die christlichen Elemente bereits als grundlegende voraus. Vgl. ihre Diskussion mit H.Jonas in: B.Layton (Hg.), The Rediscovery of Gnosticism, Bd.1, Leiden 1980, 347.

In diesem Zusammenhang sei auf eine Besonderheit von BG aufmerksam gemacht: Dieser Codex bezeichnet den redenden Offenbarer nicht nur im dialogischen Rahmen, sondern durchgehend als ⲠⲈⲬ̅Ⲥ̅ = "Christus" (45,6; 58,2.15; 64,14; 66,13; 67,19; 68,14; 69,14; 70,9; 71,3), wärend alle anderen drei Versionen in ihren Parallelstellen fast immer ⲠⲬⲞⲈⲒⲤ "Herr" bringen. Diese Besonderheit wurde bereits von W.Till in seiner Textausgabe von BG, 131 (vgl. auch 55) damit erklärt, daß die koptische Vorlage von BG für ⲠⲬⲞⲈⲒⲤ die Abkürzung ⲠⲬ̅Ⲥ̅ verwendete, diese aber vom Kopisten des BG als "Christus" aufgefaßt und deshalb durchgehend in ⲠⲈⲬ̅Ⲥ̅ "verbessert" wurde. So logisch und verständlich diese mechanische "Verbesserung" ist, so wenig hat sie aber mit der Verchristlichung der Schrift zu tun.

[134] Dieser Titel "Autogenes" bezieht sich in den sethianischen Schriften sehr oft auf die Sohnesgestalt der obersten Göttertrias. Vgl. dazu H.-M.Schenke, Die neutestamentliche Christologie und der gnostische Erlöser, in: K.-W.Tröger (Hg.), a.a.O., 205-229, bes. 216 und A.Werner, Das AJ, a.a.O., 42. Anders S.Arai, NTS 15 (1968) 305 Anm.2, der es auf den Vater bezieht. R.van den Broek, Autogenes and Adamas, The Mythological Structure of the Apocryphon of John, in: M.Krause (Hg.), Gnosis and Gnosticism (NHS XVII), Leiden 1981, 16-25 vertritt aus anderen Gründen eine andere beachtenswerte These: Im Mythos des Pleromas des AJ sei ein ursprünglich selbständiger Mythos vom himmlischen Anthropos (Autogenes), der als oberstes Wesen einen nicht erkennbaren Vater, den Autogenes (Anthropos = die erste Manifestation des Vaters) und den Adam (den Sohn des Anthropos/Autogenes) hat, mit einem anderen Mythos, der mit dem "trinitarischen" Schema von Vater, Mutter und Sohn operiert, vereinigt worden. Von diesem Gesichtspunkt her hält er außerdem die Version bei Irenaeus Adv.Haer.I,29, bei der der Autogenes tatsächlich keine ihm passende Stelle zugewiesen bekommt, für älter als die koptischen Versionen, die mit der sekundären Integration der beiden Mythen viel weiter gekommen seien. Wir sind in einem wichtigen Punkt jedoch anderer Meinung. Vgl. dazu unsere Kritik unten S. 104, Anm. 204.

gehorcht, wurde der Sophia ein Statist zugesellt, der Paargenosse."[135]

Daß der Beiname πρόνοια erst sekundär der ἔννοια durch Beisatz beigefügt wurde, unterstützt die These Schenkes, daß die ursprüngliche Paargenossin des höchsten Vaters ἔννοια hieß. Hierbei scheint mir auch die Möglichkeit nicht ausgeschlossen, daß selbst der Eigenname Barbelo nicht von Anfang an da war, sondern erst im Laufe des Ausbaus des ursprünglichen, relativ einfachen Systems zum uns jetzt vorliegenden beigefügt wurde.[136] Jedoch kann das hier offenbleiben. Schenke hat nun hinsichtlich der Barbelo noch die These vertreten, daß die Barbelo und der Paargenosse der Sophia im uns jetzt vorliegenden System des **AJ** "ein Schattendasein" führen. "Die Barbelo spielt nur bei der Entstehung der oberen Welt eine Rolle, danach nicht mehr."[137] Diese Feststellung wird m.E. dem Befund der Texte nicht gerecht. Die Überlieferungsgeschichte des **AJ** zeigt ja gerade die entgegengesetzte Tendenz, die Pronoia (Barbelo) aus ihrem "Schattendasein" heraustreten zu lassen, wie wir das oben an einer Textstelle (III 10,4-9/BG 30,19-31,5) nachgewiesen haben. Es gibt außerdem gute Gründe für die Annahme, daß diese Tendenz nicht erst im Laufe der Überlieferungsgeschichte einsetzte, sondern bereits im Laufe des Ausbauprozesses des ursprünglichen zum uns jetzt vorliegenden System des **AJ** begann und zunehmend wirksam wurde.

Als ersten Grund für diese Annahme sei zunächst auf den Befund hingewiesen, daß sowohl der Codex III als auch BG außer den weiter oben zusammengestellten drei Textpartien am Ende weitere Aussagen über die Pronoia bringen, die mit den dreien, die die "Spitze" des Systems darstellen und in dessen allererster Phase auftauchen, eine große inclusio bilden. Im Rahmen einer Rede über die Heimarmene und den Antimimon-Geist, die der Protarchon und seine Gewalten gegen die Nachkommenschaft des Seth (das nicht wankende Geschlecht des Menschen) hervorbringen, wird einmal gesagt:"<Er be>schloss, eine <Flut (καταχλυσμός)> über die <ganze> Überheb<lichkeit> (ἀνά<στεμα>) des Menschen zu bringen. Und die <G>rösse <der P>ronoia (<πρ>όνοια) bemerkte es - <sie ist die Epinoia (ἐπίνοι>α). - Sie offenbarte (es) dem <Noah>" (III 37,16-21/BG 72,14-73,12). Kurz danach lesen wir: "Sie brachten ihnen Gold, Silber, Geschenke (δῶρον), <Kupfer und Dinge>[138] und Metall (μέταλλον) des Eise<ns> und

---

[135] Zitat bei H.-M.Schenke, ZRGG XIV (1962) 361.

[136] Dieses Problem ist im Zusammenhang mit der Frage weiter zu verfolgen, wie sich die Sethianer und die sog. Barbelo-Gnostiker zueinander verhalten. Wichtig dafür ist die Beobachtung, daß der Name Barbelo nur innerhalb der Entstehungsgeschichte des Pleromas (zum letzten Mal III 11,5/BG 32,6 // II 7,17/IV 11,9) auftaucht, während die Pronoia die ganze Schrift bis zum Schluß durchzieht. Vgl. dazu Y.Janssens L'Apocryphon de Jean, Muséon 84 (1971) 403-432, hier bes. 430.

[137] Zitat bei H.-M.Schenke, ZRGG XIV (1962) 356.

[138] Das ist die Konjektur von M.Krause, Die drei Versionen, a.a.O., z.St. R.Kasse, Muséon LXXVIII (1965) 74 emendiert etwas anders. Vgl. seine dementsprechende

jede Art jeder Sorte (εἶδος, γένος), und sie <z>ogen sie in Versuchungen (περισπασμός), damit sie nicht an ihre Pronoia (πρόνοια) gedächten, <die> nicht wankt." (III 38,25-39,5/BG 74,15-75,3).

Um die textsyntaktische Funktion der ersten Aussage richtig zu verstehen, muß man auf die Rolle Rücksicht nehmen, die die Epinoia des Lichtes bis zu diesem Punkt des Mythos gespielt hat: Sie wird eingeführt als eine Helferin, die vom höchsten Vater dem seelischen Adam, der jetzt in die Tiefe der materiellen Welt weggeführt worden ist, geschickt wird (III 25,6-11/BG 53,4-10). Sie wirkt dann weiter, um die Fehler der Sophia zu berichtigen, indem sie sich bald im Adam verbirgt (III 25,17-23/BG 53,18-54,4; III 29,12-16/BG 59,6-11), bald sich in dem Baum der Erkenntnis des Guten und des Bösen (III 28,6-9/BG 57,8-12) oder in einen Adler auf diesem Baum (III 30,14-18/BG 60,16-61,2) verwandelt. Sie deckt den Schleier vom fleischlichen Adam ab (III 30,2-4/BG 59,21-60,3) und erweckt schließlich den Samen des Geschlechts des vollkommenen Lichtmenschen (III 36,20-25/BG 71,5-13). Diese Epinoia des Lichtes könnte im von Schenke angenommenen, ursprünglichsten System die Erlöserin gewesen sein, die der Vater hinunterschickt, um seine gefallene Paargenossin, die Ennoia/Sophia, zu retten.[139] Aber im uns vorliegenden System selbst wird diese Epinoia des Lichtes eben durch die Aussage von III 37,16-21/BG 72,14-73,12, vor allem durch ihre zweite Hälfte: "die Größe der Pronoia bemerkte es - sie ist die Epinoia -", gleichsam nachträglich mit der Pronoia identifiziert oder mindestens mit ihr in Verbindung gebracht. Alle hier aufgezählten Taten der Epinoia des Lichtes werden somit auch auf die Pronoia bezogen. Es wird auch kein Zufall sein, sondern eine architektonisch sehr durchdachte Zwischenbemerkung, daß vor allen angeführten Epinoia-Aussagen bereits kurz nach der Reue der Sophia gesagt wird, der höchste Vater habe beschlossen, die Mängel der Sophia durch eine Pronoia zu beseitigen (III 21,10-11/BG 47,6-7).

Die zweite Pronoia-Aussage, die die Kurzversionen zum Schluß bringen (III 38,25-39,5/BG 74,15-75,3), hat zwar bei den Langversionen eine weitgehend parallele Aussage (II 29,31-30,7/IV 46,4-16), aber es fehlt in ihr gerade

Übersetzung in RThPh 100 (1967) 26.

139 H.-M.Schenke selbst macht keine klare Aussage darüber, wie man sich die Soteriologie des Ursystems des näheren vorzustellen hat. Die oben genannte Folgerung scheint mir logisch am nächsten zu liegen. Das schließt nicht aus, daß die durch die Epinoia richtiggestellte Sophia ihrerseits weiter für die Rettung der aus ihrem Fehltritt entstandenen Nachkommenschaft mit der Epinoia zusammen gewirkt haben könnte. Die von H.-M.Schenke (ebd. 357) angeführten Stellen, in denen von einem solchen aktiven Zusammenwirken der Sophia die Rede ist, möchte ich in diesem Sinne verstehen. Vgl. jedoch K.M.Fischer, Tendenz und Absicht des Epheserbriefes, Göttingen 1973 (FRLANT 111), 189-191, der der Sophia des AJ jegliche soteriologische Funktion ("Sophia-Salvator") bestreitet und nur den Status von "Sophia salvanda" zuerkennt.

das Wort πρόνοια. Statt dessen bringen die Langversionen unmittellbar daran anschließend einen langen Textabschnitt, der das dreimalige Kommen der Pronoia und das stufenmäßige Vordringen ihres Heilswirkens teilweise hymnisch schildert (II 30,11-31,25/IV 46,23-49,6). In den Parallelstellen zu diesem Abschnitt zeigt der Text der Kurzversionen eine deutliche Verwirrung, die darin kulminiert, daß sich die Abschlußbemerkung des Offenbarers (Ich) zweimal (III 39,15-18/BG 75,15-76,1; III 39,21ff/BG 76,5ff) wiederholt, so daß zwischen beiden Stellen ganz unvermittelt von einem "nochmaligen" Gekommensein der "Mutter" mit dem Zweck, ihre Nachkommenschaft aufzurichten, gesprochen wird (III 39,19-21/BG 76,1-5). Über dieses Problem sind sich die Forscher wie Till, Giversen und Werner soweit einig, daß sie die Textgestalt der Langversionen für ursprünglicher halten und für die Kurzversionen eine Textverkürzung aus irgendeinem Grund (einschließlich eines technischen Grundes) annehmen.[140] Mir scheint keine bessere Erklärung möglich zu sein.[141] Wahrscheinlich ist, daß in dem durch Kürzung entfallenen

[140] W.Till in seiner Textausgabe von BG 191 (Anm.); S.Giversen, a.a.O., 272f; A.Werner, Das AJ, a.a.O., 231.

[141] Sehr überzeugend an der Begründung Giversens ist der Nachweis, daß ⲚϢⲞⲢⲠ ⲀÏⲈÏ ⲈϨⲢⲀⲒ ⲈⲠⲒⲀⲒⲰⲚ Ⲛ̄ⲦⲈⲖⲒⲞⲤ "Zuerst kam ich hinauf (oder: hinunter) zum vollkommenen (τέλειος) Äon (αἰῶν)" in BG 75,14-15/III 39,13-14 wie eine abgekürzte Zusammensetzung aus der Einleitung und Schlußbemerkung des Textabschnitts II 30,11-31,25 aussieht, näherhin aus 30,13-14 ⲚⲈÏϢⲞⲞⲠ ⲦⲀⲢ Ⲛ̄ϢⲞⲢⲠ ("denn ich war zuerst...") und 31,26-27 ⲈⲒⲚⲀⲂⲰⲔ ⲈϨⲢⲀÏ ⲀⲠⲦⲈⲖⲈⲒⲞⲚ Ⲛ̄ⲀⲒⲰⲚ ("ich werde hinauf zum vollkommenen (τέλειος) Äon (αἰών) gehen").Dagegen spricht R.Kasse, Muséon LXXVII (1964) 15 von zwei differenten Textformen. S.Arai, NTS 15 (1968/69) 307-314 und C.Colpe, JAC 19 (1976) 125 halten den genannten Abschnitt der Langversionen für eine sekundäre Erweiterung von III 39,11-13/BG 75,10-13, wobei der erstere vorsichtshalber zugleich konstatiert, daß es sich auch bei den Kurzversionen keinesfalls um die ursprüngliche Textgestalt handeln kann (ebd. 315). Wenig überzeugend ist jedoch seine Grundthese, "daß II 30,11-31,25 (IV 46,23-49,6) eine christliche Interpretation des III 39,11-13 (BG 75,10-13) ist" (ebd. 314). Seine Ausführung beruht nämlich auf einer u.E. falschen Voraussetzung, daß in dem genannten Textteil der Langversionen bereits die letzte Rahmenhandlung vorliegt. Infolgedessen kann er das "Ich" des hier redenden Offenbarers (= der Pronoia) nicht mehr vom Christus, genauer gesagt, vom "Heiland" trennen, der nach unserer Ansicht erst ab II 31,32/IV 49,14 deutlich sichtbar wird. Wir werden weiter unten nachweisen, daß wir in diesem Textabschnitt zwar eine Rahmenhandlung vor uns haben, die aber um eine Stufe vor der eindeutig christlichen Rahmenhandlung anzusetzen ist. Bevor das AJ diese sicher christliche Rahmenhandlung, die sich zwischen dem "Heiland" und Johannes dialogisch abspielt, bekommen hat, muß es nämlich als eine Geheimschrift existiert haben, die von der Pronoia als einer in erster Linie weiblichen, aber zugleich vielgestaltigen Offenbarergestalt handelte. Wo und wie sich ihre ursprüngliche Rahmenhandlung wiederfinden läßt, ist eine Frage, der wir uns erst dann sinnvollerweise zuwenden können, wenn

Textabschnitt der Kurzversionen ursprünglich vergleichbare Aussagen über das Kommen und Wirken der Pronoia gestanden haben, wie wir sie jetzt im entsprechenden Textabschnitt der Langversionen finden.

Dafür könnte auch die folgende Beobachtung am Text der Kurzversionen sprechen: Die "Vatermutter" (III 39,11/BG 75,11) und die "Mutter" (III 39,19/BG 76,1), von deren Ankunft zu ihrer Nachkommenschaft vor und nach der Unterbrechung durch die erste Abschlußbemerkung (III 39,15-18/BG 75,15-76,1) zweimal mit fast gleicher Wendung gesprochen wird, ist (gegen Schenke) eher als Pronoia denn als Sophia zu deuten.[142] Denn das

---

wir die Rolle der Pronoia im AJ - und zwar in all seinen Versionen - durchgehend herausgearbeitet haben. Wird uns das gelingen, so wird man sich den Verchristlichungsprozeß des AJ nicht mehr so einfach vorstellen, als sei eine ursprünglich rahmenlos vorgegebene Geheimschrift durch sekundäre Hinzufügung einer dialogischen Rahmenhandlung am Anfang und am Schluß verchristlicht worden.

[142] Mit S.Giversen, a.a.O., 273 und Y.Janssens, Muséon 84 (1971) 428 gegen H.-M.Schenke, ZRGG XIV (1962) 356 und S.Arai, NTS 15 (1968/69) 308. Arai schlägt vor, ⲘⲀⲀⲨ ⲚⲈⲒⲰⲦ (III 39,11/BG 75,11) mit "väterliche Mutter" zu übersetzen (ebd. 307 Anm.1). Und mit diesem Wort ist für ihn "zweifellos" die Sophia gemeint. Aber so "zweifellos" sicher ist diese Identifikation nicht. Zwar ist es wahr, daß im AJ - v.a. in den Kurzversionen - die Sophia am häufigsten die "Mutter" genannt wird. Aber zugleich wird auch die Barbelo/Pronoia, wenn auch weniger häufig, so doch eindeutig "Mutter" genannt (III 13,16/BG 35,19), was auch Arai nicht übersieht (ebd. 316). Auch in BG 71,6 (III:lacuna) kann die "erbarmungsvolle Mutter" nicht ohne weiteres mit der Sophia gleichgesetzt werden. Hier ist dieser Ausdruck mit der Aussage über den "heiligen Geist" verbunden, der seinerseits durch einen sekundär anmutenden Beisatz mit der "Epinoia des Lichtes" identifiziert wird (BG 71,7-10/III 36,21-22). Bald danach aber wird diese "Epinoia des Lichtes" in BG 72,17-19/III 37,18-20 ebenfalls durch einen gleichartigen Beisatz als die "Größe der Pronoia" bezeichnet! Deshalb muß auch in BG 71,6 mit der "erbarmungsvollen Mutter" die Barbelo/Pronoia gemeint sein. Andererseits ist die "Vatermutter" (Arai: "väterliche Mutter") in III 39,11/BG 75,11 mit derselben Eigenschaftsbezeichnung "erbarmungsreiche" versehen. Daraus folgt m.E. zwingend, daß auch hier die Barbelo/Pronoia gemeint ist. Außerdem wäre es etwas merkwürdig, wenn die Sophia, die sonst immer nur einfach die "Mutter" genannt wird, nur in dieser Stelle und nur wegen ihrer "erbarmungsreichen" Eigenschaft das Attribut "väterlich" (ⲚⲈⲒⲰⲦ) bekommen hätte (so Arai, ebd. 309). Dieses Attribut paßt viel besser zur Barbelo/Pronoia, die bekanntlich mit dem obersten Gott eine Syzygie bildet. Diese Barbelo/Pronoia wurde im Laufe der Überlieferungsgeschichte des AJ - was wir im weiteren im einzelnen nachweisen werden - immer mehr als "Metropator" (μητροπάτωρ) bezeichnet. Das zeigt sich z.B. darin, daß die "erbarmungsvolle Mutter" von BG 71,6 in der Parallelstelle der Langversionen II 27,33/IV 43,9 zum "Metropator" geändert worden ist (Die Übersetzung von M.Krause "Großvater" wurde mit Recht mehrfach kritisiert, ist auch von den Ergebnissen dieser Arbeit her ganz abzulehnen). Prinzipiell hat diese Änderung mit der christlichen Rahmenhandlung, die Arai (vgl. die vorige Anm.) bereits II 30,11/IV 46,23 einsetzen sehen will, nichts zu tun. Sie ist vielmehr ein Teil der

Geschlecht, um dessen "Vatermutter" und "Mutter" es hier geht, wird als "das Geschlecht , das nicht wankt" (III 39,18/BG 75,20-76,1) gekennzeichnet. Genauso aber kennzeichnet die den Aussagen über die "Vatermutter" und "Mutter" vorhergehende letzte Pronoia-Aussage der Kurzversionen die Pronoia als die, "die nicht wankt" (III 39,5/BG 75,3). Innerhalb eines relativ kurzen Textabschnitts haben wir somit dreimal, aber genauso oft wie im entsprechenden Abschnitt der Langversionen, mit dem Kommen und Wirken der Pronoia zu tun. Nur beim ersten Kommen wird sie explizit "Pronoia" genannt. Dabei ist beachtenswert, daß diese Pronoia-Aussage in III 39,4f/BG 75,2f durch einen Satz fortgesetzt wird, der über die Mißachtung der Pronoia durch die Menschen berichtet (III 39,5-11/BG 75,3-10). Dadurch wird die Aussage in gewissem Grad zu einem Äquivalent für den Bericht über die erste Ankunft der Pronoia in den Langversionen, die dort ebenfalls als ein Mißerfolg dargestellt wird (II 30,16-21/IV 47,1-8). Es scheint mir daher möglich, daß

in einem noch viel größeren Umfang vor sich gehenden Tendenz der Überlieferungsgeschichte, die Rolle der Barbelo/Pronoia immer mehr zu steigern - eine Tendenz, die wesentlich früher als die Verchristlichung des AJ eingesetzt haben muß und die dieser bereits, unabhängig davon, wie intensiv sie war, vorgegeben gewesen sein muß. Im Zusammenhang mit dieser Tendenz muß schließlich auch die Änderung von III 32,9-22 in BG 63,16-64,13 bewertet werden. Hier, in III 32,10, ist mit Sicherheit mit der "Mutter" die Sophia gemeint, der von oben her "ihr eigener Geist" zur Hilfe gesandt wird, während es in BG 63,16 eben die "Mutter" ist, die den ihr zugehörigen Geist absendet. Um auch BG 63,16 auf die Sophia deuten zu können, muß Arai sich mit einer von H.-M.Schenke (ZRGG XIV/1962, 357 Anm.15) vorgeschlagenen - allerdings nicht weiter begründeten - Textänderung behelfen: ⲦⲘⲀⲀⲨ ⲀⲞⲨⲦⲚ̄ⲚⲞⲞⲨ ⲚⲀⲤ Ⲙ̄ⲠⲈⲦⲈ ⲠⲰⲤ ⲠⲈ "Die Mutter, ihr sandten sie (Umschreibung für Passiv) den <Geist>, der ihr zugehört." (Die koptische Wiedergabe der Schenkeschen Änderung sowie ihre deutsche Übersetzung von Arai, ebd. 308 Anm.3 sind nicht korrekt.) Diese Textänderung aber ist völlig unnötig, wenn wir die ihren eigenen Geist absendende "Mutter" als die Barbelo/Pronoia verstehen. Erstens paßt das zum Kontext. Es stört ihn keineswegs, wie Schenke und Arai fürchten. Denn das Dativzeichen in der nächstfolgenden Aussage "Der Geist kam zu ihr (ⲚⲀⲤ) herab" (63,18), bezieht sich nicht anaphorisch auf die "Mutter" (63,16), sondern kataphorisch auf die "Wesenheit (οὐσία)..., die ihm gleicht" (63,19) im Sinne des göttlichen Geschlechts, das zu retten es gilt. (So versteht es bereits Y.Janssens, Muséon 84/1971, 421 und jetzt auch A.Werner, Das AJ, a.a.O., 197). Zweitens verändern die Parallelstellen der Langversionen (II 25,3/IV 38,29) die "Mutter" der Kurzversionen in "die andere Mutter" (ⲦⲔⲈⲘⲀⲀⲨ), die wir im Sinne der Barbelo/Pronoia zu verstehen haben (hierüber später S. 100 Anm. 192 noch einmal). So gesehen, zeichnet sich hier die oben genannte Tendenz recht deutlich: von III 32,10 ("die Mutter" = Sophia = passiv) über BG 63,16 ("die Mutter" = Barbelo/Pronoia = aktiv) bis II 25,3/IV 38,29 ("die andere Mutter" = Barbelo/Pronoia = aktiv). BG 63,16 stellt nämlich eine Zwischenstufe dar und ist deshalb nicht mit Gewalt in eine Belegstelle für die "Mutter" Sophia umzudeuten.

derjenige, der für die Verkürzung der Kurzversionen verantwortlich ist, alle diese Entsprechungen bewußt hergestellt oder beigehalten hat. Das heißt: In seiner unverkürzten Vorlage könnte die Aussage über das dreimalige Kommen und Wirken der Pronoia noch gestanden haben.[143] Außerdem werden wir später (s.u.S. 99) philologisch nachweisen, daß diese Aussage im Rahmen der Makrotextsyntax des **AJ** engstens mit II 9,18-23 (IV:lacuna) verbunden ist, wo von den Seelen die Rede ist, die sich erst zögernd bekehrten und auf den vierten Phoster Eleleth gesetzt wurden. Hat aber dieser Passus II 9,18-23 bei den beiden Kurzversionen seine Parallele (III 14,1-9/BG 36,7-15), so wird damit unsere obige Folgerung unterstützt: Auch die Kurzversionen müssen für ihren Schlußteil einen II 30,11-31,25/IV 46,23-49,6 entsprechenden Textabschnitt mit dem gleichen Inhalt gehabt haben. Das ist ein zweiter Grund für unsere Annahme, daß die Tendenz, der Pronoia eine immer größere Rolle beizumessen, sehr früh eingesetzt haben muß.

c) Der Befund der Langversionen

Wie steht es nun mit den Langversionen? Was die sekundäre Identifikation der Ennoia mit der Pronoia an der Spitze der Lichtwelt anbelangt, erwecken sie keinen anderen Eindruck als die Kurzversionen. Von den oben angeführten drei Texten aus dem Codex III, die dieselbe Identifikation bezeugen, hat nur der erste in den Langversionen keine eindeutige Parallele, weil ihre Texte gerade an dieser Stelle beidemal stark beschädigt sind. Immerhin ist in II 4,31 als ein Rest des Beisatzes ⲉⲧⲉ noch deutlich lesbar, das wohl das vorausgehende Wort ⲙⲉⲉⲩⲉ (= ἔννοια in III 7,12/BG 27,5) mit der nachfolgenden, aber jetzt verlorengegangenen πρόνοια gleichgesetzt hat. Die beiden anderen Paralleltexte, II 5,15-18/IV 8,4-8 und II 6,20-22/IV 9,26-28 (folgt lacuna) identifizieren die Pronoia durch denselben Beisatz wie in den Kurzversionen mit dem Gedanken (ⲡⲙⲉⲉⲩⲉ) des unsichtbaren-jungfräulichen Geistes, d.h. des Vaters, und mit der Barbelo.

Überhaupt kann man folgendes feststellen: Zu allen Pronoia-Belegstellen der Kurzversionen bringen die Langversionen bis auf zwei Ausnahmen in ihren jeweiligen Parallelstellen dasselbe Wort. Besonders beachtenswert sind dabei die Stellen der Langversionen, die ihre Parallelstellen in den Kurzversionen überbieten. Wo und wie diese Überbietung geschieht, sei nun synoptisch dargestellt. Dabei ist es methodisch ratsam, als den Vergleichspartner für die Kurzversionen nicht den Codex III, sondern den BG zu nehmen, weil der letztere, wie bereits nachgewiesen wurde, der Pronoia eine größere Rolle zuzuweisen versucht als der Codex III.

[143] So auch S.Giversen, a.a.O., 273 mit anderen Worten.

1) BG 29,8-19 (III 9,3-8)	II 6,2-8 (IV LACUNA)
Das ist die Fünfheit der Äonen (αἰών) des Vaters, nämlich des ersten Menschen:[144] das Abbild (εἰκών) des Unsichtbaren, das ist die Barbelo, und die ἔννοια und die Erste Erkenntnis und die Unvergänglichkeit (ἀφθαρσία) und das Ewige Leben.	Das ist die Fünfheit (πεντάς) der Äonen (αἰών) des Vaters, nämlich des ersten Menschen:[145] das Abbild (εἰκών) des unsichtbaren (ἀόρατος) Geistes (πνεῦμα), *das ist (ⲦⲀÏ ⲦⲈ) die Pronoia* (πρόνοια), das ist (ⲈⲦⲈ ⲦⲀÏ ⲦⲈ) die Barbelo und der Gedanke und die Erste Erkenntnis (πρόγνωσις) und die Unvergänglichkeit und das Ewige Leben und die Wahrheit.

144 W.Till, BG z.St. übersetzt hier "nämlich: der erste Mensch, das Abbild ...". Diese Übersetzung beruht darauf, den mit dem Relativpronomen ⲈⲦⲈ eingeleiteten Beisatz in 29,9-10 (ⲈⲦⲈ ⲠⲈϨⲞⲨⲈⲒⲦ Ⲛ̄ⲢⲰⲘⲈ ⲠⲈ) nicht auf den unmittelbar davor stehenden "Vater" (ⲠⲈⲒⲰⲦ), sondern auf die "Fünfheit" (ⲦⲘⲈϨϯ) in 29,8-9 zu beziehen. Dadurch entsteht der Eindruck, als ob bereits "der erste Mensch" zur nunmehr in einzelnen aufgezählten Fünfheit des Vater gehörte. Der Doppelpunkt, den Till nach "nämlich" setzt, zeigt das deutlich. Sollte der mit ⲈⲦⲈ eingeleitete Beisatz wirklich eine Erklärung der Fünfheit ⲦⲘⲈϨϯ (ein Femininum!) sein, so dürfte man statt ⲈⲦⲈ (ⲠⲈϨⲞⲨⲈⲒⲦ Ⲛ̄ⲢⲰⲘⲈ) ⲠⲈ viel besser ⲈⲦⲈ...ⲦⲈ erwarten, genauso wie gleich nach diesem Beisatz "das Abbild (ⲐⲒⲔⲰ̄ = ebenfalls ein Femininum) des Unsichtbaren" grammatisch korrekt durch den Beisatz ⲈⲦⲈ ⲚⲦⲞⲤ ⲦⲈ (29,11) erklärt wird. Viel ungezwungener versteht man alles, wenn man den ersten Beisatz (29,9-10) allein auf ⲠⲈⲒⲰⲦ (29,9) bezieht und die Aufzählung der Fünfheit erst mit dem "Abbild des Unsichtbaren" beginnen läßt. Die Parallelstelle III 9,4 hat ⲈⲦ<Ⲉ Ⲛ̄Ⲧ>ⲞϤ ⲠⲈ ⲠⲈϨⲞⲨⲈⲒⲦ Ⲛ̄ⲢⲰⲘⲈ. Hier kann sich der Beisatz ⲈⲦ<Ⲉ Ⲛ̄Ⲧ>ⲞϤ zwar sowohl auf den unmittelbar davor stehenden "Vater" als auch auf die "fünf Äonen" (9,3: Ⲡ>ϯⲞⲨ Ⲛ̄ⲀⲒⲰⲚ), auch ein Maskulinum, beziehen. Wegen der Parallelität zum BG wäre aber der "Vater" als Beziehungswort vorzuziehen. Unsere Übersetzung stimmt mit der von R.Kasse, RThPh 98 (1965) 146 (V 77) überein: "Ceci (est) <donc> la Pentade des éons du Père - c'(est) <á-dire:> le premier homme - : l'image de l'invisible..." und von M.Tardieu, a.a.O., 96.

145 Hier taucht dieselbe Problematik wie in der vorigen Anmerkung auf. Der Beisatz <Ⲉ>ⲦⲈ Ⲡ<ⲀÏ> ⲠⲈ ⲠϢⲞⲢⲠ Ⲛ̄ⲢⲰⲘⲈ (6,3-4) bezieht sich grammatisch korrekter auf ⲠⲒⲰⲦ ("Vater") als auf das Femininum ⲦⲠⲈⲚⲦⲀⲤ ("die Fünfheit"). Auch hier ist den Übersetzungen von R.Kasse und M.Tardieu zuzustimmen. Ähnlich hat wohl auch S.Giversen, a.a.O., 57 verstanden. Bei M.Krause, Die drei Versionen, a.a.O. z.St. und F.Wisse, The Nag Hammadi Library in English, 102 entsteht derselbe Eindruck, von dem bereits in der vorigen Anmerkung die Rede war.

2) BG 32,9-14 (III 11,6-11)	II 7,21-24 (IV 11,13-18)
Der αὐτογενής Gott, Christus, ist es,den er mit großer Ehre geehrt hat, weil er aus seiner ersten ἔννοια entstanden ist, der, den der unsichtbare Geist (πνεῦμα) als Gott über das All eingesetzt hat.	Er (sc. αὐτογενής) trat in Erscheinung durch die *Pronoia* (πρόνοια). Der unsichtbare (ἀόρατος), jungfräuliche (παρθενικός) Geist (πνεῦμα) setzte den göttlichen und wahrhaftigen[146] Autogenes (αὐτογενής) über das All.

[146] Vgl. zu dieser Lesung S.Giversen, a.a.O., 58. So ähnlich auch F.Wisse, The Nag Hammadi Library in English 102 und M.Tardieu, a.a.O., 100; anders M.Krause, Die drei Versionen, a.a.O., z.St. und R.Kasse RThPh 98 (1965) 150. A.Werner, Das AJ, a.a.O., 52 Anm.3 zieht dieselbe Konjektur wie Giversen vor, übersetzt aber etwas anders.

3) BG 47,20-48,5 (III 21,21-24)	II 14,18-24 (IV 22,23-23,2)
<Es belehrte> sie (Pl.) über sich der heilige, vollkommene (τέλειος) Vater, der erste Mensch in Gestalt eines Menschen. Der Selige (μακάριος) offenbarte ihnen sein Aussehen,...	Und der heilige Muttervater (μητροπάτωρ) belehrte sie (Pl.) und der vollkommene (τέλειος)[147] die *vollkommene Pronoia* (πρόνοια) das Abbild (εἰκών) des Unsichtbaren (ἀόρατος), das ist der Vater des Alls, durch den das All entstanden ist, der erste Mensch, denn in einer menschlichen (ἀνδριάς) Gestalt (τύπος)[148] offenbarte er sein Aussehen.

147 Vgl. zur Übersetzung von M.Krause "Großvater" für μητροπάτωρ u.a. die Kritik von H.-M.Schenke, OLZ 59 (1964) 551 und E.Lüddeckens, GGA 218 (1966) 7. Wir verstehen den Satzteil "der vollkommene" appositionell zum Muttervater. Unter den Übersetzern scheint nur F.Wisse, ebd. 106 etwas anders zu lesen.

148 Der koptische Text liest ϩⲛ̄ ⲟⲩⲧⲩⲡⲟⲥ ⲛ̄ⲁⲛⲇⲣⲉⲁⲥ. H.-M. Schenke, Der Gott "Mensch" in der Gnosis, Göttingen 1962, 35 und ders., OLZ 59 (1964) 551 sieht dahinter das griechische Wort ἀνδριάς "Bildsäule". Auch R.Kasse, RThPh 99 (1966) 174 übersetzt genauso, allerdings mit der Sinnimplikation "statue - (humaine)". S.Giversen, a.a.O., 73 will wohl ⲛ̄ⲁⲛⲇⲣⲉⲁⲥ als Genitiv von ἀνήρ (ἀνδρός) erklären, übersetzt es aber mit "man" im allgemeinen Sinn. Ähnlich deutet jetzt auch A.Werner, Das AJ, a.a.O., 122 Anm.1, der es für eine Wiedergabe des Genitivs von ἀνδρεία/ἀνδρεῖος hält. Seine Skepsis gegenüber Schenkes Ansicht ist berechtigt. Aber es ist im Koptischen - und auch im AJ - ziemlich selten, daß eine originale griechische Kasusendung beibehalten wird. Ob ἀνδρεία/ἀνδρεῖος den allgemeineren Sinn "Menschheit/menschlich" haben kann, ist auch nicht ganz sicher. Wir bleiben hier bei ἀνδριάς, dessen Bedeutung nach H.G.Liddell/R.Scott, A Greek-English Lexicon, 128b nicht nur "statue", sondern in erster Linie "image of a man" ist. In unserer Stelle wird es dann mit dem vorgesetzten ⲛ zu ⲟⲩⲧⲩⲡⲟⲥ als appositionelles Attribut hinzugefügt.

4) BG 60,16-61,2 (III 30,14-18)	II 23,24-31 (IV 36,17-29)
Aufgrund der Machtbefugnis (αὐθεντία) der Höhe und der Offenbarung lehrte ihn die ἐπίνοια die Erkenntnis durch den Baum in der Gestalt eines Adlers (ἀετός).	Durch *die Pronoia* (πρόνοια) der Machtbefugnis (αὐθεντία) des Himmels und von ihr kosteten sie die vollkommene (τέλειος) Gnosis (γνῶσις).[149] Ich zeigte mich in der Gestalt eines Adlers (ἀετός) auf dem Baum der Erkenntnis - das ist (ЄΤЄ ΤΑΪ ΤЄ) die Epinoia (ἐπίνοια) aus *der reinen Licht-Pronoia* (πρόνοια) - damit ich sie belehre und sie aus der Tiefe des Schlafes erwecke.

5) BG 62,3-10 (III 31,6-11)	II 24,9-17 (IV 37,18-30)
Dann (τότε) sah Jaldabaoth die Jungfrau (παρθένος), die Adam zur Seite stand. Es erfüllte ihn Sinnlosigkeit, und (wrtl. indem) er wünschte, einen Samen (σπέρμα) aus ihr sprießen zu lassen. Er schändete sie (und) zeugte den ersten Sohn, ebenso (ὁμοίως) den zweiten:	Und der Erste Archon (πρωτάρχων) sah die Jungfrau (παρθένος), die sich Adam hinstellte, und daß die Licht-Epinoia (ἐπίνοια) des Lebens in ihr erschien.[150] Und Jaldabaoth füllte sich mit Unwissenheit. Als aber *die Pronoia* (πρόνοια) des Alls es merkte, sandte sie einige und sie raubten die Zoê (ζωή) aus Eva. Der Erste Archon (πρωτάρχων) befleckte sie und er zeugte mit ihr zwei Söhne.

[149] Nach der Konjektur von M.Krause, Die drei Versionen, a.a.O., 236 hat der Codex IV hier eine Zeile (36,19) mehr als der Codex II und könnte inhaltlich eine Zwischenstufe von BG (III) zu II bilden. Aber die Lücke ist allzu groß, um überhaupt eine sichere Emendation vornehmen zu können. Vgl. auch R.Kasse, RThPh 100 (1967) 11 (V 453f).

[150] So die meisten Übersetzungen. Aber M.Krause, Die drei Versionen, a.a.O., z.St. versteht die Syntax anders, nämlich N̄ΩΝϨ (II 24,11) nicht als Genitiv, sondern als Akkusativ.

6) BG 71,5-13 (III 36,20-25)	II 27,33-28,5 (IV 43,9-17)
Als die erbarmungsvolle Mutter und der heilige Geist (πνεῦμα), der Barmherzige, der sich mit uns Mühe gab, - das ist die ἐπίνοια des Lichtes - und der Same (σπέρμα), den er erweckt hat im Denken der Mensches des Geschlechtes (γενεά) dieses vollkommenen (τέλειος) ewigen Lichtmenschen.	Der Muttervater (μητροπάτωρ), dessen Erbarmen groß ist, der heilige Geist (πνεῦμα) in jeder Gestalt, der erbarmungsreiche und der, der sich mit euch abmüht - das ist die Epinoia (ἐπίνοια) *der Licht-Pronoia* (πρόνοια) - er erweckte den Samen (σπέρμα) des vollkommenen (τέλειος) Geschlechtes (γενεά) und sein Denken und das ewige Licht des Menschen.

Alle hervorgehobenen Pronoia-Aussagen finden sich nur in den Langversionen. Die Zunahme der Pronoia-Aussagen zeigt, daß hier ein fester Wille am Werk ist, die Rolle der Pronoia zu steigern. Aber über solche allgemeine Feststellung hinaus ermöglichen unsere Synopsen uns noch mehrere, wichtige Beobachtungen.

i) Zur Synopse 1 und 2

Zunächst kann man in der zweiten Synopse deutlich feststellen, daß "die erste ἔννοια" von BG (32,12) im Codex II (7,22) durch die Pronoia ersetzt worden ist. Der Codex II liefert damit einen zusätzlichen - erst im Laufe der Überlieferungsgeschichte zustandegekommenen - Beleg für die sekundäre Identifikation der Ennoia (Barbelo) mit der Pronoia.

Einen vergleichbaren Beleg bietet die erste Synopse. Jedoch ist der Textbefund viel komplizierter und schwieriger. Vom Kontext her geht es hier um die Aufzählung der soeben entstandenen fünf Äonen der Lichtwelt. Geht man davon aus, daß das zuerst genannte Glied "der erste Mensch" sowohl in den Kurz- als auch in den Langversionen *nicht* zur Fünfheit zu zählen, sondern als nochmalige Umschreibung des höchsten Vaters selbst zu verstehen ist,[151] so muß man bei den Kurzversionen das nach der Barbelo angeführte Glied, "die ἔννοια" (BG 28,9), von dieser unterscheiden und als selbständigen und von oben her gezählt, als zweiten Äon ansehen. Till/Schenke scheinen sich in ih-

[151] Zur Begründung vgl. oben Anm.144. Die diesbezügliche Äußerung sowie Stellenangabe von H.-M.Schenke, Der Gott "Mensch", a.a.O., 7 ist nicht eindeutig. C.Colpe, JAC 19 (1976) 122 versteht die Kurzversionen wie wir, räumt aber die Möglichkeit der Bezugnahme auf Barbelo ein (ebd. Anm.11). Ähnlich auch A.Werner, Das AJ, a.a.O., 38f.

rer oben angegebenen Übersetzung für diese Ansicht auszusprechen, wenn sie nach der Barbelo ein Trennungszeichen setzen. Diese Ansicht beruht ihrerseits auf der Annahme, daß ursprünglich von der Entstehung dieser zweiten, von der Barbelo unterschiedenen Ennoia die Rede gewesen ist, daß aber die betreffende Textpartie - vielleicht wegen eines Homoioteleutons - im Laufe der Überlieferungsgeschichte ausgefallen sein muß. Infolgedessen tauche diese Ennoia in den uns vorliegenden Kurzversionen hier so unvermittelt auf.[152] Eine andere Erklärung versucht Giversen. Er nimmt für die Kurzversionen einen Ausfall des letzten Gliedes der Langversionen, "der Wahrheit", an und versteht somit die ἔννοια der Kurzversionen genau wie auch sonst als Äquivalent für die Barbelo.[153]

Da beide Erklärungen mit der Annahme eines Textausfalls operieren, läßt sich kaum mit Sicherheit ausmachen, welche von ihnen Recht hat. Wir dürfen aber diese Frage auf sich beruhen lassen. Auf jeden Fall ist klar, daß die Langversionen hier etwas anders denken. Um auch im Text der Langversionen auf eine Fünfzahl zu kommen, hat man keine andere Wahl, als die aufgezählten Bezeichnungen folgendermaßen zu gliedern.

1. das Abbild des unsichtbaren Geistes = die Pronoia = die Barbelo = der Gedanke
2. die Erste Erkenntnis
3. die Unvergänglichkeit
4. das Ewige Leben
5. die Wahrheit

"Der Gedanke" gehört nämlich mit "die Barbelo" noch zum zweiten Beisatz (II 6,5), der das erste Glied, "das Abbild des unsichtbaren Geistes", umschreibt. "Der Gedanke" wird hier durch das koptische Wort ⲠⲘⲈⲈⲨⲈ wiedergegeben. Gerade dieses Wort wird in den Langversionen an mehreren Stellen als Äquivalent von ἔννοια gebraucht (vgl. II 5,4-5 mit BG 27,18-20/III 7,22-24; II 5,15-18 mit BG 28,9-13/III 8,9-13; II 5,23-25 mit BG 28,17-20/III 8,16-19; II 7,3-6 mit BG 31,10-11/III 10,14-16). Dadurch, daß durch den ersten Beisatz (II 6,5) die Pronoia eingefügt worden ist, erhalten wir einen weiteren, zeitlich später anzusetzenden Beleg für die sekundäre Identifikation der Barbelo/Ennoia mit der Pronoia.

ii) Zur Synopse 4 und 6

Aus diesen beiden Synopsen geht zuerst klar hervor, daß beidemal der Epinoia, die bereits in den Kurzversionen vorkommt, in den Langversionen

[152] Vgl. dazu W.Till in seiner Ausgabe von BG, 322f und A.Werner, ebd. 37f.
[153] S.Giversen, a.a.O., 170f.

die Pronoia einmal durch Genitivverbindung (II 28,2), ein andermal durch präpositionelle Konstruktion (II 23,29) erst sekundär beigefügt worden ist. Beidemal ist die Pronoia als ein der Epinoia vor- oder übergeordnetes Subjekt gedacht. Zwar reduziert sich in II 23,24-31 bei Synopse 4 die Offenbarungsrolle der Epinoia insofern, als sie nicht mehr wie bei den Kurzversionen die Gestalt des Adlers annimmt, sondern diese Gestalt dem "Ich" (II 23,26/IV 36,22) des hier redenden Offenbarers bereit stellt, um sich selbst mit dem Baum der Erkenntnis zu identifizieren. Aber selbst dieses "Ich" des hier redenden Offenbarers steht genauso wie die Epinoia unter der "Machtbefugnis" der Pronoia. Man könnte fast annehmen, daß das "Ich" im Sinne der neuen Textgestaltung der Langversionen, die durchaus noch vor der Verchristlichung des **AJ** stattgefunden haben kann, gerade mit der Pronoia identisch ist. Das ist trotz des unvermittelten Wechsels von der 3.Pers. Sing. der Pronoia (II 23,24/IV 36,17) zum "Ich" deshalb zu vermuten, weil die Langversionen ganz zum Schluß die Pronoia selbst in Form eines gleichartigen "Ich" dreimal in die Finsterniswelt kommen lassen (II 30,11ffIV 46,23ff), wobei dieses "Ich" mit dem jetzt die ganze Offenbarungsrede abschließenden Offenbarer (II 31,26-31/ .i.a:IV 49,6-13) identisch ist.[154] In gewissem Sinne ist deshalb das **AJ** zumindest nach den Langversionen als Offenbarungsrede der Pronoia - die erst durch eine sekundäre Verchristlichung mit dem sich Johannes zeigenden Christus identifiziert wird - zu bezeichnen.

Auf der Einfügung der Pronoia in II 23,24 liegt in diesem Sinne ein deutlicher Akzent. Was an all diesen Neugestaltungen des Textes der Langversionen sichtbar wird, ist wiederum der Wille, die soteriologische Rolle der Pronoia zu vergrößern, indem die Erlöserin-Rolle der Epinoia der "Machtbefugnis" der Pronoia gleichsam unterstellt wird.

Überblickt man in diesem Zusammenhang alle Stellen, an denen die Langversionen Aussagen über die Epinoia (des Lichtes) machen, so konzentrieren sie sich meistens auf die mittlere Textpartie des **AJ**, II 20,5-25,16, wo der Streit der Lichtwelt und der Finsternismacht um die Lichtkraft im psychischen, und dann auch im materiellen Menschen geschildert wird. Der Text II 23,24-31 (IV 36,17-29) in Synopse 4 gehört in diese Auseinandersetzung ebenso hinein wie der zu besprechende Text II 24,9-17 (IV 37,18-30) in Synopse 5 mit seiner Epinoia-Aussage (II 24,11). Der bereits behandelte Text II 27,33-28,5 (IV 43,9-17) gehört zwar nicht unmittelbar in diesen Abschnitt, setzt aber über die dazwischen eingeschobene große Unterbrechung II 25,16-27,31 die genannte Textstelle thematisch weiter fort. Außer in diesen Texten zeigen die Langversionen auch in den folgenden Texten gegenüber den Kurz-

---

[154] Auch S.Giversen, a.a.O., 271 beobachtet diese Beziehung des "Ich" in II 23,26/IV 36,22 zum "Ich" in II 30,11ff/IV 46,23ff, und zwar im Sinne der Pronoia. Für S.Arai, NTS 15 (1968/69) 317f bedeutet das "Ich" in II 23,26/IV 36,22 wie überall Christus. Vgl. die Kritik dazu von A.Werner, Das AJ, a.a.O., 184 Anm.3.

versionen eine Überbietung:

II 21,14-16 (IV lacuna // III 27,2-4/BG 55,15-18): "*Die Epinoia* (ἐπίνοια) des Lichtes aber, die in ihm (sc. Adam) war, ist es, die sein Denken erweckte."[155]

II 22,15-18 (IV lacuna // III 28,23-25/BG 58,8-10): "Und er (sc. der Erste Archon) erkannte, daß er (sc. Adam) ihm ungehorsam wegen des Lichtes *der Epinoia* (ἐπίνοια) war, die in ihm war, die ihn in seinem Denken mehr als der Erste Archon (ἄρχων) richtiggestellt hat."

II 22,34-36 (IV lacuna // III 29,18-21/BG 59,12-15): "und er (sc. der Erste Archon) schuf ein weiteres Gebilde (πλάσις) in einer Frauengestalt (μορφή) nach dem Aussehen *der Epinoia* (ἐπίνοια), die sich in ihm gezeigt hatte."

II 23,32-35 (IV 37,1-3 // III 30,18-21/BG 61,2-7): "Sie (sc. Adam und Eva) waren nämlich beide in einem Verderben, aber erkannten ihre Nacktheit. *Die Epinoia* (ἐπίνοια) zeigte sich ihnen, indem sie leuchtete und ihr Denken aufrichtete."

Außer an diesen vier Stellen ist auch dort eine Überbietung zu sehen, wo vom verfehlten Willen der Sophia geredet wird, ohne Zustimmung ihres Paargenossen von sich aus ein Bild herauszubringen. Die Langversionen (II 9,25-28/IV lacuna) fügen hier zu Sophia im Unterschied zu den Kurzversionen (III 14,9-13/BG 36,16-20) den Genitiv "der Epinoia", der wohl als genitivus subjectivus zu verstehen ist, bei. Das Vorkommen der Epinoia beschränkt sich sonst - gerade bei den Kurzversionen - auf die oben genannte mittlere Partie - sozusagen auf die soteriologische Hälfte des Erlösungsmythos. Die vorgezogene Erwähnung dieses Namens in unserer Stelle überrascht uns deshalb, bestätigt aber zugleich die Tendenz, die sich bereits an den obigen vier Stellen zeigt: Die Erweiterung und Intensivierung der soteriologischen Rolle der Epinoia.

Wird aber diese Epinoia, wie gesagt wurde, der Initiative der Pronoia unterstellt, so kann man schließen, daß die soteriologische Rolle der Pronoia umso mehr erweitert und intensiviert worden ist.[156]

---

[155] Die Kurzversionen haben ἔννοια (III 27,2/BG 55,15). In bezug auf die Zeitstufe bringt der Codex II ⲈⲦⲚⲀⲤ - ⲠⲈⲦⲚⲀⲤⲦⲞⲨⲚⲞⲨⲤ statt des Präs. II der Kurzversionen. Die Übersetzungen weichen in dieser Hinsicht stark voneinander ab. Aber es muß als Relativpronomen ⲈⲦ (vor Adverbialsatz) plus Imperfektum 3.Pers.Sg.f.verstanden werden, wie einzig S.Giversen, a.a.O., 87 es tut. So wohl auch M.Tardieu, a.a.O., 137. Über das Präfix ⲚⲀⲤ (achmimisch) statt ⲚⲈⲤ (sahidisch) sei hingewiesen auf P.Nagel, Grammatische Untersuchungen, a.a.O., 439f, wo alle Belegstellen des Codex II zusammengestellt sind. Abwegig ist die Ansicht von H.-M.Schenke, OLZ 59 (1964) 552: ⲈⲦⲚⲀⲤ = ⲈⲦⲚⲀⲀⲤ "die (in ihm) groß ist".

[156] Y.Janssens, Muséon 84 (1971) 416f. 426 beobachtet ganz richtig, daß es wegen dieser engen Beziehung zwischen Pronoia und Epinoia oft recht schwer ist zu entscheiden, welche von beiden jeweils am Werk ist, nimmt jedoch die diesbezügliche

iii) Zur Synopse 3 und 5

Die gesteigerte Initiative der Pronoia ist in Synopse 5 am deutlichsten festzustellen. Die Langversionen führen hier die Pronoia neu ein (II 24,13/IV 37,24). Diese Pronoia greift diesmal sogar - das ist das Merkwürdigste an dieser Stelle - von sich aus ein, um eben die "Zoê", d.h. nach II 20,17-19 (IV lacuna) die Epinoia des Lichtes, von der Befleckungstat des Jaldabaoth zu retten. Daß die Pronoia sich hinter der Epinoia versteckt und ihr Erlösungswirken steuert, ist in den Langversionen stets vorausgesetzt, wird aber hier ganz explizit ausgesagt. Das ist allerdings bereits in II 23,24-31 (IV 36,17-29) insofern vorbereitet, als dort von der "Machtbefugnis" der Pronoia neu die Rede ist (vgl. die Ausführung zur Synopse 4). Die Bemerkung Werners hierzu, die Bezeichnung "Pronoia des Alls" werde in 24,13 völlig unvermittelt verwendet und der betreffende Satz zeige eine "merkwürdige terminologische Verbindungslosigkeit" zum Kontext, geht in jeder Hinsicht an der eigentlichen Absicht des Textes vorbei.[157]

Nun kommen wir zum wichtigsten und interessantesten Text, nämlich zur Synopse 3. Vom Kontext her handelt es sich hier im Anschluß an die Reue der Sophia um die Selbstoffenbarung des "ersten Menschen", die der sich erhebende Jaldabaoth auf dem unteren Chaoswasser zu sehen bekommt. In den Kurzversionen sieht man ganz deutlich, daß sich hier kein anderer als "der heilige, vollkommene Vater" offenbart, der zugleich "der erste Mensch" ist. Das ist bei den Langversionen nicht ganz so deutlich. Die zweite Hälfte ihres Textes (von "das ist der Vater des Alls..." ab) läßt sich zwar im gleichen Sinne wie die Parallele der Kurzversionen verstehen. Aber die erste Hälfte erweckt einen recht verwirrenden Eindruck. Die zwei Adjektive "heilig" und "vollkommen", die sich beide auf den "Muttervater" beziehen, und das erste Zeitwort "belehren" sind alles, was sie mit den Kurzversionen gemeinsam haben. Sonst tritt die Bezeichnung "Muttervater" an die Stelle des Vaters in den Kurzversionen. Außerdem wird die Pronoia-Aussage neu eingefügt. Wie soll man das verstehen? Was soll das alles bedeuten?

Eine mögliche Erklärung finden wir bei Giversen. Er identifiziert den Begriff "Muttervater" trotz des Maskulinums mit derselben Bezeichnung, die die Barbelo in II 5,6-7 (IV 7,21-22) erhalten hat. Daß diese Bezeichnung dort ein Femininum ist, erklärt Giversen mit Recht damit, daß an eben dieser Stelle die Barbelo zugleich als mann-weiblich bezeichnet wird.[158] Da die Barbelo ebenda auch "der erste Mensch" genannt wird, kann Giversen den Text der Langversionen im Sinne der Selbstoffenbarung der Barbelo - und nicht des

---

Entwicklungstendenz von den Kurz- zu den Langversionen nicht wahr.

[157] Zitat bei A.Werner, Das AJ, a.a.O., 190. Die "redaktionelle Bearbeitung", von der er hier deswegen spricht, muß im Sinne der Eigenart des Codex II systematisch herausgearbeitet werden.

[158] S.Giversen, a.a.O., 239 (vgl. auch 168).

höchsten Vaters - einheitlich verstehen. Zwar begegne die Barbelo hier nicht unter diesem Namen, aber sie sei eindeutig mit der Pronoia und dem Abbild des Unsichtbaren gemeint.[159] Werner lehnt dagegen diese Erklärung ab, weil sie "die klare Erkenntnis" verwischt, "daß die Gottesbezeichnung <Mensch> dem obersten Gott gilt", und verweist außerdem darauf, "daß diese Deutung durch BG/C III nicht gedeckt wird".[160] Da er aber die Tatsache, daß sich die hier verwendeten Prädikate ("Muttervater" und "der erste Mensch") eindeutig auch auf die Barbelo beziehen, nicht verneinen kann,[161] nimmt er an: Entweder liege hier "ein kollektives Handeln des obersten Gottes und seiner Paargenossin" vor, oder aber - was ihm wahrscheinlicher erscheint - der Vater sei aus demselben Grund mit der Bezeichnung "Muttervater" in seiner "Zwiefältigkeit in den Blick gefaßt."[162] Das Ergebnis sei "eine Sicht, die durch die schillernden Farben der dabei verwendeten Termini mitunter wirklich den Eindruck vermittelt, als seien hier zwei Gestalten am Werk."[163]

Gegen Werner sei festgestellt: Seine Annahme ist sachlich zwar nicht falsch, läßt sich aber philologisch nicht halten. Philologisch kann man schlechterdings nicht verneinen, daß der angegebene Text II 14,18-24 (IV 22,23-23,2) kein kollektives Nebeneinander der "Muttervater" und der Pronoia/Barbelo herstellen will, sondern zur *Identifikation* der beiden tendiert. Anders kann man die gleichzeitig vorgenommenen Veränderungen nicht deuten, die Einsetzung des "Muttervaters" an die Stelle des "Vaters" und die unvermittelte, appositionelle Einfügung der Pronoia.

Dieselbe Tendenz zur Identifikation des "Muttervaters" mit der Pronoia/Barbelo ist außerdem auch in II 27,33-28,5 (IV 43,9-17, vgl. die Synopse 6) sichtbar.Dieser Text hat einerseits "Muttervater" anstatt der "Mutter" der Kurzversionen, andererseits bringt er, wie bereits festgestellt wurde, nach der mit diesem "Muttervater" identifizierten Epinoia die Genitivkonstruktion "der Licht-Pronoia". Auch hier hat man den Eindruck, daß der Text "Muttervater" und Pronoia nahe aneinander rücken will. Deshalb darf man auch in II 20,5-19 (IV lacuna) nicht ohne weiteres, wie das unter anderen auch Giversen tut, annehmen, daß der "Muttervater" hier (II 20,9) nur der höchste Vater sein kann.[164] Bedenkt man gerade in diesem Zusammenhang die bereits festgestellte Tatsache, daß in den Langversionen hinter der Epinoia immer die Pronoia steht und mit ihr zusammenwirkt, so muß man auch mit der Möglichkeit rechnen, daß unter dem "Muttervater" die Pronoia gemeint ist. Dasselbe gilt auch für II 6,16/IV 9,19, wo vom "Muttervater" so die Rede ist, daß der soeben hervorgebrachte "Eingeborene" sowohl als Sohn des "Mutterva-

---

159 Genauso auch G.Quispel. The Demiurge in the Apocryphon of John, a.a.O., 32.

160 Zitat bei A.Werner, Das AJ, a.a.O., 123.

161 Vgl. A.Werner, ebd. 35 (zu II 5,6-7).

162 Zitat bei A.Werner, Das AJ, a.a.O., 123.

163 Zitat bei A.Werner, ebd.

164 S.Giversen, a.a.O., 168. 257.

ters" wie des "Vaters" Sohn bezeichnet wird. Der "Muttervater" kann hier sowohl eine Umschreibung des "Vaters" als auch die Barbelo sein.[165]

Es ist freilich richtig, daß in der einzigen übrigbleibenden Belegstelle zum "Muttervater", nämlich in II 19,17 (IV lacuna), als Subjekt der Sendung der fünf Lichter an den höchsten Vater gedacht sein wird. Das ist aber nicht absolut sicher.[166] Deshalb wäre es ein schwaches Argument, sollte man diesen Befund so verallgemeinern, als ob auch alle anderen Belegstellen in erster Linie auf den Vater zu beziehen wären. Denn es ist nicht korrekt, wenn Werner sagt, das Prädikat "Muttervater" beziehe sich *auch* auf die Barbelo.[167] Man sollte gerade umgekehrterweise sagen: dieses Prädikat bezieht sich in erster Linie auf die Barbelo, in zweiter Linie schließe es auch den höchsten Vater mit ein. Diese Sicht ist deshalb so zwingend, weil das Prädikat "Muttervater" an der Spitze des Erlösungsmythos fehlt, obwohl dort viele Prädikate - der theologia negativa entsprechend eigentlich Nicht-Prädikate - für die Beschreibung der höchsten Gottheit aneinander gereiht werden (II 2,26-4,26/IV 3,24-7,1). Der Begriff "Muttervater" fällt erst dort, wo die Langversionen auf die Barbelo zu sprechen kommen. Dort ist er das erste unter den ihr gegebenen Beiworten (II 5,6-7/IV 7,21-22)! Hier zeigt sich in den Langversionen unverkennbar ein textsyntaktischer und -pragmatischer Wille, die gnostischen Leser zu einer bestimmten Leseweise anzuleiten, nämlich den "Muttervater" in erster Linie mit der Barbelo zu identifzieren. Das ist die Leseerwartung, die die Langversionen bei ihren Lesern hervorrufen will. Eine andere Folgerung scheint mir hier nicht möglich zu sein.[168]

Ähnliches läßt sich auch für das Prädikat, "der erste Mensch", beobachten. Auch dieses Prädikat fällt nicht an der Spitze des Systems als Beiname der höchsten Gottheit, sondern taucht erst als Beiname der Barbelo auf. Das geschieht in den Kurzversionen noch sehr zurückhaltend: "Sie (sc. Barbelo) ist die erste ἔννοια, sein Abbild (εἰκών), sie wurde zu *einem* ersten Menschen" (ΟΥϨΟΥЄΙΤ ⲚⲢⲰⲘЄ mit undefinitivem Artikel! BG 27,19/III 7,23-24). Dementsprechend bleibt das Prädikat "der erste Mensch" (ⲠЄϨΟΥЄΙΤ ⲚⲢⲰⲘЄ) sowohl bei der Aufzählung der Fünfheit des Vaters (BG 29,10/III 9,4-5 vgl. oben die Synopse 1) als auch bei der Selbstoffenbarung des Vaters auf dem Chaoswasser (BG 48,2; hier lacuna beim Codex III, vgl. oben die

[165] S.Giversen, a.a.O., 168 und A.Werner, Das AJ, a.a.O., 36 denken hier an die zweite Möglichkeit.

[166] Vgl. M.Tardieu, a.a.O., 317, der es ohne weiteres mit Barbelo gleichsetzt.

[167] Vgl. das obige Zitat aus A.Werner, ebd. 123.

[168] In diesem Zusammenhang will beachtet sein, daß der "Muttervater" in den Kurzversionen bis auf die "Vatermutter" (nur einmal in III 39, 11-12/BG 75, 11) nicht vorkommt. Diese Tatsache muß als Anzeichen für die theologische Eigenart der Langversionen gebührend bewertet werden. Zum "Vatermutter" der Kurzversionen vgl. oben S. 80f Anm.142.

Synopse 3) recht deutlich auf den höchsten Vater bezogen. Etwas anders steht es aber mit den Langversionen. Hier wird das Prädikat mit bestimmtem Artikel mit eindeutig titularischem Sinn unmittelbar nach dem "Muttervater" angeführt (II 5,7/IV 7,22). Nur bei der Aufzählung der Fünfheit des Vaters ist es wie in den Kurzversionen diesem Vater eindeutig vorbehalten (vgl. die Ausführungen zur Synopse 1). Ansonsten erlauben sie keineswegs jene "klare Erkenntnis", die Werner aus ihnen beziehen möchte, nämlich die Erkenntnis, daß das Prädikat "der erste Mensch" dem obersten Gott vorbehalten bleibt.[169]

Methodisch muß man versuchen, die Langversionen wie jede andere Schrift zuerst aus ihrer eigenen Textkohärenz zu verstehen. Es wäre methodisch mißlich, auch bei ein und derselben Schrift eine Version mit der anderen zu harmonisieren. Damit verwischt man das Bedeutsamste, die Eigenart der jeweiligen Versionen. Für das AJ gelten hier dieselben Einsichten wie für die synoptischen Evangelien. Leider verstößt Werner gegen diese Einsichten, wenn er die Erklärung von Giversen zu II 14,18-24 (IV 22,23-23,2) - wir kommen nun zu diesem Text der Langversionen zurück - durch die Kurzversionen entkräftigen will, die Giversens Erklärung tatsächlich nicht decken. Vielmehr hat Giversen speziell für die Langversionen etwas Wichtiges beobachtet, als er den Text im Sinne einer Selbstoffenbarung der Barbelo/Pronoia verstand. Weder das Prädikat "Muttervater" noch das Prädikat "der erste Mensch" erlauben sichere Rückschlüsse darauf, ob sich der höchste Vater oder die Barbelo/Pronoia offenbart, und zwar deshalb, weil der letzteren eine gesteigerte Position zuerkannt wird, die sie nahe an den Vater heranrückt.

Gerade dieser gegenüber den Kurzversionen stark veränderte Skopus unseres Textes ist ernstzunehmen. Er bestätigt erneut, was wir anhand der anderen fünf Synopsen für den gesamten Text der Langversionen nachzuweisen versucht haben: die Tendenz, die Rolle der Barbelo/Pronoia immer stärker zu steigern. Was aber in unserem Text neu ist, das ist der Ort, wo sie ihre so gesteigerte Rolle spielt. Denn die Pronoia spielt, abgesehen von ihrer Rolle bei der Entstehung der Äonen der Lichtwelt, ihre Rolle weitgehend innerhalb der von mir so genannten "soteriologischen" Hälfte des Erlösungsmythos. Hier in II 14,18-24 (IV 22,23-23,2) aber ist sie schon daran beteiligt, durch Offenbarung der Menschengestalt die Erschaffung des psychischen Menschen durch Jaldabaoth zu veranlassen.

Unserer Ansicht nach muß man diese Tendenz der Langversionen mit je-

---

[169] Viel richtiger nimmt H.-M.Schenke, Der Gott "Mensch", a.a.O., 38. 107 eine sekundäre, bereits im AJ selbst erfolgende Ausgestaltung an, die den ursprünglich dem höchsten Gott vorbehaltenen Titel "der erste Mensch" auf die Barbelo übertragen hat. Er kommt jedoch nicht dazu, von diesem Gesichtspunkt aus die Entwicklungstendenzen der verschiedenen Versionen des AJ vergleichend herauszustellen. Auch bei anderen Nag Hammadi Schriften liegt die Sache ähnlich. Vgl. dazu A.Böhlig/F.Wisse, Nag Hammadi Codices III,2 and IV,2 (The Gospel of the Egyptians), 185.

ner Tendenz in ihnen zusammen sehen, die Giversen herausgearbeitet hat, nämlich mit ihrer Abneigung gegen jeden Anthropomorphismus für die höchste Gottheit.[170] Je mehr die Rolle der Barbelo/Pronoia gesteigert und intensiviert wird, umso hintergründiger wird die Rolle des höchsten Gottes. Trotzdem ist und bleibt dieser oberste Gott der Lenker und Leiter des Gesamtvorganges. Das **AJ** hält daran fest. Um aber jeden Anthropomorphismus möglichst von ihm fern zu halten, überträgt es das Heilswirken - angefangen mit der Selbstoffenbarung *in der Gestalt des Menschen* bis zum Streit mit der Finsternismacht um den Menschen - immer mehr seiner weiblichen Hälfte, der Paargenossin Barbelo/Pronoia. Deshalb führen die Langversionen das Prädikat "Muttervater" ein, das bei den Kurzversionen nur sehr selten und nicht einmal auf den obersten Gott bezogen vorkommt, und meinen damit in erster Linie die Barbelo/Pronoia, zugleich aber den höchsten Gott.[171]

d) Zusammenfassung

Nach all dem, was bisher ausgeführt worden ist, dürfte klar geworden sein, daß Schenkes Formulierung vom "Schattendasein" der Barbelo dem textlichen Befund der Langversionen nicht gerecht wird. Diese Formulierung paßt eher für die Kurzversionen, ist aber auch hier nicht gerade glücklich, weil sich die Tendenz zur Erweiterung und Intensivierung von Aussagen über die Barbelo bereits im BG (30,19-31,5, vgl. oben § 3.4.2.2.b.) deutlich zeigt. Dagegen kann Schenke mit seiner These recht haben, daß der Gedanke des ursprünglichen Systems vom Fall der Paargenossin des höchsten Vaters dem frommen Verstande der Gnostiker bald anstößig erschienen sei und daß sich die Paargenossin deshalb in die fallende Sophia und die Barbelo gespalten habe, wobei ihre untadeligen Eigenschaften unter dem Namen der Barbelo beibehalten wurden. Aber die ganze Überlieferungsgeschichte vom Codex III über den Codex BG zu den Langversionen II/IV ist, wie immer man sie sich im einzelnen vorstellt,[172] nach unserer Beweisführung nichts anderes als eine Geschichte der Wiederkehr dieser Barbelo, die dabei immer stärker als Pronoia auftritt. Das kann gesagt werden trotz der Verkürzung, die der Schlußteil der

[170] S.Giversen, a.a.O., bes. 280.

[171] Aus diesem Grund ist die Ansicht von M.Tardieu, a.a.O., 298 abzulehnen, der das Entwicklungsverhältnis der Kurz- und der Langversionen zueinander genau umgekehrt beschreibt.

[172] Einen überlieferungsgeschichtlichen Stammbaum zu rekonstruieren, ist sehr schwierig. Ein solcher Versuch liegt bis jetzt nur bei S.Giversen, a.a.O., 282 vor. Die hier angegebene Reihenfolge soll nur im Sinne der Entwicklungstendenz verstanden werden, nicht aber so, als ob eine der uns erhaltenen Versionen von einer anderen schriftlich abhängig wäre. Diese Frage nach dem schriftlichen Abhängigkeitsverhältnis der Versionen untereinander muß in dieser Arbeit unentschieden bleiben.

Schrift im Laufe der Überlieferung der Kurzversionen erlitten hat. Mit guten Gründen läßt sich sogar die Ansicht vertreten, daß die ganze Schrift **AJ** vor ihrer Verchristlichung als Offenbarungsrede der Pronoia gedacht war.[173] Das Motiv für die Wiederkehr der Barbelo/Pronoia war, wie gesagt, die Abneigung gegen den Anthropomorphismus für den obersten Gott. Diese Abneigung muß irgendwann im Laufe der Überlieferungsgeschichte des **AJ** über die frommen Vorbehalte gegen den Gedanken des Falls der höchsten Paargenossin, die einst ihr "Schattendasein" verursachten, die Oberhand bekommen haben. Die Abneigung gegen den Anthropomorphismus ist viel eindeutiger, als es aus der Darstellung von Giversen hervorgeht, als Anzeichen einer jüngeren Überlieferungsstufe zu bewerten. Dasselbe gilt natürlich auch für die aufgezeigte Tendenz zur Steigerung der Rolle der Barbelo/Pronoia.[174]

3.4.2.3: Zwiespalt in Pronoia und Heimarmene

Wenn wir mit unserer These Recht haben, daß der Name Pronoia bereits beim Ausbau des ursprünglich relativ einfachen Grundsystems zum jetzt allen Versionen des **AJ** zugrundeliegenden Systems sekundär mit der Paargenossin des höchsten Gottes, der ἔννοια, und dann auch mit der Barbelo identifiziert wurde, so stellt sich die Frage, warum ihr ausgerechnet der Beiname Pronoia gegeben wurde. Zwar werden der Barbelo in allen Versionen noch andere Beinamen oder -wörter gegeben. Sie heißt z.B. auch "der dreifache Männliche", "der mit den drei Kräften, den drei Namen und den drei Zeugungen"

---

[173] Die These, daß die Kurzversionen in ihrem Schlußteil eine Verkürzung erlitten haben, bedarf, wie gesagt (s.o.S. 82) noch einer endgültigen Beweisführung (s.u.S. 99).

[174] Obwohl Giversen die Textgestalt der Langversion II für ursprünglicher als die der Kurzversionen hält, bezeichnet er zugleich die Abneigung gegen den Anthropomorphismus des Codex II als ein sekundäres Phänomen (vgl. a.a.O., 280). Diese Abneigung der Langversionen darf nicht für sich isoliert, sondern muß im Zusammenhang damit gesehen werden, daß im 2. bis 3. Jhdt. n.Chr. eine ähnliche Abneigung sowohl auf Seiten der Häresie als auch auf Seiten der altkatholischen Orthodoxie feststellbar ist. Ein typisches Beispiel dafür ist das Ideal von Gottes Apathie. Daß nicht nur solche Leute wie Athenagoras, Justin, Irenaeus von Lyon, Klemens von Alexandrien und Origenes, sondern selbst ein Markion dieses Ideal, sei es expressis verbis, sei es stillschweigend, geteilt haben, und wie sie sich dabei der stoischen Definitionen und Beweisgründe bedient haben, wurde bereits von M.Pohlenz, Die Stoa, Bd.1, a.a.O., 411-428 gezeigt. Außerdem sei in diesem Zusammenhang auf die interessante These von I.S.Gilhus, Male und Female Symbolism in the Gnostic Apocryphon of John, Temenos 19 (1983) 33-43 hingewiesen. Diese Arbeit beweist, daß die Langversionen in mehrerer Hinsicht die eindeutige Hochschätzung der Männlichkeit in den Kurzversionen dahingehend korrigieren, daß die soteriologische Fähigkeit und Funktion der Weiblichkeit mehr zur Geltung kommt. Das deckt sich mit der von uns gezeigten Tendenz zur Erweiterung und Steigerung der Rolle der Barbelo/Pronoia.

(BG 27,21-28,2/III 8,1-3 // II 5,8-9/IV 7,23-25). Aber "Pronoia" ist jetzt der wichtigste Beiname, der sich in der ganzen Schrift findet. Insofern muß die Wahl dieses Beinamens von Anfang an ein sehr bewußter Akt gewesen sein. Da wir nun für unsere Schrift eine bewußte Polemik gegen eine Tradition der stoischen Vorsehungslehre annnehmen dürfen (s.o. § 3.4.2.1), dürfen wir auch den Grund für diese Wortwahl in dieser Polemik suchen.

Wie aber wird im **AJ** konkret gegen diese stoische Vorsehungslehre polemisiert? Zunächst sei daran erinnert, daß das Wort Pronoia an zwei Stellen auch als Eigenschaftsbezeichnung oder Beiname für eine der Gewalten auftaucht, die dem Jaldabaoth untertan sind (vgl. oben § 3.4.2.2.b). Sollte Jaldabaoth nicht nur eine Persiflage des alttestamentlichen Schöpfergottes, sondern auch des stoischen "Hegemonikons" sein, wie wir oben hypothetisch angenommen haben (s.o. § 3.1.5 und § 3.2.4), so wäre es logisch, daß ihm jetzt die "Pronoia" als eine seiner Funktionen zuerkannt wird, weil die Pronoia im stoischen Denken nichts anderes als die Funktion des Hegemonikons darstellt. Der so degradierten stoischen Pronoia wird dann eine ganz andere, transzendentale Pronoia der Lichtwelt, nämlich die Barbelo als die Paargenossin des obersten unbeschreibbaren Gottes, gegenübergestellt.

Aber die dem Jaldabaoth unterstellte Pronoia spielt außer bei der Erschaffung der sieben Seelensubstanzen keine weitere Rolle im **AJ**. Interessant ist allerdings, daß sie im Schlußteil unserer Schrift in allen Versionen indirekt noch einmal begegnet, wenn es heißt, daß Jaldabaoth als einen seiner Gegenschläge gegen die Lichtmächte (die Epinoia) zusammen mit seinen Gewalten - also auch zusammen mit der Gewalt, die vorher Pronoia genannt wurde - die Heimarmene entstehen ließ. Die betreffenden Texte seien zunächst synoptisch nebeneinander gestellt.

BG 72,2-12 (III 37,6-14)	II 28,11-32<21-30> (IV 43,24-44,20)
Er faßte einen Beschluß mit seinen Kräften. Sie ließen die εἱμαρμένη entstehen und fesselten durch Maß, Zeitabschnitte und Zeiten die Götter der Himmel, die Engel (ἄγγελος), die Dämonen (δαίμων) und die Menschen, damit sie alle in ihre (sg.) Fessel kämen und sie über alle Herr werde: ein böser Plan und ein verschrobener.	Er faßte einen Beschluß mit seinen Mächten (ἐξουσία), nämlich seinen Kräften und sie begannen Unkeuschheit mit der Weisheit und sie zeugten einen Schlag,[175] die Heimarmene - das ist (ⲈⲦⲈ ⲦⲀÏ ⲦⲈ) die Letzte der unbeständigen Fessel. Und sie ist von der Art, daß sie gegeneinander veränderlich sind. Sie ist betrübender und kräftiger als diejenige,[176] mit der die Götter, die Engel (ἄγγελος), die Dämonen (δαίμων) und alle Geschlechter (γενεά) bis zum heutigen Tag sich vereinigt haben. <Es folgt dann eine Aufzählung der Produkte "jener Heimarmene": jede

[175] Das koptische Wort ⲤⲀϢ wird von den Übersetzern unterschiedlich verstanden: S.Giversen, a.a.O., 101. 116 "shame" und M.Krause, Die drei Versionen, a.a.O., z.St. "ein Gegenstand des Spottes" und M.Tardieu, a.a.O., 157 "vil", aber R.Kasse, RThPh 100 (1967) 23 (V 515) im Text seiner Übersetzung "un coup", jedoch in Anm.8 (ebd.) ⲤⲰϢ (mépriser). Nun gibt es bei Crum zwei Stichworte ⲤⲰϢ. Die Form ⲤⲀϢ kann man aber für Sahidisch und Subachmimisch nur beim ersteren "strike" (374b) finden. Der Unterschied zum zweiten "shame" (375a) ist sinngemäß nicht groß, wenn sich die zweite Bedeutung aus einem übertragenen Gebrauch des ersteren ableiten ließe. Vgl. dazu W.Westendorf, Koptisches Handwörterbuch 206. F.Wisse, The Nag Hammadi Library in English 114 scheint es aus ⲤⲒϢⲈ "Bitterkeit" abzuleiten.

[176] Die Übersetzung dieser Zeile II 28,18/IV 44,2 ist etwas problematisch. M.Krause, Die drei Versionen, a.a.O., z.St. trennt es ⲤϬⲞⲘ ⲈⲦⲀÏ ⲈⲚⲦⲀⲨ-. F. Wisse, ebd. versteht genauso. Schwierig an dieser Lesung ist, daß ϬⲞⲘ seltsamerweise als solches - ohne Zuhilfenahme anderer Präfixe - "stark sein" bedeuten muß (vgl. Crum 815b-817b). S. Giversen, a.a.O., 101 und R.Kasse, Muséon LXXVIII (1965) 75; RThPh 100 (1967) 23 trennen ⲤϬⲞⲘⲈ ⲦⲀÏ ⲈⲚⲦⲀⲨ-, wobei ϬⲞⲘⲈ als Qualitativ von ϬⲰⲰⲘⲈ verstanden wird. Jetzt schließt sich auch M.Tardieu, a.a.O., 157 dieser Lesung an. Abgesehen davon, daß es dann eigentlich ϬⲞⲞⲘⲈ lauten müßte, paßt diese Lesung zwar sehr gut dazu, daß das unmittelbar vorangehende ⲤⲘⲞⲔϨ ebenfalls ein Qualitativ ist. In dieser Lesung verschwindet jedoch die komparative Bedeutung, die aufgrund des Kontextes anzunehmen ist. Der Relativsatz ⲦⲀÏ ⲈⲚⲦⲀⲨ- bildet nämlich nur eine weitere Erläuterung derselben Heimarmene, von der zuvor die Rede ist. Hier ist nun ein Vergleich zwischen der soeben angesprochenen Heimarmene und der bisherigen Heimarmene nötig, weil die gleich danach vorkommende Wendung ⲦϨⲒⲘⲀⲢⲘⲈⲚⲎ ⲈⲦⲘ̄ⲘⲞ "jene Heimarmene" über die unmittelbar zuvorstehende Heimarmene hinweg auf eine etwas weiter zurückliegende anaphorisch zurückgreift. Aufgrund dieser Überlegung schließen wir uns hier Krause und Wisse an. Giversen übersetzt ⲈⲦⲘ̄ⲘⲞ nicht.

	Schlechtigkeit, Gewalt, Blasphemie, Fessel der Vergessenheit, Unwissenheit, jede schwierige Anordnung (παραγγελία), schwere Sünden und große Furcht.> Denn sie (die ganze Schöpfung) waren durch Masse, Zeiten und Zeitpunkte (καιρός) gefesselt,[177] weil sie (die Heimarmene) über das All Herr ist."

Zu dieser Textpartie macht Werner eine sehr interessante Beobachtung: Die Archonten des Jaldabaoth sind einerseits an der Hervorbringung der Heimarmene beteiligt, wie das im Mittelteil der beiden Texte deutlich zu sehen ist. Andererseits aber sind "offenbar auch die Archonten der Heimarmene unterworfen."[178] Diese zweite Folgerung begründet er damit, daß die "Götter", die als der Heimarmene unterworfen bezeichnet werden, mit den Archonten gleichzusetzen sind. Tatsächlich legt die Formulierung der Kurzversionen "die Götter der Himmel" (BG 72,6/III 37,9) deren Identität mit den zwölf- oder sieben - Archonten des Jaldabaoth nahe, die alle, wie bereits festgestellt wurde (s.o. § 3.1.3), eine Persiflage der von den Griechen und auch von den Stoikern als Götter angesehenen Gestirne sein sollen. Diese logische Inkonsequenz führt Werner zur Feststellung: "Beide Vorstellungen stehen ziemlich unverbunden nebeneinander, überhaupt wirkt der Abschnitt über die Heimarmene wie ein Fremdkörper im AJ."[179]

Wir können Werner darin zustimmen, daß hier tatsächlich eine logische Inkonsequenz vorliegt. Aber ist unser Textabschnitt deswegen ein Fremdkörper? Paßt er nicht zu der oben nachgewiesenen Tendenz, die Pronoia wohl in bewußter Anspielung auf die stoische Vorsehungslehre als Beiname der Barbelo neu einzuführen und ihre Rolle ständig zu steigern? Bevor man unseren Textabschnitt über die Heimarmene als "Fremdkörper" bezeichnet, müßte man erst nach seinem Sinn im Zusammenhang mit dieser Tendenz fragen.

Zu diesem Zweck gehen wir von einer weiteren Beobachtung Werners aus: Er sieht hinter unserem Text zugleich eine geläufige griechische Vorstellung, "daß auch die Götter den Entscheidungen des Schicksals, den Losen der

---

177 ⲀⲨⲘⲞⲨⲢ ist passivisch zu deuten (vgl. W.Till, Koptische Grammatik 255). Ein aktives Verständnis (Krause und Giversen, ebd.) ergibt keinen guten Sinnzusammenhang. Richtig R.Kasse, RThPh 100 (1967) 23, F.Wisse, ebd. und M.Tardieu, a.a.O., 158. Wisse übersetzt es allerdings irrtümlich mit Präsens.

178 Zitat bei A.Werner, Das AJ, a.a.O., 216.

179 Zitat bei A.Werner, ebd. W.Till, BG (1.Aufl. 1955) 303 (= 2.Aufl. 326f) weist auch auf die astrologische Implikation der hier angesprochenen Heimarmene hin, bemerkt aber über die Inkonsequenz nichts.

Schicksalsgötinnen unterworfen sind."[180] Diese Beobachtung ist zwar im Prinzip richtig. Fraglich bleibt nur, ob sie dem kosmologischen Totalitätsanspruch, den unser Text der Heimarmene zuerkennt, gerecht wird. Dieser Anspruch ist in den Langversionen sehr deutlich. Die Heimarmene wird in ihnen, worauf wir bald zu sprechen kommen werden, mit ihrem astronomischen Hintergrund zusammengesehen. Er läßt sich jedoch bereits bei den Kurzversionen erkennen, vor allem in der Wendung: "durch Maß, Zeitabschnitte und Zeiten" und im Schlußsatz "damit sie *alle* in ihre Fessel kämen und sie über *alle* Herr werden." Der Gedanke einer Heimarmene mit solch einem Totalitätsanspruch auf alles Geschehen ist erst mit der Stoa ins griechische Denken hineingekommen, was bereits oben (§ 3.4.1) mit Pohlenz festgestellt wurde. Insofern wäre es sinnvoller, hinter unserem Text eine Heimarmenelehre stoischer Provenienz zu sehen.[181]

Gegen diese Heimarmenelehre zu polemisieren muß dem, der das zum ersten Mal unternommen hat, schwer gefallen sein, aus einem einfachen Grunde: Er will die Heimarmenelehre mit ihrem Totalitätsanspruch uneingeschränkt "dämonisieren", genauer gesagt, er will die Heimarmene als durch Jaldabaoth und seine Gewalten hervorgebracht brandmarken. Um den Totalitätsanspruch der Heimarmene uneingeschränkt ernstzunehmen, muß er zunächst einmal die stoische Ansicht gelten lassen, daß selbst die Gestirne, ja die "Götter" der Himmel, der Heimarmene unterworden sind. Das tut er in unserem Text, indem er "die Götter der Himmel" (BG 72,6/III 37,9) unter die Fessel der Heimarmene kommen läßt. Aber die gewünschte Dämonisierung dieser Heimarmene ist für ihn nur so möglich, daß eben diese "Götter der Himmel" - als Gewalten des Jaldabaoth dämonisiert - vom Totalitätsanspruch der Heimarmene gleichsam ausgenommen und als Hervorbringer der Heimarmene ihr gegenübergestellt werden. Das zeigt sich auch darin, daß sie, wie der Kontext unseres Abschnittes deutlich zeigt, die Heimarmene nur als einen ihrer aufeinanderfolgenden Gegenschläge gegen die Maßnahmen der Lichtkräfte hervorbringen. Die Folge davon ist die von Werner richtig empfundene Inkonsequenz unseres Textes. Diese Inkonsequenz ist ja das eigentlich Bedeutsame des Textes und wird erst von dessen polemischer Absicht her als "logisch" verstehbar.[182]

---

[180] Zitat bei A.Werner, ebd.

[181] Die mythologische Vorstellung der Göttin Heimarmene, für die Werner (ebd.) auf R.v.Ranke-Graves, Griechische Mythologie Bd.1, Hamburg-Reinbeck 1974, 39f hinweist, trägt wenig zum Verständnis bei. Vgl. auch M.Tardieu, a.a.O., 336.

[182] Eine vergleichbare Inkonsequenz ist auch in UW (NHC II,5) zu beobachten: Einerseits sind die Archonten der Heimarmene unterworfen (121,13-27), andererseits aber stehen die Dämonen mit ihr als ihrer Mitarbeiterin zusammen (123,11-15). A.Böhlig, Die koptisch-gnostische Schrift ohne Titel, a.a.O., 35 fragt sich, ob im Verständnis von Heimarmene hier etwas von der - wohl Poseidonisch gemeinten - συμπάθεια τῶν ὅλων zu spüren ist.

Es könnte sein, daß diese Inkonsequenz bereits im Laufe der Überlieferungsgeschichte wahrgenommen wurde und das Nachdenken darüber zu einer neuen Textgestalt, wie sie in den Langversionen vorliegt, führte. Im Text des Codex II ist klar erkennbar, daß er den kosmologischen Charakter und Totalitätsanspruch der durch Jaldabaoth und seine Gewalten hervorgebrachten Heimarmene verstärkt hat. Dazu dient vor allem die neue Wendung, "sie ist von der Art, daß sie gegeneinander veränderlich sind" (II 28,16-17/IV 43,31-44,1). Wie Giversen und auch Werner gezeigt haben, steht hinter dieser Wendung die astronomische Vorstellung, wonach einzelne Schicksalsschläge aus bestimmten Konstellationen der Gestirne zu erklären sind.[183] Derselbe Text kontrastiert nun diese neue Heimarmene in einen historischen Vergleich mit der "alten", die nur "bis zum heutigen Tage" (II 28,20-21/IV 44,5) gültig gewesen ist. Diese präpositionale Wendung ist gegenüber den Kurzversionen neu und beweist ganz eindeutig die historische Blickrichtung der Langversionen. Wenn sie statt von "den Göttern *der Himmel*" einfach von "den Göttern", aber umgekehrt statt einfach von "den Menschen" (so BG 72,8/III 37,11) historisch rückblickend von "allen Geschlechtern" (II 28,20/IV 44,4-5) sprechen, so weist das in dieselbe Richtung. Die Götter, Engel, Dämonen und alle Geschlechter der bisherigen Zeit sind nur mit der alten Heimarmene "vereinigt" gewesen, - ein Ausdruck, der diese Heimarmene weniger als eiserne Herrscherin denn als Bündnispartnerin erscheinen läßt. Im Unterschied zu dieser alten Heimarmene wird dann die soeben hervorgerufene neue Heimarmene als "betrübender" und "kräftiger" bezeichnet (II 28,17-18/IV 44,1-2).

Eine solche Charakterisierung wäre philosophiegeschichtlich eine zutreffende Beschreibung des Neuen in der stoischen Heimarmenelehre. Ob die Langversionen hier allerdings eine philosophiegeschichtliche Einordnung der Heimarmenelehre vornehmen wollen, ist mehr als fraglich. Unabhängig davon gibt es Gründe für die Annahme, daß sie bewußter als die Kurzversionen gegen die stoische Lehrtradition über die Heimarmene polemisieren: Die genannte astronomische Voraussetzung der neuen Heimarmene paßt gut dazu, daß die stoische Heimarmenelehre nicht erst bei Poseidonios, sondern schon bei Chrysipp mit der orientalischen Astronomie in ein Bündnis getreten ist.[184] Noch beachtenswerter ist die ebenfalls nur in den Langversionen belegte Aussage über die Heimarmene: "das ist die Letzte der unbeständigen Fessel" (II 28,15-16/IV 43,29-30). Diese Aussage erinnert an jene "unmögliche Etymologie", mit der die Stoiker das Wort εἱμαρμένη aus εἴρειν (aneinanderrei-

[183] In II 28,16f/IV 43,31 (teilweise lacuna) wechseln 3.Pers.Sg.f. und 3.Pers.Pl. unvermittelt miteinander. Unter diesem 3.Pers.Pl. sieht S.Giversen, a.a.O., 269 mit Recht "the very changing of the constellation which celestical bodies mutually assume". Vgl. auch A.Werner, Das AJ, a.a.O., 215 Anm.3.

[184] Vgl. dazu M.Pohlenz, Die Stoa, Bd.1, a.a.O., 107.

hen)/εἰρμός (Verknüpfung) ableiten (s.o.S. 102). Sie setzt eine ähnliche Vorstellung von Schicksalsverkettung voraus, sonst hätte das Wort "die Letzte" keinen Sinn. Ob die stoische Etymologie allerdings unmittelbar bekannt war, muß offenbleiben. Aber man könnte versucht sein, dem koptischen Wort ⲘⲢ̄ⲢⲈ nicht nur den Wortsinn "Fessel", sondern sachlich eine Bedeutung wie gerade "Verbindung"/"Verknüpfung" beizulesen.[185] Wie dem auch sei, die Nähe zur stoischen Etymologie ist auf keinen Fall reiner Zufall, denn der ganze Satz ist ja dem Wort "Heimarmene" bewußt durch einen erklärenden Beisatz (ⲈⲦⲈ ⲦⲀЇ ⲦⲈ) als eine Art Definition angefügt (II 28,15-16/IV 43,29-30).

An diesem Satz wird nun auch eine neue gnostische und polemische Sinngebung der Heimarmene in den Langversionen sichtbar: Sie ist "unbeständig"! Das ist eine radikale Umkehrung der stoischen Heimarmene, für die gerade das Gegenteil charakteristisch ist. Ähnlich verhält es sich mit dem Satz, "und sie (die Heimarmene) ist von der Art, daß sie gegeneinander veränderlich sind." Die gegenseitige Bewegung der Gestirne, die sich hinter dem zweiten "sie" verbergen, gilt für die Stoiker als *die* göttliche Gesetzlichkeit, gerade sie aber wird in unserem Text ins Gegenteil depraviert: die Gestirne sind "gegeneinander veränderlich"! Das ist der Punkt, wo Polemik und neue Sinngebung der Langversionen über die der Kurzversionen hinausgehen.

Damit hat sich gezeigt, daß die gnotische Reflexion über die Heimarmene in den Langversionen im Vergleich zu den Kurzversionen dieselbe Entwicklungstendenz aufweist, wie die Reflexion über die Pronoia. Freilich bleibt die Reflexion über die Heimarmene umfangmäßig beschränkter als die über die Pronoia. Aber beide hängen sachlich zusammen und entwickeln sich in die gleiche Richtung. Der Textabschnitt über die Heimarmene ist deshalb nicht als "Fremdkörper" anzusehen.

Wir können diese Entwicklung der Reflexion über die Heimarmene noch einen Schritt weiter verfolgen, und zwar anhand von II 28,21-26/IV 44,6-12. Wir haben diesen Textteil, ein Sondergut der Langversionen, bereits oben behandlt, als wir die Polemik gegen die stoische Affektenlehre im großen Einschub herausarbeiteten (s.o.S. 51f). Über das hinaus, was bereits dort ausgeführt wurde, sei hier nur noch daraufhingewiesen, daß in diesem Textteil unter anderen einige Seelendispositionen wie "Vergessenheit", "Unwissenheit", "große Furcht" direkt mit der Heimarmene in Verbindung gesetzt sind. Natürlich nicht mit der "alten", bisherigen Heimarmene, sondern mit der soeben hervorgebrachten, "betrübenderen und kräftigeren" Heimarmene, auf die dieser Textteil mit der Formulierung am Anfang "Aus jener Heimarmene" (ⲈⲂⲞⲖ ⲄⲀⲢ ϨⲚ̄ ⲦϨⲒⲘⲀⲢⲘⲈⲚⲎ ⲈⲦⲘ̄ⲘⲞ) bewußt zurückgreift. In diesem Glauben, daß selbst die innersten Seelendispositionen nicht von der

[185] Deshalb ist wohl der Wortsinn "Kette" (chain) vorzuziehen, zumal das als erste Wortbedeutung bei Crum 182a angegeben ist. So S.Giversen, a.a.O., 101.

Heimarmene ausgenommen bleiben können, sondern ihr unterstehen, kulminiert der Totalitätsanspruch der stoischen Heimarmene (s.o.S. 102). Insofern liegt hier noch eine weitergehende Bezugnahme auf und Polemik gegen die stoische Heimarmenelehre vor.

Zusammenfassend kann gesagt werden: Das **AJ** stellt die Pronoia als die Paargenossin des höchsten Gottes und die Heimarmene als eine der Gegenmaßnahmen der Finsternismacht dualistisch gegeneinander. Je mehr die Rolle der Pronoia gesteigert wird und je bewußter die Reflexion und Depravierung der Heimarmene durchgeführt wird, umso schärfer wird diese dualistische Gegenüberstellung im Laufe der Überlieferungsgeschichte. Damit wird die stoische Lehre in ihr Gegenteil gekehrt, denn nach stoischer Lehrtradition bedeuten Pronoia und Heimarmene genauso wie die anderen Bezeichnungen Logos, Gott, Physis und Feuer, immer dasselbe (s.o.S. 101). Die gnostische Polemik des **AJ** gegen diese Lehrtradition hat also die stoische Einheit von Pronoia und Heimarmene zerbrochen und die beiden Größen in einen prinzipiellen Zwiespalt gebracht: Die Heimarmene ist so degradiert und dämonisiert worden, so daß sie jetzt dem Jaldabaoth, der das Gesicht eines Drachen und Löwen hat, untersteht und die Unbeständigkeit der materiellen Welt schlechthin vertritt. Die Pronoia transzendiert dagegen die ganze Welt, ja auch jene ätherische Feuerregion, bis zu einer akosmischen, nur via negationis sagbaren Höhe hinauf, sorgt und wirkt von dort aus bald selber, bald durch die Epinoia für die Rettung des Lichtmenschen, indem sie alles dafür Nötige und Richtige fördert, das Gegenteil aber verhindert.[186] Die

---

[186] Ein ähnlicher Zwiespalt im Sinne einer antistoischen Polemik wird sich wohl auch in weiteren gnostischen Schriften finden lassen. Er ist aber kein Gemeinplatz solcher Polemik, denn diese kann in einigen Fällen die stoische Heimarmene ebenso wie die Pronoia in gleicher Weise negativ darstellen. Das ist z.B. in UW (108, 11. 14; 109,6; 111,18. 32; 117,19ff; 125,28ff) und SJC (BG 82,6; 106,9; 122,3; 126,8/III 93,14f; 108,15f; 119,2) der Fall. In den hier angegebenen Stellen bleibt die Pronoia durchgehend eine negative Größe, die Jaldabaoth zugeordnet ist, und die es zu durchbrechen gilt. Andererseits hat die Diastase, die die stoische Einheitsschau von Heimarmene und Pronoia im AJ erlitt, nicht nur in den gnostischen Kreisen, sondern auch in der Großkirche selbst insofern eine Parallele, als diese, wie gesagt, die stoische Pronoia-Lehre zwar positiv übernahm, die stoische Heimarmene aber zugunsten der menschlichen Willensfreiheit bekämpfte. Das ist z.B. bei den Apologeten, Klemens von Alexandrien, Origenes und Basileios deutlich zu sehen. Vgl. dazu M.Pohlenz, Die Stoa, Bd.1, a.a.O., 409. 426. 430. Hier zeigt sich somit noch einmal, wie wichtig es ist, die antistoische Polemik des AJ nicht isoliert, sondern im Zusammenhang mit dem Christentum des 2. bis 3. Jhdt. n.Chr. zu betrachten.

Was das Verhältnis zur mittel- und neuplatonischen Revision der stoischen Pronoia-Lehre angeht, sei darauf hingewiesen, daß es zu einer Zwei- oder Dreiteilung der Pronoia gekommen ist, bei der für die Welt im ganzen und deren Teilwesen wie den Menschen jeweils eine bestimmte Pronoia zuständig ist. Vgl. hierzu v.a. H.Dörrie, Der Begriff "Pronoia" in Stoa und Platonismus, FZPhTh 24(1977) 60-87, bes. 81f und

hiermit auftauchende Frage nach dem gnostischen Geschichtsverständnis des **AJ** ist nun im nächsten Abschnitt zu behandeln.

3.4.2.4.: Die Pronoia und die Weltgeschichte

Da die stoische Vorsehungslehre, wie bereits dargestellt wurde (§ 3.4), untrennbar mit einer bestimmten Sicht der Weltgeschichte und der Eschatologie verbunden ist, müssen wir uns abschließend der Frage zuwenden, welche eigene Sicht von Weltgeschichte und Weltende in der bisher gezeigten Polemik des **AJ** gegen die stoische Vorsehungslehre vorausgesetzt ist.

Eines steht dabei fest: Im **AJ** ist die Pronoia eng mit einem bestimmten Geschichtsverständnis ganz eigenartiger Prägung verbunden, das dem nahekommt, das nach H.-M.Schenke für das sethianische Schrifttum charakteristisch ist. Schenke meint, daß zumindest ursprünglich hinter diesem sich von anderen Schriften mehr oder weniger deutlich abhebenden Schrifttum eine bestimmte Gnostikergruppe, die "Sethianer", stand, und hat für diesen "Sethianismus" eine Weltzeitalterlehre angenommen: Diese teilt die Weltgeschichte in vier Perioden und läßt für diese Perioden die vier Phoster in der Äonenwelt, "Harmozel", "Oroiael", "Daveithe" und "Eleleth", und zwar in dieser Reihenfolge, für je eine Weltperiode als Erlöser zuständig sein. In diese vier Phoster werden dann schon in ihrer Präexistenz eingesetzt: Adamas in den ersten, Seth in den zweiten, Ur-Sethianer in den dritten und Sethianer der Gegenwart in den vierten. Dementsprechend läuft die Weltgeschichte so ab, daß im ersten Zeitalter Adam, im zweiten Seth, im dritten die Ur-Sethia-

---

speziell zur Vorsehungslehre bei Apuleius außerdem auch G.Barra, Apuleius und das Problem der Entstehung des Bösen, in: C.Zintzen (Hg.), Der Mittelplatonismus, Darmstadt 1981, 283-298, bes. 289f und F.Regen, Apuleius philosophus Platonicus. Untersuchungen zur Apologie (De magia) und zu De mundo, Berlin 1971, 83-91. Deutlich ist die Ähnlichkeit zum Befund des AJ erkennbar, das auch, wie bereits weiter oben (§3.4.2.2.a) festgestellt, außer der Barbelo noch ein anderes niedriges Äon mit "Pronoia" bezeichnet und selbst Jaldabaoth, dem Weltschöpfer, eine Kraft namens "Pronoia" zuweist. Vor allem auf die mittelplatonische Schrift, Ps.-Plutarch, De Fato, haben bereits Ph.Perkins, "On the Origin of the World" (CG II,5): A Gnostic Physics, VigChr 34(1980) 36-46 und zuletzt M.A. Williams, The Immovable Race. A Gnostic Designation and the Theme of Stability in Late Antiquity, Leiden 1985 (NHS XXIX) 135-137 hingewiesen. Sehr wahrscheinlich geht das AJ hier mit dieser mittelplatonischen Sicht ein gutes Stück Weg zusammen. Man kann aber zugleich nicht übersehen, daß bei dieser Zwei- oder Dreiteilung der Pronoia die Gegenüberstellung der höchsten Pronoia und der Heimarmene nicht so deutlich wie beim AJ vorgenommen ist. Es handelt sich dort eher um "eine Lehre der zunehmenden Depravation und somit von der fortschreitenden Minderung von πρόνοια" (H.Dörrie, ebd.). Eine polemische Nebenspitze auch gegen diese mittelplatonische Revision ist nicht auszuschließen.

ner und im vierten die Sethianer der Gegenwart auftreten.[187]

Schenke weist weiter auf das innerhalb des sethianischen Schrifttums oft bezeugte Motiv der dreifachen Ankunft des Erlösers hin. Eben dazu zählt er unter anderen die dreimalige Ankunft der Pronoia am Schluß des **AJ** (II 30,11-31,25/IV 46,23-49,6) und sagt, "Diese dreifache Ankunft, eine besondere Konkretion des Prinzips der kontinuierlichen Offenbarung, gehört irgendwie in den Rahmen der Vorstellung von den vier Weltzeitaltern. Es ist wohl gemeint, daß der Erlöser jeweils aufs neue in die drei dem Zeitalter Adams folgenden Zeitalter (des Seth, der Ur-Sethianer, der geschichtlichen Sethianer) eingeht, um sie zum Zwecke der erlösenden Offenbarung zu durchwandeln. Als Ankunftszeiten denkt man am ehesten an den Beginn jeweils des zweiten, dritten und vierten Äons."[188]

Dieses zweite Argument Schenkes überzeugt m.E. wenig. Denn daraus ergibt sich eine wenig sinnvolle Zuordnung: Die 1.Ankunft der Pronoia, die nach II 30,16-21/IV 47,2-8 wegen der Schlechtigkeit (κακία) und Unwissenheit der zu erlösenden Menschen (Gnostiker) mit einem Mißerfolg endet, fällt ausgerechnet auf das Zeitalter des Seth, den unsere Schrift genauso wie Adam zu der vollkommenen Generation zu zählen scheint (vgl. II 28,3 // III 36,24-25/BG 71,12-13). Die 2.Ankunft der Pronoia wird nach II 30,21-32/IV 47,8-22 unterwegs unterbrochen, damit die zu erlösenden Gnostiker nicht vorzeitig zusammen mit dem Chaos zugrunde gerichtet werden. Diese Ankunft wird von Schenke dem 3.Zeitalter der Ur-Sethianer zugeordnet, die aber in II 28,34-29,12/IV 44,22-45,9 // III 37,16-38,5/BG 72,14-73,12 als eine Minderheit geschildert werden, die der Offenbarung der Pronoia gefolgt und an einen "Ort" in der Äonenwelt, d.h. in ihren eigenen Phoster (Daveithe), bereits hineingegangen sind. Die 3.Ankunft der Pronoia, die endlich zu ihrem Ziel, also zur Metanoia der zu erlösenden Gnostiker führt (II 30,32-31,28/IV 47,23-49,9) fällt auf die gegenwärtigen, geschichtlichen Sethianer, die aber bereits am Anfang der Schrift (II 9,18-23/IV lacuna // III 14,1-9/BG 36,7-15) als diejenigen gekennzeichnet worden sind, die sich wegen Unwissenheit nicht eilends bekehren, sondern erst nach langem Zögern dazu kommen. So wird den Ur-Sethianer, die offensichtlich viel positiver als die gegenwärtig-geschichtlichen Sethianer bewertet sind, eine negativ ausfallende, unterwegs unterbrochene Ankunft der Pronoia zugeordnet, während diesen die letzte, recht erfolgreiche zugeordnet wird. Das läuft jedoch dem Geschichtsverständnis unserer Schrift gerade zuwider, die die vergangene Zeit der Ur-

---

187 H.-M.Schenke, Das sethianische System nach Nag-Hammadi-Handschriften, in: P.Nagel (Hg.), Studia Coptica, Berlin 1974, 165-173, bes. 167f. Genauso auch M.Tardieu, a.a.O., 272 und C.Colpe in:RAC 11, Sp.633. G.Stroumsa, Another Seed: Studies in Gnostic Mythology, Leiden 1984 (NHS XXV), 104f macht auch für ApcAd ein verwandtes Schema wahrscheinlich.

188 Zitat bei H.-M.Schenke, ebd. 169. Für dasselbe Motiv der dreifachen Ankunft weist er auch auf ÄgEv III 63,4-8; ApcAd 76,8-17; Protennoia u.a. hin.

sethianer als eine sagenhafte Zeit der "Heiligen" (II 9,17 // III 13,22/BG 36,4-5) von der Gegenwart zu unterscheiden weiß, worauf Werner, ein Schüler von Schenke, hingewiesen hat.[189] Aber auch bei Werner vermißt man, wie überhaupt in der bisherigen Forschung, eine überzeugende Zuordnung.

Zu einer solchen sinnvollen Zuordnung kommt man unserer Ansicht nach erst dann, wenn man die dreimalige Ankunft der Pronoia in II 30,11-31,25/IV 47,1-49,6 auf das 4.Zeitalter der gegenwärtigen Sethianer bezieht. Diese Deutung wird dann unumgänglich, wenn man die Beschreibung der dreimaligen Ankunft der Pronoia und die gegenwärtig-geschichtlichen Sethianer im 4.Phoster Eleleth synoptisch nebeneinander stellt. Die parallelen Motive seien unterstrichen:

II 9,18-23 (IV LACUNA)	II 30,11-31,25/IV 46,23-49,6
Im vierten Äon aber setzten sie die Seelen derer, die *unwissend* gegenüber dem *Pleroma* waren	DIE 1.ANKUNFT DER PRONOIA: "... und ich verbarg mich vor ihnen wegen ihrer Schlechtigkeit (κακία) und sie *erkannten mich* (= die Pronoia als "das Nachdenken des *Pleromas*" II 30,16) *nicht*.
und sich nicht eilends bekehrten (μετανοεῖν), sondern *eine Zeit lang verharrten*	DIE 2.ANKUNFT DER PRONOIA: "Und ferner lief ich hinauf zu meiner Lichtwurzel, damit sie (sc. die Fundamente des Chaos) sie *nicht* zugrunde richten *vor der Zeit*."[190]
und erst danach *sich bekehrten* (μετανοεῖν). Sie waren beim *vierten Phoster Eleleth*.	DIE 3.ANKUNFT DER PRONOIA: "Und *er* (der sich bekehrende Gnostiker) *weinte und vergoß harte Tränen*. <<Wer ist es, der meinen Namen nennt; und woher ist zu mir diese Hoffnung (ἐλπίς) gekommen, während ich in den Fesseln des Gefängnisses bin?>>... Ich bin die Pronoia des reinen Lichtes ..., der dich an *den Ort* (τόπος) hinstellt, *der geehrt ist*."

Wir wissen nicht, welches konkrete geschichtliche Erlebnis der gegenwärtigen Sethianer sich hinter der sich eine Zeit lang verzögernden Metanoia verbirgt. Auf jeden Fall kommt hier ein Selbstverständnis zum Ausdruck, nach dem die Bekehrung gemäß der göttlichen Disposition

[189] A.Werner, Das AJ, a.a.O., 70.

[190] Dieser Finalsatz kann auch passivisch mit undeterminiertem logischen Subjekt übersetzt werden.

(οἰκονομία) ja, der Geschichtslenkung der Pronoia erfolgte (II 30,27/IV 47,15).[191]

Gelingt es aber, von dieser Stelle ausgehend für die ganze Schrift das Vierperioden-Schema der Weltgeschichte zu verifizieren? Das ist tatsächlich der Fall. Das gesamte Erlösungswirken der Epinoia und der hinter ihr stehenden Pronoia, das wir bereits (§ 3.4.2.2) durchgehend herausgearbeitet haben, läßt sich folgendermaßen auf die vier Zeitalter verteilen:

ZEIT-ALTER	EMPFÄNGER DER OFFENBARUNG	TEXTSTELLE	OFFENBARER
1.	Adam	III 24,20-32,6/ BG 52,11-63,12 II 20,5-24,34/ IV 30,26-38,23	die Epinoia des Lichtes (Zoê)/ die Pronoia (als ein Adler)
2.	Seth	III 32,6-22/ BG 63,12-64,13 II 24,35-25,15/ IV 38,24-39,15	der Geist der Mutter (III 32,10/BG 63,16-17) der Geist der anderen Mutter (II 25,3/IV 38,29-30)
3.	Ur-Sethianer	III 36,18-39,11/ BG 71,5-75,10 II 27,33-30,11/ IV 43,9-46,23	die Epinoia des Lichtes/ die Größe der Licht-Pronoia
4.	Sethianer der Gegenwart	II 30,11-31,25/ IV 46,23-49,6 (III 39,11-21/) BG 75,10-76,5	die Pronoia (die Vatermutter/ Mutter = die Pronoia)

Die Offenbarung an Seth wird allerdings in allen dazu angegebenen Textstellen nur sehr kurz erwähnt. Alle Texte fassen bereits seine Nachkommen-

[191] Ist diese Zuordnung von II 9,18-23 und 30,11-31,25 zueinander richtig, so wird damit endgültig bewiesen, daß die hymnenartige Pronoia-Rede im Schlußteil der Schrift ursprünglich auch in den Kurzversionen gestanden haben muß, weil sie beide noch eine deutliche Parallele zu II 9,18-23 haben (III 14,1-9/BG 36,7-15). Damit wird die bisher nie befriedigend erklärte textsyntaktische Funktion von II 9,18-23 (und Parr.) erhellt: Dieser Passus bildet mit der die ganze Schrift abschließenden Offenbarungsrede der Pronoia eine große Inklusion und weist auf die gegenwärtigen Sethianer, die sich erst auf diese Offenbarungsrede hin bekehrten.

schaft ins Auge (III 32,11: "die, die ihm (Seth) gleichen"/BG 63,19 "die Wesenheit (οὐσία), die ihm gleicht"; III 32,16: "der Same (σπέρμα) (des Seth)"/BG 64,5 // II 25,10/IV 39,8). Außerdem versteht III 32,10 nicht direkt Seth, sondern zunächst "die Mutter" (wohl die bereuende Sophia) als den Offenbarungsempfänger. Was ihr gesandt wird, ist "ihr eigener Geist" und wird von den Äonen gesandt. BG 63,16-17 verändert das dahingehend, daß die Mutter ihren eigenen Geist sendet, wobei nicht ganz deutlich gesagt wird, wer mit dieser "Mutter" eigentlich gemeint ist, die reuige Sophia (vgl. BG 37,17;BG 42,17;BG 43,2;BG 44,19;BG 46,1-9;BG 51,14.19) oder die Epinoia/Pronoia (vgl.BG 35,19;BG 71,6;BG 75,11;BG 76,1). Wie bereits oben (S. 80f, Anm.142) gesagt wurde, ist die zweite Deutung plausibler. Diese Undeutlichkeit wird in den Langversionen dadurch beseitigt, daß nur die Barbelo/Pronoia - als "die andere Mutter"(ⲦⲔⲈⲘⲀⲀⲨ) von der reuigen Sophia unterschieden - ihren Geist "als die Gestalt derjenigen, die ihr gleicht" (II 25,4/IV 38,31), d.h. in der Gestalt der Epinoia des Lichtes,[192] absendet.

Entsprechend der nachgewiesenen Tendenz zur Steigerung der Rolle der Barbelo/Pronoia sind es im **AJ** nicht mehr so, wie Schenke für die anderen sethianischen Schriften annimmt, die vier Phoster, sondern die Barbelo/Pronoia selbst, die gemäß ihrer Heilsoikonomia bald in der Gestalt der Epinoia, bald selber ins jeweilige Zeitalter durch Offenbarung eingreifen. Aber die sethianische Vierteilung der Weltgeschichte ist trotz der großen Un-

---

[192] ⲦⲔⲈⲘⲀⲀⲨ (II 25,3/IV 38,29) ist nur bei M.Krause, Die drei Versionen, a.a.O., z.St. mit "die andere Mutter" und bei M.Tardieu, a.a.O., 148 mit "l'autre Mère", bei vielen anderen aber mit "auch die Mutter" übersetzt: S.Giversen, a.a.O., 95; R.Kasse, RThPh 100 (1967) 15 (V 474); F.Wisse, in: The Nag Hammadi Library in English 112. Vgl. auch E.Lüddeckens, GGA 218 (1966) 9. Rein grammatisch ist beides möglich (W.Till, Koptische Grammatik §230), so daß das Problem hier nur aufgrund sachlicher Erwägungen gelöst werden kann. Dafür ist wichtig, wie man den syntaktisch überladenen Satz II 25,3-4 übersetzt. Mir erscheint die Übersetzung von E.Lüddeckens (ebd.) am meisten einleuchtend: "sie sandte ihren Geist herab als die Gestalt derjenigen, die ihr gleicht, und als ein Abbild derjenigen, die im Pleroma ist." Bei Lüddeckens fehlt aber eine inhaltliche Zuordnung. Hier ist es schwer, das erste "sie" (3.Sg.f.), d.h. "ⲦⲔⲈⲘⲀⲀⲨ", auf etwas anderes als auf die Barbelo/Pronoia zu beziehen. Denn der dem Seth gesandte Geist ist hier auf jeden Fall als weibliches Wesen vorgestellt. Solcher Geist kann in den Langversionen nur die Epinoia des Lichtes sein (vgl. II 20,15-17; 27,33-28,2; IV beidemal zu lückenhaft). Da hinter der Epinoia fast immer die Pronoia (Barbelo) steht, wie wir bereits nachgewiesen haben, ist ⲦⲔⲈⲘⲀⲀⲨ mit dieser zu identifizieren. Richtig M.Tardieu, a.a.O., 329. Zur Frage, was diese deutliche Unterscheidung der Pronoia als "der anderen Mutter" von der Mutter Sophia bedeutet, vgl. oben Anm.142. Auch A.Werner, Das AJ, a.a.O., 196f äußert sich in diese Richtung und weist auf die Parallelität hin, die sich dann zwischen der Sendung der Epinoia an Adam (II 20,15-17) und der an Seth in unserer Stelle ergibt. Es handelt sich um zwei Parallelgeschehen, die sich in die sog. "kontinuierliche Offenbarung" (H.-M.Schenke) einreihen .

terbrechung, die wegen der abschweifenden Ausführung über die verschiedenen Schicksale der Seelen (III 32,23-36,15/BG 64,13-71,2 // II 25,16-27,30/IV 39,16-43,6) zwischen dem 2. und 3. Zeitalter geschieht, immerhin erkennbar.

3.4.2.5: Exkurs: Pronoia und die Rahmenhandlung des **AJ**

Wir sind nun alle Pronoia-Ausagen des **AJ** durchgegangen. Bevor wir fragen, in wieweit in diesem Geschichtsverständnis eine antistoische Polemik gesehen werden kann (§ 3.4.2.6), wollen wir einen Exkurs einschalten, um der schon mehrmals angeschnittenen Frage nachzugehen: könnte das **AJ** noch vor seiner Verchristlichung eine Rahmenhandlung besessen haben und wie könnte diese ausgesehen haben?

Diese Frage wird deshalb akut, weil die Offenbarungsrede der Pronoia im "Ich"-Stil am Ende der Schrift jetzt endgültig als ursprünglicher Bestandteil des **AJ**, der bereits in den Kurzversionen gestanden haben muß, erwiesen worden ist. Sie schließt mit der Abschlußbemerkung: "Ich aber habe dir alle Dinge gesagt, damit du sie aufschreibst und sie deinen Mitgeistern im Verborgenen gibst; denn das ist das Geheimnis (μυστήριον) des nicht wankenden Geschlechtes (γενεά)" (II 31,28-31/IV 49,9-13, vgl. III 39,15-18/BG 75,15-76,1). Diese Abschlußbemerkung der Pronoia macht den Eindruck, als ob die ganze Offenbarungsrede der Pronoia im "Ich"-Stil ursprünglich die Schlußrahmenhandlung einer noch nicht verchristlichten Geheimschrift bildete und mit eben dieser Abschlußbemerkung endete. Diese Annahme wird freilich erst dann wahrscheinlicher, wenn sich eine entsprechende ursprüngliche Anfangsrahmenhandlung finden ließe, in der dieselbe Pronoia dem Offenbarungsempfänger - der in der verchristlichten Textgestalt jetzt "Johannes" gennant wird - als Offenbarerin erschien und die Rede begann. Ein solcher Anfang müßte hinter der jetzigen, verchristlichten Anfangsrahmenhandlung (BG 19,6-22,17 // II 1,1-2,26) sichtbar werden (sie fehlt gänzlich beim Codex III und ist sehr lückenhaft in IV), zumal hier die oben zitierte Abschlußbemerkung mit fast gleichem Wortlaut bereits vorkommt (II 2,22-25/IV 3,17-21 // BG 22,11-17). Jetzt geht es bekanntlich um das Erscheinen des "Heilandes" als "Kind" und "Greis" zugleich (BG 20,9; IV 2,2; in II 1,1.21 und IV 1,1 beschädigt) - man beachte, daß das Wort "Christus" nicht sicher vorkommt und die Lücke II 1,3 von den Übersetzern ganz unterschiedlich emendiert wird. Die Frage ist also: Kann man aus dieser Anfangsrahmenhandlung eine ältere Rahmenhandlung eruieren?

Nun hat H.-M. Schenke mit guten Gründen nachgewiesen, daß in der Lücke in BG 21,9, die bisher von W. Till mit ⲞⲨ<ⲘⲚⲦⲞⲨⲀ Ⲧ>Ⲉ "eine <Einheit(?) ist>" emendiert worden war,[193] statt dessen ⲞⲨ<Ⲛ ⲞⲨⲤϨⲒⲘ>Ⲉ

[193] W.Till in der Textausgabe von BG (1.Aufl.) z.St. So ähnlich auch R.Kasse, RThPh

"eine <Frau>" (syntaktisch wie in II 2,6 eine Umschreibung für einen grammatisch unmöglichen Adverbialsatz mit undeterminiertem Subjekt) gestanden haben muß.[194] Mit dieser neuen Lesung ist freilich ein neues Verständnis der Syntax des gesamten Abschnitts verbunden, das im Vergleich zu dem früheren Verständnis W. Tills plausibler erscheint. Er übersetzt jetzt BG 21,7-13 so: "Ich <verstand dies>es Wunder nicht, daß (plötzlich) eine <Frau> mit vielen Gestalten (μορφή) <in dem L>icht war. Ihre Gestalten (μορφή) <waren> wechselwei<se sichtb>ar. (Ich dachte): wenn sie eine ist, <wie> kann sie aus drei Personen bestehen?" Mit dieser Übersetzung hat sich jetzt die von Till 1955 geäußerte Erwartung erfüllt: Nach BG 21,6 müsse eigentlich eine weibliche Gestalt Erwähnung finden, weil in 21,13 von "dreierlei Erscheinung" (so Till) die Rede sei und weiter in 21,19-21 der Offenbarer sich als der "Vater", die "Mutter" und der "Sohn" zugleich zeige.[195]

Was m.E. an den Ausführungen Schenkes nicht einleuchtet, ist, daß er zwar das Pronominalsuffix 3.Sg.f. in ⲛⲉⲥⲙⲟⲣⲫⲏ in 21,9 auf <ⲥϩⲓⲙ>ⲉ (Frau) am Zeilenbeginn, aber dasselbe Suffix desselben Wortes in der nächsten Zeile (21,10) sowie das Präsens II ⲉⲥⲟ in 21,13 und die Kopula ⲧⲉ (21,12) auf ⲡⲉⲓⲛⲉ "die Erscheinung" in 21,5 bezieht. Dadurch möchte er erreichen, daß die *Drei*gestaltigkeit in 21,13 für die gesamte Erscheinung ⲡⲉⲓⲛⲉ (21,5) von "Kind", "Greis", und "Frau" gilt, während die drittens erwähnte "Frau" nur das Attribut "vielgestaltig" (21,9) bekommt.[196] Dafür muß er allerdings den im Koptischen bestehenden Genusunterschied zwischen ⲛⲉⲥⲙⲟⲣⲫⲏ (21,20), ⲧⲉ (21,12), ⲉⲥⲟ (21,13) einerseits und ⲡⲉⲓⲛⲉ (21,5) andererseits dadurch wegerklären, daß an dieser Stelle das Femininum des hinter ⲡⲉⲓⲛⲉ stehenden griechischen Wortes εἰκών in den beiden koptischen Suffixen und in der Kopula durchgeschlagen sei.[197] Diese Erklärung ist etwas gekünstelt. Erstens: Bei keiner anderen Belegstelle von ⲉⲓⲛⲉ läßt sich ein analoger Vorgang nachweisen. Zweitens: ⲡⲉⲓⲛⲉ in 21,5 ist einfach zu weit entfernt, um das Beziehungswort der Suffixe in ⲛⲉⲥⲙⲟⲣⲫⲏ (21,10), ⲉⲥⲟ (21,13) und der Kopula ⲧⲉ (21,12) zu sein. Man kommt deshalb nicht umhin, anzunehmen, daß sich auch diese beiden Suffixe und die Kopula auf die "Frau" beziehen: Ihre zuerst erwähnte *Viel*gestaltigkeit wird im nächsten Schritt als *Drei*gestaltigkeit näher umschrieben!

Diese Umschreibung paßt jedoch nicht gut zum Vorangehenden, wo der

---

98 (1965) 135 und für die Parallelstelle II 2,6 S. Giversen, a.a.O., 48 und M.Krause, Die drei Versionen, a.a.O., z.St.

[194] Vgl. die von ihm besorgte 2.Aufl. vom BG (1972), 83 und seine Begründung dazu in: ders., Bemerkungen zum koptischen Papyrus Berolinensis 8502, in: Festschrift zum 150jährigen Bestehen des Berliner Ägyptischen Museums, Berlin 1974, 315-322, bes. 321f.

[195] Vgl. W.Till, 1.Aufl. vom BG, 83. Anders M.Tardieu, a.a.O., 243.

[196] H.-M.Schenke, Bemerkungen, a.a.O., 321f.

[197] H.-M.Schenke, ebd. 322.

Offenbarer als "Kind" und "Greis" erscheint. Warum wird denn die Viel- bzw. Dreigestaltigkeit nur bei der "Frau" erwähnt, während bei den ersten zwei Visionen so etwas nicht gesagt wird? Außerdem paßt die Reihenfolge dieser drei Erscheinungen als "Kind", "Greis", und "Frau" nicht gut zur triadischen Formel in 21,19-21, wo sich der Offenbarer als der "Vater", die "Mutter" und der "Sohn" - in dieser Reihenfolge - ausgibt.[198]

Zu beachten gilt einerseits, daß die ersten zwei Erscheinungsweisen genauso wie hier auch in Act Joh 88-89 auftauchen. Das läßt die Annahme zu, daß sie in der apokryphen Tradition über Johannes im 2. Jhdt. bereits eine gewisse "Kanonizität" erreicht haben.[199] Andererseits findet sich die triadische Offenbarungsformel jetzt u.a. in der ebenfalls sethianischen Schrift "Die dreigestaltige Protennoia" (NHC XIII). Ja, diese ganze Schrift ist nichts anderes als eine groß angelegte Paraphrase der Dreigestaltigkeit der weiblichen Offenbarergestalt Protennoia. Ähnliche Belege kann man aus weiteren sethianischen Quellen sammeln (StelSeth 123,23ff; ÄgEv III 42,6 u.ö.).[200] Wir werden deshalb mit der Annahme nicht fehlgehen, daß im

---

[198] Diese Unstimmigkeit beobachten G.G.Stroumsa, Polymorphie divine et transformations d'un mythologème: l'Apocryphon de Jean et ses sources, VigChr 35 (1981) 412-434, hier bes. 414, und E.Junod, Polymorphie du Dieu sauveur, in: J.Ries (Hg.), Gnosticisme et monde hellénistique, Louvain-la-Neuve 1982, 38-46, bes. 42f. Es ist schade, daß Stroumsa für die Übersetzung von BG 21,3-13 nicht die neue Ausgabe von Schenke, sondern immer noch nur die alte von W.Till (1955) berücksichtigt. Dadurch fällt die ganze literarkritische Problematik, die mit der neuen Lesung ⲤϨⲒⲘⲈ "Frau" in 21,9 auftaucht, aus seinem Blickfeld heraus. Es wird außerdem nicht klar, was Stroumsa meint, wenn er wegen der genannten Unstimmigkeit die "trinitarische" Formel in BG 21,19-21 // II 2,13-14 als "une glose tardive" bezeichnet (414. 421). Auf keinen Fall ist die Formel ein späterer, etwa dem Grundstock des AJ fremder Zusatz. Vgl. dazu das Folgende im Text.

[199] In Act Joh 88-89 erscheint Jesus dreigestaltig als "Knäblein" (παιδίον), "Kahlköpfiger" (ὑπόψιλον ἔχων) und "Jüngling" (νεανίσκος). Von derselben Dreigestaltigkeit berichten auch ActPetr.21 und Photius, Bibliotheca 114. Vgl. hierzu G.Quispel. The Demiurge in the Apocryphon of John, in: R.Mcl.Wilson (Hg.), Nag Hammadi and Gnosis, Leiden 1978 (NHS XIV), 1-33, bes. 2-6, der daraus auf "a well-known Christian view, wide-spread in the second century" schließt. Ob man ⲀⲖⲞⲨ in BG 21,4 mit "Kind" oder aber mit "Jüngling" zu übersetzen hat, ist schwer zu entscheiden. Da "Kind" bei W.Westendorf, Koptisches Handwörterbuch, a.a.O., 3 als erste Bedeutung angegeben ist, bleiben wir bei der Übersetzung von W.Till/H.-M. Schenke. Für "Jüngling" ("jeune homme"), dagegen entscheidet sich G.G.Stroumsa, a.a.O., 418, dessen ganzer Nachweis darauf basiert, daß die Rahmenvision des AJ auf die im Kreis des zeitgenössischen, esoterischen Judentums annehmbare Vorstellung von der Zweigestaltigkeit Gottes als "Jüngling" und "Greis" aufbaut.

[200] Eine Übersicht über die Nag Hammadi Schriften unter dem Aspekt dieser triadischen Formel findet sich bei A.Böhlig, Triade und Trinität in den Schriften von Nag Hammadi, in: B.Layton (Hg.), The Rediscovery of Gnosticism, Bd.2, Leiden 1981,

sethianischen Kreis die Dreigestaltigkeit der weiblichen Offenbarergestalt in derselben Reihenfolge wie in BG 21,19-21 zu einem gewissen Grad als "kanonisch" angesehen wurde. Das legt die Hypothese nahe, daß es sich beim "Ich" unserer triadischen Selbstoffenbarung in BG 21,19-21 ursprünglich ebenfalls um eine weibliche Offenbarergestalt, d.h. die "Frau" in 21,9 und die Barbelo/Pronoia, gehandelt haben könnte.[201] Steht diese Hypothese mit Recht, so müssen wir weiter fragen, ob sich vielleicht in der uns jetzt vorliegenden Anfangsrahmenhandlung (BG 19,6-22,17 // II 1,1-2,26) eine vorchristliche gnostische Rahmenhandlung mit einer weiblichen Offenbarergestalt und eine spätere christliche Überarbeitung mit dem sich als "Kind" und "Greis" offenbarenden Christus überlagern.

Die Hypothese, daß das "Ich" der triadischen Selbstoffenbarung in BG 21,19-21 mit der "Frau" in 21,9 und weiter mit der Barbelo/Paranoia zu identifizieren ist, läßt sich m.E. anhand des Lobpreises verifizieren, den in BG 35,13-20 der soeben im Pleroma entstandene Adam an den höchsten Gott richtet. Dieser Lobpreis ist syntaktisch wie inhaltlich so schwierig, daß er bis heute keine befriedigende Erklärung gefunden hat. Er lautet am Schluß: "Ich aber preise dich und den Autogenes mit den Äonen (ⲙⲛ ⲛⲓⲁⲓⲱⲛ), die drei: den Vater, die Mutter und den Sohn, die vollkommene Kraft." Unklar ist, warum hier nicht wie angekündigt drei, sondern vier Größen aufgezählt werden. Unklar ist in dieser Übersetzung W. Tills ferner, wie man die Wendung "mit den Äonen" den anderen Gliedern zuordnen soll. Sind sie identisch mit den unmittelbar nachfolgenden "drei" (in Wirklichkeit "vier")? Oder sind es andere mythische Größen? Einen ebenso verwirrenden Eindruck macht auch die Parallelstelle des Codex II (9,9-11; IV - lacuna).

Nur der Codex III liest in seiner Parallelstelle (13,14-16) etwas anders: "Ich preise dich und den Autogenes und den Äon (ⲡⲁⲓⲱⲛ: Sing!), die drei (ⲡϣⲟⲙⲛⲧ): den Vater, die Mutter, den Sohn, die vollkommene Kraft."[202] Hier bekommt man den Eindruck, als ob zu "den Äon", "die drei" und alle danach

617-634. Warum Böhlig allerdings an einer Stelle (ebd. 629) den obersten Gott des AJ - wohl im Gefolge von M.Krause - immer noch als "Großvater" bezeichnet, ist mir unverständlich.

201 Gegen Y.Janssens "La Protennoia Trimorphe (NH XIII,1),Texte établi et présenté", Québec 1978, 9, die diese Selbstoffenbarung ohne hinreichende Begründung auf den "Autogenes" bezieht. Diese Identifikation läuft ihrem an sich zutreffenden Hinweis auf die bestehende Verwandtschaft zwischen AJ und Protennoia zuwider. Der Parallelisierung des Heilswirkens der Pronoia in BG mit der dreigestaltigen Offenbarung der Protennoia im Codex XIII können wir nicht ohne weiteres zustimmen. Janssens Annahme basiert nämlich u.a. darauf, daß die soteriologische Rolle der Pronoia in BG ihrer Meinung nach bereits ihre maximale Ausweitung erfahren habe, ohne daß sie alle Versionen unter diesem Aspekt einem genaueren Vergleich unterzieht, wie wir es hier unternommen haben. s:vgl. oben S. 88, Anm.156.

202 Übersetzung von M.Krause, Die drei Versionen, a.a.O., z.St.

folgenden Glieder appositionell zugeordnet und nebeneinandergereiht worden wären. Wir meinen, daß dieser Eindruck zutrifft. Was zuerst "den Äon" angeht, das ist eins von den vielen Prädikaten, die die Barbelo/Pronoia in III 7,19/BG 27,15 // II 5,9-10/IV 7,25 erhält. Dasselbe gilt für das allerletzte Glied unseres Lobpreises:"die vollkommene Kraft". Dieses Prädikat findet sich in allen Versionen in derselben Szene oder in ihrer unmittelbaren Nähe (III 7,18-19/BG 27,14; vgl. II 4,33-34; 5,19/IV 8,8). Obwohl auch der oberste Gott (Vater) ab und zu als "vollkommen" bezeichnet wird (III 5,4/BG 24,9 // II 3,19/IV 5,3), ist diese Eigenschaftsbezeichnung doch weitgehend der "vollkommenen Pronoia" vorbehalten (BG 27,11; 31,4 // II 6,30; 14,20; 30,12/IV 10,10-11; 22,25). Das ist bei der Bezeichnung "die vollkommene Kraft" noch mehr der Fall. Was weiter "die drei" (ⲠϢⲞⲘⲚⲦ) betrifft, bekommt die Barbelo/Pronoia ebenfalls gleich nach ihrer Entstehung mehrmals das Prädikat "der (die) dreifach.....": "der dreifach Männliche", "der mit den drei Kräften", "der mit den drei Namen" usw. (BG 27,21-28,2/III 8,1-3: sehr lückenhaft // II 5,8-9/IV 7,23-24). Immer wird dabei dasselbe koptische Wort ⲠϢⲞⲘ(Ⲛ)Ⲧ (oder ⲦϢⲞⲘⲚⲦ) gebraucht. Daher sollte man in III 13,14-16 ⲠϢⲞⲘⲚⲦ nicht mit "die drei", sondern mit "der Dreifältige" übersetzen und dieses Wort als vorgezogenen Inbegriff für die folgenden drei Glieder, "den Vater", "die Mutter" und "den Sohn" verstehen. Das heißt: Alle hier nacheinandergestellten Prädikate von "den Äon" an sind nichts anderes als angehängte Umschreibungen der Barbelo/Pronoia, die ohnehin in unserem Kontext neben dem obersten Gott und dem Autogenes, dem Sohn, zu erwarten ist. Der Codex III muß nämlich hier folgende Zuordnung im Sinn haben:

1. der oberste Gott	= "dich"
2. der Sohn	= "der Autogenes"
3. die Barbelo/	= "der Äon",
Pronoia	= "der Dreifältige" (ⲠϢⲞⲘⲚⲦ Sing!)
	"der Vater, die Mutter, der Sohn"
	= "die vollkommene Kraft"

Mit dieser Zuordnung wird wohl auch hier der Codex III die ursprüngliche Textgestalt beibehalten haben.[203] Im Laufe der Überlieferungsgeschichte je-

[203] So urteilen auch W.Till in BG-Textausgabe (1.Aufl.) 111 (Anm. zu 35,18) und A.Werner, Das AJ, a.a.O., 67. Aber von unserer Zuordnung her gesehen, scheint Werners Versuch, hier "eine Art Hymnus auf die obersten sethianischen Götter" zu rekonstruieren, samt dem Ergebnis durchaus fraglich. Vor allem wird die ursprüngliche Zugehörigkeit von ⲠϢⲞⲘⲚⲦ zum Text lediglich aus rhythmischen Gründen bezweifelt (a.a.O., 68 mit Anm.1).

doch hat man sie offensichtlich nicht mehr verstanden, so daß die hier aufgezählten Prädikate vor allem die triadischen, für voneinander selbständige Äonen gehalten wurden. Das erklärt die veränderte Mehrzahl ⲚⲒⲀⲒⲰⲚ in BG 35,18 oder ⲚⲀⲒⲰⲚ in II 9,10 statt ⲠⲀⲒⲰⲚ in III 13,15, was den jeweiligen Paralleltext des BG und der Langversionen so schwer verständlich gemacht hat.[204]

Wenn wir nun mit dieser Textanalyse Recht haben, so können wir schließen, daß auch mit der triadischen Offenbarungsformel in BG 21,19-21: "Ich bin <der Vater>, ich bin die Mutter, ich <bin der So>hn" (vgl. II 2,13f) sich ursprünglich die Barbelo/Pronoia selbst offenbart haben muß. Das bedeutet ferner, daß die "Frau" in BG 21,9, deren Vielgestaltigkeit bald als Dreigestaltigkeit beschrieben wird, und die mit dem "Ich" der triadischen Offenbarungsformel BG 21,19-21 durchaus identisch sein kann, tatsächlich die Barbelo/Pronoia gewesen sein müßte.

Aufgrund dieser Überlegung schließen wir uns A. Werner an, wenn er hier "verschiedene Vorstellungen sich überlagern" sieht und zur Annahme neigt, "daß hier die Offenbarung des christlichen Erlösers Jesus der Erscheinung eines gnostischen Erlösers vorgelagert worden ist."[205] Im Unterschied zu ihm sind wir aber der Ansicht, daß diese Über- und/oder Vorlagerung zweier ursprünglich verschiedener Vorstellungen aus einer älteren, nichtchristlichen, und einer jüngeren, verchristlichten Rahmenhandlung viel deutlicher im BG als im Codex II zu erkennen ist. Derjenige, der die christliche Rahmenhandlung des BG geschaffen hat, muß zwar bemüht gewesen sein, die Dreigestaltigkeit von der "Frau" (21,9) sachlich abzulösen und auf das dreimalige Erscheinen des "Heilandes" (= Christus) als "Kind", "Greis" und "Frau" neu zu beziehen. Grammatisch aber hat er aller Wahrscheinlichkeit nach die "Frau" als Beziehungswort für die drei oben genannten femininen Wörter stehengelassen.

---

[204] S.Giversen, a.a.O., 188f rechnet deshalb zwar mit einer Zeilenvertauschung bereits in dem allen Versionen zugrundeliegenden Original, letztlich aber läuft seine Erklärung auf eine angeblich unsystematische Denkweise des Verfassers hinaus. Anders R. van den Broek, a.a.O., 21. 23f. Für ihn ist der Lobpreis des Adams in seiner Textgestalt der Langversionen der wichtigste Beweis dafür, daß sich hier zwei verschieden Typen von Mythen vereinigen. Vgl. zu seiner Hypothese oben S. 78 Anm.134. Danach wird ⲚⲀⲒⲰⲚ (oder ⲚⲒⲀⲒⲰⲚ) mit den vier Phostern im Sinne der Minister des Autogenes im Hof des obersten König-Gottes gedeutet und dem Anthropos (Autogenes)-Mythos zugerechnet, während alle darauf folgenden Glieder vom ⲠϢⲞⲘ(Ⲛ)Ⲧ an dem "trinitarischen" Typ zugewiesen werden. Von diesem Standpunkt aus müßte die Einzahlform ⲠⲀⲒⲰⲚ in III 13,15 als sekundär gelten, was uns sehr fraglich erscheint. Hier kommt man ohne eine literarkritische Untersuchung der koptischen Versionen kaum aus. Das ist besonders M.Tardieu entgegenzuhalten, der alle Unterschiede der Versionen zueinander verwischt.

[205] Vgl. A.Werner, Das AJ, a.a.O., 11 Anm.3.

Anders verhält es sich im Codex II. Schenke will in der Lücke in 2,6 genauso wie in der Parallelstelle BG 21,9 ⲟⲩⲥϩⲓⲙⲉ "eine Frau" erwähnt sehen und rekonstruiert deshalb die ganze Lücke so: ⲟ<ⲩⲥϩⲓ>ⲙⲉ ⲉ<ⲥⲟ ⲛ̄>ϩⲁϩ ⲙ̄ⲙⲟⲣⲫⲏ ("<eine> vielgestaltige <Frau>"). Ob er aber damit Recht hat, ist sehr fraglich. Die mittleren drei Buchstaben sind so nicht in der Faksimileausgabe lesbar (v.a. das letzte E!). F. Wisse, auf dessen neue Kollationen Schenke fußt, legt jetzt in seiner englischen Übersetzung für diese Stelle eine andere Lösung vor: "but there was a <likeness> with multiple formes".[206] Wisse muß für die Lücke etwa ⲟ<ⲩⲥⲙⲁⲧ> gelesen haben. Solange aber seine Kollationen, die bisher wohl nur als apokryphe Überlieferung in der Gnosisforschung kursierten, nicht zugänglich sind, bleibt seine Konjektur unsicher. Anders verhält es sich mit Schenkes Emendation der zweiten Lücke in 2,8 mit ⲡⲉ<ⲥⲙⲁⲧ>.[207] Das erste ⲡ und letzte ⲧ sind in der Faksimileausgabe noch gut erkennbar. Auch Wisse liest hier genauso.[208]

Füllt man so die Lücke 2,8 mit ⲡⲉⲥⲙⲁⲧ (ein Maskulinum), so sieht man deutlich, daß hier sich die Dreigestaltigkeit nicht mehr auf die womöglich in 2,6 einzusetzende "Frau", sondern auf die gesamte dreimalige Erscheinung des "Heilandes" (= Christus) bezieht, wie auch immer man diese dreimalige Erscheinung näher zu bestimmen hat.[209] Das hat zur Folge, daß alle sich auf

---

[206] F.Wisse, in: The Nag Hammadi Library in English, 99.

[207] H.-M.Schenke, Bemerkungen, a.a.O., 322.

[208] F.Wisse, ebd. Vgl. M.Tardieu, a.a.O., 85. Die Konjektur von M.Krause, Die drei Versionen, a.a.O., z.St. füllt den Raum der Lücke kaum aus. Die von S.Giversen, a.a.O., 48 hat eine grammatisch unmögliche Verbindung des Perfektums I mit dem Qualitativ: ⲁϥⲟ zur Folge, und ist deshalb abzulehnen. Vgl. dazu W.Till, Koptische Grammatik §257. Die Zustimmung von E.Lüddeckens, GGA 218 (1966) 7 zu Giversen leuchtet mir nicht ein.

[209] G.Quispel, a.a.O., 4 geht von seiner Übersetzung von II 1,30-2,9 aus und versteht die Dreigestaltigkeit Christi als "youth" (2,2: ⲁⲗⲟⲩ = ergänzt aus BG 21,4), "an old man" (2,3-4: wohl ϩⲗⲗⲟ = ergänzt aus BG 21,5) und "a child" (2,5), wobei er bei der kaum lesbaren Stelle in 2,5 ϩⲁⲗ gelesen hat. Tatsächlich ist das die von der ganz flüchtigen Buchstabenspur an dieser Stelle her am nächsten liegende Lesung. (Gegen ϩⲙ "klein" bei M.Krause, Die drei Versionen, a.a.O., z.St. und M.Tardieu, a.a.O., 85.) Quispel meint damit, daß es sich hier um die im 2.Jhdt. n.Chr. weit verbreitete Vorstellung der dreigestaltigen Erscheinung Jesu handelt. Fraglich scheint uns allerdings, ob ϩⲁⲗ mit "a child" übersetzt werden darf, es sei denn, daß ein koptischer Übersetzer zwar das griechische Wort παῖς vorgefunden, es aber als Äquivalent für ϩⲁⲗ "Diener" verstanden hätte. F.Wisse liest den Text fast gleich, übersetzt aber ϩⲁⲗ mit "a servant" (in: The Nag Hammadi Library in English, 99). Schenke liest in 2,5 ebenso ϩⲁⲗ, setzt in 2,3 aber nicht ϩⲗⲗⲟ aus BG ein (Bemerkungen, a.a.O., 322). Dadurch entsteht der unberechtigte Eindruck, als ob man die Dreigestaltigkeit der Erscheinung des Heilandes (Christi) letzten Endes mit "Kind" (2,2: ϣⲏⲣⲉ, so Schenkes Ergänzung), "Diener" (2,5: ϩⲁⲗ?) und "Frau" (2,6: ⲥϩⲓⲙⲉ) gleichsetzen müßte. A.Werner, Das AJ, a.a.O., 241f emendiert fast gleich wie Schenke, übersetzt

die "Frau" beziehenden Zeichen in BG (ⲚⲈⲤⲘⲞⲢⲪⲎ in 21,9.10; ⲦⲈ in 21,12 und ⲈⲤⲞ in 21,13) jetzt im Codex II entweder wegfallen (vgl. ⲘⲘⲞⲢⲪⲎ in 2,6.7) oder entsprechend geändert sind (ⲚⲀϤⲞ in 2,8). Dadurch wird die grammatische Unstimmigkeit des BG beseitigt. Der "Heiland" (= Christus) kommt als der redende Offenbarer stärker zur Geltung.[210]

Alles, was bis hierher ausgeführt worden ist, hat wegen der so schmalen, nicht original griechischen, sondern koptischen Textbasis hypothetischen Charakter. Trotzdem kann mit hinreichender Sicherheit gesagt werden, daß die uns vorliegende Rahmenhandlung sowohl am Beginn als auch am Schluß des **AJ** nicht in einem Guß entstanden ist. Innerhalb ihrer selbst muß zwischen der später hinzugekommenen verchristlichenden Überarbeitung und der ihr bereits vorgegebenen vorchristlichen Rahmenhandlung unterschieden werden.[211] Das ist eine Einsicht, deren Gültigkeit unabhängig davon ist, wieweit sich eine konkrete Rekonstruktion der ursprünglichen Rahmenhandlung durchführen läßt. Wir nehmen an, daß die vorchristliche Rahmenhandlung

---

aber ϨⲀⲖ (2,5) mit "Greis", was mir schon rein lexikalisch nicht einleuchtet.

210 Wir haben oben die Hypothese aufgestellt, daß in der Rahmenhandlung von BG die zweigestaltige Erscheinung Christi als "Kind" und "Greis" der Erscheinung der gnostischen, und zwar weiblichen Erlösergestalt erst nachträglich vorgelagert worden sein müßte. Falls man mit G.G.Stroumsa, a.a.O., 418 (vgl. oben Anm.199) ⲀⲖⲞⲨ mit "Jüngling" statt "Kind" übersetzt, so ist diese zweigestaltige Erscheinung Christi der zweigestaltigen Erscheinung Gottes sehr ähnlich, die nach dem recht überzeugenden Nachweis von Stroumsa für einen esoterischen Kreis des zeitgenössischen Judentums belegbar ist. Die Zweigestaltigkeit der Erscheinung Christi sei demnach als eine christliche Übertragung dieser ursprünglich esoterisch-jüdischen Vorstellung von der Erscheinung Gottes zu verstehen. Stroumsa zufolge ist auch der esoterisch-jüdische Gedanke von Yahoel-Métatron, dem "Diener" Gottes, auf Jesus Christus übertragen worden. Unabhägig davon, ob man diese zweite Übertragung bis in die vorpaulinische Zeit hinein zurückverfolgen kann, scheint die These von Stroumsa plausibel, daß das ϨⲀⲖ in II 2,5 eben diese zweitgenannte esoterische Tradition und ihre christliche Übertragung auf Christus voraussetzt und daß die dreigestaltige Erscheinung Christi in der Rahmenhandlung des Codex II deshalb eine sekundäre Zusammensetzung der beiden christlichen Übertragungen darstellt (vgl. bes. a.a.O., 426f). Obwohl Stroumsa selbst aus dem bereits erwähnten Grund (vgl. oben Anm.198) keinen literarkritischen Vergleich zwischen BG und Codex II unternimmt, könnte man hieraus folgende Hypothese aufstellen: Die christologische Steigerung, die die Rahmenhandlung vom Codex II gegenüber der von BG aufweist, ist so zu erklären, daß der Codex II durch die genannte Zusammensetzung die dritte Erscheinung zur Erscheinung Christi als "Diener" umgebildet hat, während BG sich damit zufrieden gegeben hat, der vorgegebenen gnostischen Erscheinung der weiblichen Offenbarergestalt die erste christliche Übertragung vorzulagern.

211 Dieser Gesichtspunkt fehlt im neuesten Kommentar zum AJ von M.Tardieu gänzlich. Nach ihm ist das AJ von Anfang an eine "christliche" Schrift, der das JohEv zugrunde liegt. Vgl. a.a.O., 38f. 42f. 245.

eine "Frau" (BG 21,9) als redenden Offenbarer hatte, die sich dann im Schlußteil der Schrift näher als Pronoia identifizierte. Wie sie von ihrem anonymen Dialogpartner, dem Offenbarungsempfänger, angeredet wurde, ist nicht mit Sicherheit auszumachen. Die Anrede "der Heiland" (σωτήρ) kann bereits in der Ursprungsfassung vorgegeben gewesen sein und wurde möglicherweise, weil dieser Titel im Sinne von Christus verstanden werden konnte, vom christlichen Bearbeiter stehengelassen, ohne daß er ihn durch "Christus" (oder "Jesus Christus") ersetzt hat. Das bleibt freilich eine unbewiesene Möglichkeit. Sie würde jedoch erklären, warum in der Rahmenhandlung aller Versionen das Wort "Christus" nicht einmal richtig vorkommt.

3.4.2.6: Züge möglicher Polemik gegen die stoische Eschatologie

Alle vier Perioden der kontinuierlichen Offenbarung zielen gemeinsam auf die eschatologische Wiederherstellung des Alls (Pleromas) hin. Bereits bei der Offenbarung an Adam wird deshalb die Aufgabe der Epinoia (Zoê) so beschrieben: "Sie aber ist der ganzen Schöpfung (κτίσις) behilflich (ὑπουργεῖν), weil sie sich um seinetwillen abmüht und ihn in sein Pleroma führt und ihn über sein Herabkommen zum Samen (σπέρμα) und über den Weg des Aufstiegs aufklärt, auf dem er herabgekommen war" (II 20,19-24 // III 25,12-17/BG 53,10-17).[212] Ebenso bei der Offenbarung an Seth und seine Nachkommenschaft: "Und so war der Same (σπέρμα) eine Zeitlang beschäftigt (ὑπουργεῖν),[213] damit der Geist (πνεῦμα), wenn (ὅταν) er aus den heiligen Äonen (αἰών) herabkommt, ihn aufrichte und von dem Mangel heile, so daß das ganze Pleroma (πλήρωμα) heilig und makellos werde" (II 25,10-15/IV 39,7-15 // III 32,14-22/BG 64,4-13). Die eschatologische Wiederherstellung des Pleromas kann, wie diese beiden Zitate zeigen, entweder als Heilung des mit dem Fehltritt der Sophia eingetretenen Mangels oder - entsprechend der Entwicklungstendenz der Überlieferung - als Aufrichtung des "Samens" beschrieben werden. Damit ist in den meisten Fällen der Same des Seth gemeint, zu dem nicht nur die Ur-Sethianer, sondern auch die Sethianer des 4. Zeitalters gehören. Dasselbe Wort taucht

---

[212] Die Kurzversionen haben "das Herabkommen des Mangels (ὑστέρημα)" (III 25,15f) und "das Herabkommen seines Makels" (BG 53,16). "Sein Herabkommen zum Samen (σπέρμα)" muß wohl als "Verschlimmbesserung" von ὑστέρημα verstanden werden. Vgl. A.Werner, Das AJ, a.a.O., 157. Dasselbe geschieht auch innerhalb der beiden Kurzversionen, wenn für III 39,21 ὑστέρημα in BG 76,4 σπέρμα steht.

[213] II 25,11 ist ⲈϤⲢ̅ϨⲨⲠⲞⲨⲢⲄⲈⲒ (so M.Krause, Die drei Versionen, a.a.O., z.St.) statt ⲈⲨ- (so Giversen, a.a.O., 94) zu lesen. So richtig auch R.Kasse, RThPh 100 (1967) 15 und F.Wisse, in: The Nag Hammadi Library in English, 112. Die Parallelstellen der Kurzversionen meinen etwas anderes: In III 32,15 wirkt die Sophia, in BG 64, 4-5 der Geist eine Zeitlang für den Samen. In II 25,10 wirkt der Same selbst aktiv mit. Alle diese Unterschiede verwischt wieder M.Tardieu, a.a.O., 148.

auch einmal in der Wendung "der Same der vollkommenen (τέλειος) Generation (γενεά)" (II 28,3 // III 36,23/BG 71,10) und zum anderen im Sinne der Nachkommenschaft der Pronoia (Vatermutter) auf (II 30,13/IV lacuna // III 39,13/BG 75,13). Hier haben wir es, wie Schenke sagt, mit dem "Grunddogma des Sethianismus" zu tun.[214]

Das oben dargestellte Verständnis von Weltgeschichte und "Samen" des Seth als deren causa finalis erinnert an jenen stoischen Gedanken, daß immer nach demselben Vernunftgesetz, das mit der Pronoia identisch ist, das Gewordene geworden ist, das Werdende wird und das Künftige sein wird, und zwar stets zugunsten des Menschen als des am meisten am λόγος σπερματικός teilhaftigen Wesens. Mit polemischer Wendung gegen die darin implizierte stoische Geschichtsauffassung kennzeichnet das **AJ** die Weltgeschichte als Ort des Zwiestreites der transzendentalen Pronoia und der dämonischen Heimarmene. Die Weltgeschichte ist genauso wie die Welt (Kosmos) nicht frei vom Bösen. Hier dürfte bewußte Polemik des **AJ** gegen die stoische Lehre von der Weltlenkung durch die Pronoia vorliegen.

Aus diesem Geschichtsverständnis des **AJ** ergibt sich notwendigerweise eine völlig andersartige Ethik: Ist die Weltgeschichte nicht frei vom Bösen und der Kosmos kein Organismus mehr, so sind jene berühmten Sprüche, mit denen die älteren Schulhäupter der Stoa ihr ethisches Ideal formulierten und an denen sich noch Mark Aurel sein ganzes Leben orientierte, nicht mehr möglich. Statt dessen lautet für die Grundeinsicht der neuen gnostischen Ethik, wie sie am Schluß der Langversionen thetisch formuliert wird, als Schlagwort: Weg vom Schlaf in der Unterwelt (Amente), zurück zur Wurzel in der Lichtwelt! (II 31,11-22/IV 48,14-49,1). Das läßt sich sachlich als Gegensatz zur stoischen Ethik verstehen, aber es ist fraglich, ob und wieweit es sich um bewußte Polemik handelt.

Ähnliches gilt für den Gedanken vom "Samen (σπέρμα)" des Seth. Daß er auf einer gnostischen Interpretation von Gen 4,25 (Seth als ἕτερον σπέρμα des Adam) fußt, ist sehr wahrscheinlich.[215] Er könnte aber auch eine Polemik gegen die stoische Lehre vom Logos spermatikos enthalten. Dies umso mehr, falls in II 25,10-15 eine bewußte Textveränderung vorliegt, die im Gegensatz zu den Parallelstellen der Kurzversionen diesem Samen eine aktive, die kommende Vollendung des Pleromas mit vorbereitende Rolle zuschreibt (s.o. Anm.213). Durch diese Textänderung wird einerseits die Analogie zum stoischen Logos spermatikos größer, da dieser weniger die causa finalis als die causa auctoris der Welt- und Geschichtslenkung darstellt. Andererseits wird

---

[214] H.-M.Schenke, Das sethianische System, a.a.O., 166.

[215] Vgl. dazu B.A.Pearson, The Figure of Seth in Gnostic Literature, in: B.Layton (Hg.), The Rediscovery of Gnosticism, Leiden 1981, Bd.2, 472-504, bes. 489f, der diese Interpretation nicht nur für AJ, sondern auch für weitere sethianische Schriften wahrscheinlich macht.

zugleich eine Antithese zu diesem stoischen Gedanken deutlich: Nicht, weil die Welt ein in sich geschlossener Organismus ist, sondern weil in ihr ein ganz fremdes, überweltliches Prinzip eingekerkert ist, besteht die Welt und geht die Geschichte weiter. Daß im Umkreis des **AJ** der stoische Gedanke vom Logos spermatikos in seiner Zusammengehörigkeit mit der stoischen Lehre von Vorsehung, Heimarmene und Vermischung tatsächlich bekannt gewesen sein dürfte, läßt sich aufgrund einer Stelle in der Schrift "UW" (NHC II,5), die sich an vielen Orten mit dem **AJ** berührt, vermuten: "Dies alles geschah aber (δέ) nach (κατά) der Pronoia des Archigenetor (sc. Jaldabaoth), damit die erste Mutter (sc. Eva) in sich allen Samen (σπέρμα) erzeuge, der vermischt ist, der eingefügt (ἁρμόζειν) wird in die Heimarmene der Welt (κόσμος) mit ihren Erscheinungen (σχῆμα) und die Gerechtigkeit (δικαιοσύνη)" (II 117,18-24).[216] Hier kommt man kaum ohne die Annahme einer stoischen Voraussetzung aus, es sei denn man wolle die Motivkombination von Pronoia, Samen, Mischung, harmonischer Einfügung in die Heimarmene und himmlischer Gestirnenerscheinungen für reinen Zufall halten. Der Gedanke vom "Samen" des Seth ist zweifellos antistoisch deutbar. Jedoch können wir über diese allgemeine Möglichkkeit hinaus nicht wahrscheinlich machen, daß es sich um eine mehr oder weniger bewußte polemische Bezugnahme auf den stoischen Logos spermatikos handelt. Dafür ist die Metapher "Samen" zu allgemein. Er zählt zu den am häufigsten gebrauchten Metaphern für das eigentlich-göttliche Selbst der Gnostiker, was z.B. im "Tractatus Tripartitus" (NHC I,5) reichlich zu sehen ist.[217] Die bekannte Aussage von 1Joh 3,9 "der Same Gottes" beweist außerdem, daß diese Metapher ein Gemeinplatz der Auseinandersetzung zwischen gnostischer Häresie und Orthodoxie seit der ersten Hälfte des 2.Jhdt. n.Chr. war. Dieser Gemeinplatz könnte vom stoischen Gedanken des Logos spermatikos mit angeregt sein, zumal die christologische Aufnahme dieses Gedankens bei Justin den stoischen Hintergrund deutlich hervortreten läßt.

Was das absolute Ende der Geschichte angeht, so bedeutet die Wiederherstellung des Pleromas einen Abschluß des kosmischen Vorgangs, der bereits seit Beginn der Weltgeschichte im Gang ist, nämlich der Trennung, Sammlung und Wiederkehr des "Samens" des Seth. Deshalb wird diese Wiederherstellung bereits im Lobpreis, den der soeben entstandene Adamas im Pleroma an den unsichtbaren Geist, d.h. den obersten Gott, richtet, angekündigt: "Deinetwegen ist das All entstanden, und das All wird zu dir zurückkehren" (II 9,7-8/IV 14,4-6).[218]

---

[216] Zitat nach A.Böhlig, Die koptisch-gnostische Schrift ohne Titel, a.a.O., 83-85 (Seitenangabe bei Böhlig II 165,18-24).

[217] Vgl. für die Belegstellen F.Siegert, Nag-Hammadi-Register 302.

[218] In den Parallelen der Kurzversionen (III 13,13/BG 35,15-16) kommt das eschatologische Sinnmoment nur etwas schwächer zur Geltung.

Hier handelt es sich nicht wie bei der stoischen Lehre vom Weltbrand (Ekpyrosis) um eine Selbstauflösung und -erneuerung des in sich geschlossenen Weltorganismus, sondern um eine Rückkehr der akosmischen Substanz in ihre überweltliche Heimat. Aber von einer bewußten Polemik gegen die stoische Ekpyrosislehre ist dabei wenig zu spüren.[219]

Nur an der Beschreibung des obersten Gottes als des Zielpunktes dieser kosmischen Wiederkehr wird erneut eine bewußte antistoische Polemik sichtbar. Es geht um die gnostische Theologie im engeren Sinne des Wortes. Im Rahmen der theologia negativa zu Beginn der Schrift wird über den obersten Gott gesagt, "er ist nicht körperlich (σωματικός), noch ist er körperlos (-σῶμα)" (BG 24,16-17 / III 5,10-11 // II 3,22-23 / IV 5,7-8). Hinter dieser Aussage steht eine Debatte, die eben von der stoischen Gotteslehre hervorgerufen wurde und von der Stoa, der Akademie und den Peripatetikern heftig geführt wurde. Die Einwände seitens der Akademie sind z.B. bei Plutarch, De Stoicorum repugnatiis 31-40 zu lesen, wo es speziell um die Gotteslehre geht. Hier sei ein Zeugnis von Aristokles angeführt, der selbst ein Peripatetiker des 2. Jhdt.n.Chr. war und den Meinungsunterschied zwischen Zenon, d.h. den Stoikern, und Platon, d.h. den Akademikern, folgendermaßen darstellt: "Sie (die Stoiker) sagen, das Urelement der seienden Dinge sei das Feuer wie bei Heraklit, und dessen Prinzipien seien Materie und Gott wie bei Platon. Dieser (Zenon) aber sagt, die beiden seien Körper, sowohl das Tätige als auch das Leidende, während jener (Platon) behauptet, das, was die erste Ursache ausmache (τὸ πρῶτον ποιοῦν αἴτιον), sei körperlos (ἀσώματον)." (Aristokles bei Eusebios, praep. evang. XV,14,1 = SVF I 98). Für die Einwände seitens der Peripatetiker selbst ist dann sein Schüler, Alexander von Aphrodisias, repräsentativ. Für ihn ist die Körperlichkeit Gottes deshalb anstößig, weil er dann genauso wie jeder Körper leidensfähig und dem Untergang ausgesetzt wäre: "Wenn es aber so steht und sich das Feuer in irgendwelche anderen Körper verwandelt, wäre Gott das veränderliche Eidos, denn er würde dann zugrundegehen, falls der Materie gemäß der Auflösung des zugrundeliegenden Eidos eine Verwandlung in einen anderen Körper geschieht. Wenn sogar Gott selbst dergleichen Verwandlung verursacht, würde sich nach ihnen (den Stoikern) Gott selbst vernichten. Was könnte Absurderes als das jemals gesagt werden?" (De mixtione, ed. I.Brun, P.226, 20-24).[220] Er hält die stoische Gotteslehre für nichts anderes als einen Versuch, das Göttliche als eine fünfte Substanz neben den vier Hauptelementen zu betrachten. Das wäre für einen Peripatetiker gleichbedeutend damit,daß das fünfte Element, das für Aristoteles wie für die Peripatetiker überhaupt ἀγένητος, ἄφθαρτος

---

[219] Vgl. aber A.Böhlig/F.Wisse, Nag Hammadi Codices III,2 and IV,2 = The Gospel of Egyptians, a.a.O., 189, die für die Eschatologie des ÄgEv (III 61,1-15 / IV 72,10-27) einen Einfluß der Weltbrandlehre annehmen.

[220] Eine englische Übersetzung findet sich bei R.B.Todd, On Stoic Physics, a.a.O., 143.

und θεῖος war, zum fünften Körper degradiert würde. Darüber faßt Alexander die Absicht seiner Einwände zusammen: "Dieses zu sagen wurde ich veranlaßt durch diejenigen, die Aristoteles in Bezug auf den fünften Körper (περὶ τοῦ πέμπτου σώματος) widersprechen und die aus Ehrgeiz Aussagen entgegenzutreten versuchen, die allein der Götter würdig sind" (ebenda 226,34f).[221] Was die reine Geistnatur Gottes anbelangt, waren sich also die Peripatetiker mit den Akademikern gegen die Stoiker einig.

Daß diese philosophische Schuldebatte dem Verfasser des **AJ**, wenn auch nicht in allen Einzelheiten, bekannt war, ist schon deshalb anzunehmen, weil die SJC eine Vertrautheit mit dieser Debatte für den Umkreis des Sethianismus bezeugt. Gleich zu Beginn dieser Schrift, dort, wo polemisch von drei verschiedenen philosophischen Meinungen über die Weltlenkung die Rede ist, wird auch von der Schuldebatte über die Gotteslehre berichtet: "Ich (Christus) will, daß ihr alle erfahret, daß die, die auf die Erde geboren wurden seit der Erschaffung (καταβολή) der Welt (κόσμος) bis jetzt, nachdenken und (zu ergründen) suchen, wer Gott ist oder (ἤ) welcher Art er ist" (BG 80,4-11 / III 92, 6-13; vgl. Eug. III 70, 3-8). Bei der genannten polemischen Aussage des **AJ** werden deshalb mit dem Stichwort σωματικός die stoische und mit dem "körperlos" (ⲁⲧⲥⲱⲙⲁ) die beiden Schulmeinungen der Akademiker und Peripatetiker gemeint sein. Solche Meinungsunterschiede via negationis hinter sich lassend, will der Verfasser des **AJ** einen ganz fremden, antikosmischen Gott verkündigen, der zugleich protologischer Ursprung und eschatologischer Zielpunkt des Alls ist.[222]

---

[221] Vgl. die englische Übersetzung von R.B.Todd, ebd.

[222] Der Aussage über die Körperlichkeit oder Nichtkörperlichkeit Gottes folgt in allen Versionen unmittelbar eine andere über die Unermeßlichkeit Gottes (III 5,11-13 / BG 24,17-18 // II 3,24 / IV 5,8-9; vgl. auch II 4,1-2 / IV 5,25-26). Dabei taucht der griechische Terminus μεγεθός auf. Andererseits kann man dem Bericht Plotins in Ennead. II,4,1 entnehmen, daß die damalige Debatte über die Körperlichkeit Gottes, was nur sehr natürlich ist, mit der Frage nach der meßbaren oder unmeßbaren Größe (μεγεθός) Gottes engstens verbunden war. Damit wird umso sicherer, daß das AJ in unserem Passus die damalige schulphilosophische Debatte bewußt voraussetzt. Zugleich hat man aber auch der Tatsache Aufmerksamkeit zu schenken, daß der stoische Gedanke von der Körperlichkeit und Größe Gottes auch für die altkatholische Rechtsgläubigkeit sehr anstößig war, was man z.B. bei Athenagoras, Tatian, Klemens von Alexandrien u.a. feststellen kann (vgl. dazu M.Pohlenz, Die Stoa, Bd.1, a.a.O., 409-418). Zu dieser Zeugenreihe zählt jetzt auch "Die Lehren des Silvanus" (NHC VII,4), eine Schrift, die sich der stoischen Vorstellung weit anpaßt (vgl. dazu unten S. 114 Anm.6), aber gerade die Körperlichkeit Gottes schroff ablehnt (100,7-13). Ein weiteres klassisches Beispiel dafür ist wohl die Antwort von Origenes auf Kelsos, den Platoniker, der den christlichen Glauben, Gott sei ein Pneuma, als genauso materialistisch wie den stoischen brandmarkte: "Wenn bei uns Gott ein Pneuma genannt wird, meinen wir nicht, er sei ein Körper. Denn zur Abgrenzung von den sinnlichen Erscheinungen pflegt die Schrift die intelligiblen Wesenheiten

KAPITEL 4: SCHLUSS UND AUSBLICK

Nachdem wir alle für unsere Fragestellung relevanten Texte durchgegangen sind, können wir zusammenfassend folgende Thesen formulieren:

1) Die Polemik gegen die stoische Lehrtradition beschränkt sich nicht auf den sogenannten großen Einschub der Langversionen (II 15,29-19,12 / IV 24,21-29,22), sondern läßt sich auch in anderen Teilen der Langversionen und in den Kurzversionen feststellen. Bewußtheit und Stärke dieser Polemik sind außerhalb des großen Einschubes jedoch je nach Themenbereich und Version unterschiedlich ausgeprägt.

Innerhalb der verschiedenen Themenbereiche können wir die Polemik in drei Grade unterteilen:

Grad A = bewußte Polemik gegen die stoische Lehrtradition
Grad B = Polemik, die mit guten Gründen als antistoisch aufgefaßt werden kann, die aber gleichzeitig auch gegen andere Schultraditionen der Spätantike gerichtet sein könnte, so daß man ihre polemische Spitze nicht ausschließlich gegen die stoische Lehrtradition gerichtet sehen darf.
Grad C = Aussagen, die als antistoische Polemik interpretierbar sind, wobei aber nicht mit Sicherheit nachgewiesen werden kann, daß diese Polemik bewußt geschieht.

Gegen die stoische *Kosmologie* führt das AJ eine bewußte und geschickte Polemik (von Grad A) durch. Von entscheidender Bedeutung ist dabei jene Aussage, die geschickt in die Handlung des Mythos, nämlich in die Szene der Erschaffung und Bevollmächtigung der himmlischen Gewalten durch Jaldabaoth (III 18,12-16 / BG 42,13-18 // II 11,7-9; 12,4-5 / IV 17,14 (?) -16; 19,3-4) wie eine Anmerkung eingefügt worden ist: "Und er (Jaldabaoth) teilte ihnen von seinem Feuer mit, aber er gab ihnen nicht von der Lichtkraft, die er von seiner Mutter empfangen hatte." Mit dieser Aussage, die für die weitere Entwicklung schwerwiegende Folgen hat, wird das göttliche "Feuer", das Grundprinzip der stoischen Kosmologie, von seinem erhobenen Ehrenplatz radikal degradiert, so daß ihm jetzt das akosmisch-überweltliche Transzendenzprinzip "die Lichtkraft" gegenübergestellt und übergeordnet wird. Dies

---

Pneumata und pneumatisch zu nennen. Diese Bezeichnungen sind aber nur bildlich gemeint, ebenso wie Licht oder verzehrendes Feuer als Symbole für Gott" (Contra Celsum VI 70.71). Diese Aussage läßt außerdem vermuten, daß auch der stoische Gedanke, Gott sei ein Feuer, im gleichen Zusamenhang umstritten war. Die aufgezeigte antistoische Polemik des AJ muß auch in diesem Kontext gesehen werden.

ist die zentrale These der vorliegenden Arbeit.

Eine Polemik gegen die stoische *Psychologie* ist nicht ebenso deutlich wie die Polemik gegen die stoische Kosmologie. Der hierfür in Frage kommende Text des **AJ** (III 22,18-23,14 / BG 49,9-50,14 // II 15,13-29 / IV 24,2-21) nimmt in erster Linie auf die auf Platons Timaios fußende Tradition Bezug, die die sieben Körperteile des Menschen mit den Planeten in Verbindung bringt. Aber das Charakteristikum des Textes besteht darin, daß er diese sieben Körperteile in den Rahmen der Psychologie der von H.Jonas sogenannten "Planetenseele" bringt. Das verrät eine polemische Sinnspitze gegen eine Psychologie, die die "Planetenseele" nicht auf die Körperteile, sondern auf die sinnlichen Wahrnehmungsfunktionen der Seele bezieht. Als Ursprungsort einer solchen Psychologie kann man wahrscheinlich die Psychologie des Poseidonios annehmen. Hat man ferner die stoische Achtteilung der seelischen Funktionen sowie die Dreiteilung der Seele in ψυχικόν, φυσικόν und ἑκτικόν im Auge, so läßt sich ein polemischer Sinn der Psychologie des **AJ** gut ermitteln. Dieser polemische Sinn ist jedoch verborgen. Ganz eindeutig ist nur die Bezugnahme auf die Timaios-Tradition. Wir nehmen daher hypothetisch eine antistoische Polemik nach Grad B an.

Denselben Wahrscheinlichkeitsgrad hat die Annahme einer Polemik gegen die stoische *Anthropologie*. Die Stelle, an der diese Polemik am deutlichsten erkennbar ist, ist die Szene der Langversionen, wo der von den sieben Gewalten des Jaldabaoth geschaffene, aber immer noch unbeweglich gebliebene Mensch erst durch das Einblasen der Lichtkraft zum sowohl bewegungs- als auch wahrnehmungsfähigen Menschen wird (II 20,13-14 / IV lacuna). Dahinter muß eine bestimmte Anthropologie stehen, die die Bewegungs- und Wahrnehmungsfähigkeit als zusammengehörig angesehen hat. Dafür käme die stoische Psychologie in Frage. Ansonsten können die bei der Erschaffung des materiellen Menschen (III 26,6-27,1 / BG 54,11-55,15 // II 20,33-21,14 / IV große lacuna) vorausgesetzten Elementen- sowie Prinzipienlehre mit guten Gründen als stoisch angesehen werden. Sie können aber zugleich zum locus communis der philosophischen Lehrtraditionen in der Spätantike gehören, so daß wir auch hier die polemische Spitze des **AJ** nicht auf die stoische Anthropologie beschränken dürfen.

Dagegen polemisiert das **AJ** wieder eindeutig gegen die stoische *Vorsehungs- und Heimarmenelehre* (Grad A). Bedeuten nach der stoischen Lehrtradition Pronoia und Heimarmene genauso wie die anderen Bezeichnungen Logos, Gott, Physis und Feuer immer dasselbe, so hat die gnostische Polemik des **AJ** diese Einheit zerbrochen. Sie hat einen Zwiespalt zwischen der transzendentalen Pronoia und der dämonisierten, dem Jaldabaoth untergeordneten Heimarmene eingeführt. Daraus ergibt sich notwendigerweise eine gegenüber der stoischen Lehrtradition veränderte *Sicht von Geschichte und Ethik*. Da die Geschichte als Bühne des Zwiespaltes von Pronoia und Heimarmene nicht mehr vom Bösen frei ist und nicht mehr so vor sich geht, daß alles, was geschieht, den Menschen und der Erhaltung des Weltorganismus zugute geschieht, hat sich jeder Gnostiker (Sethianer) in seinem Wandel in der Welt nach der akosmisch-tranzendentalen Pronoia zu richten. Das sethianische Selbstverständnis, daß die Gnostiker der "Same" (σπέρμα) des Seth sind und als solche die causa finalis (und auch die causa auctoris) der Weltgeschichte bilden, ist im Sinne einer verborgenen Polemik gegen die stoische Lehre von λόγος σπερματικός zwar interpretierbar, aber über diese mögliche Interpretierbarkeit hinaus nicht als bewußte Polemik nachweisbar. Gegen die stoische Eschatologie im engeren Sinne, d.h. die Ekpyrosislehre, läßt sich noch weniger eine polemische Bezugnahme finden. Erst bei der Beschreibung des obersten Gottes, des Zielpunktes der eschatologischen Wiederaufrichtung des Alls, zeigt das **AJ** eine bewußte Bezugnahme und Polemik gegen die stoische *Gotteslehre*, Gott sei auch körperlich. Obwohl diese Polemik mit einer gegen die entgegengesetzte Meinung verbundenen einhergeht, ist sie wegen ihres bewußten Charakters zum Grad A zu rechnen.

Die antistoische Polemik des **AJ** außerhalb des großen Einschubs kann mit ihrer je nach Themenbereich unterschiedlichen Bewußtheit und Stärke folgendermaßen in einer Tabelle aufgelistet werden:

THEMENBEREICHE	GRAD
Kosmologie	A
Psychologie	B
Anthropologie (Elementen- und Prinzipienlehre)	B
Vorsehungs- und Heimarmenelehre	A
Eschatologie (Samen- und Ekpyrosislehre)	C
Gotteslehre	A

Nicht aufgeführt ist die Erkenntnis-, Qualitäten- und Affektenlehre, gegen die der große Einschub eine eindeutig bewußte Polemik bringt. Abgesehen von der Logik sind also alle wichtigen Themenbereiche der stoischen Lehrtradition angeschnitten. Gegen sie wird zwar in unterschiedlicher Bewußtheit und Stärke polemisiert, das kann aber kein Grund dafür sein, diese thematische Zusammengehörigkeit als Zufall anzusehen. Vielmehr ist wahrscheinlich, daß eine zusammenhängende Polemik gegen die stoische Lehrtradition einer der Abfassungszwecke des **AJ** war. Sie hat diese Schrift in ihren verschiedenen Entwicklungsphasen von Anfang an wie ein roter Faden durchzogen. Der Bewußtheits- und Stärkeunterschied in den verschiedenen Themenbereichen beweist nur, daß sich die Polemik je nach dem Themenbereich nicht absolut setzt, sondern mit polemischen bzw. anpassenden Bezugnahmen auf andere Lehrtraditionen verbunden ist. Daß man mit solch einer Breite der Bezugnahmen zu rechnen hat, ist von Anfang an klar, wenn man z.B. an die Anhäufung der negativen Aussagen über den höchsten Gott zu Beginn der Schrift denkt. Hier muß eine vielschichtige Bezugnahme auf unterschiedliche Gotteslehren der damaligen Zeit angenommen werden.[1] Ein anderes gutes Beispiel für die vielschichtige Polemik bietet die Szene des Einblasens der Lichtkraft von Jaldabaoth in Adam. In dieser Szene geht die von uns für möglich gehaltene Polemik gegen die stoische Anthropologie mit einer polemischen Persiflage des alttestamentlichen Schöpfergottes (Gen 2,7) Hand in Hand. Die antistoische Polemik ist also oft mit Polemik gegen andere Überzeugungen verbunden, bildet aber den roten Faden in den verschiedenen polemischen Bezugnahmen.

2) Die antistoische Polemik *kann* über die Verchristlichungsstufen des **AJ** hinaus bis auf seine erste Abfassungszeit zurückgehen. Die ursprüngliche, nicht-christliche Fassung des **AJ** wurde im Laufe der Überlieferungsgeschichte durch sekundäre Überarbeitung ihrer Rahmenhandlung und Einfügung des Namens Christus an mehreren Stellen verchristlicht. Mit diesen beiden Verchristlichungsverfahren hat die antistoische Polemik prinzipiell nichts zu tun. Außerdem dürfte die zentrale Polemik gegen die stoische Feuerlehre, die so geschickt in die Handlung des Erlösungsmythos eingebaut wurde, schon vor der Verchristlichung dem ursprünglichen Abfassungszweck des **AJ** entsprochen haben. Diese "Urfassung des **AJ**" kann nur in der Zeit zustandegekommen sein, wo die von Schenke wahrscheinlich gemachte Urtrias der Spitze des sethianischen Systems bereits auf jenes System hin ausgebaut wurde, das jetzt im **AJ** vorliegt.

3) Im Laufe der Überlieferungsgeschichte trat die antistoische Polemik je nach Version in unterschiedicher Bewußtheit und Stärke hervor. Wir konnten allerdings nicht auf die Frage eingehen, wie der überlieferungsgeschichtliche Stammbaum des **AJ** zu rekonstruieren ist, und wie das Verhältnis seiner uns erhaltenen vier Versionen zueinander zu bestimmen ist. Giversens Rekonstruktion hat viel für sich. Aber unabhängig davon kann man feststellen, daß

---

[1] Das wird z.B. in der "Monas"-Aussage (BG 22,17-18 // II 22,26-27) klar, hinter der mit Sicherheit die Zahlenmystik des zeitgenössischen Neupythagoreismus und Mittelplatonismus steht. Über die neupythagoreisch-akademische Monas und ihren Einfluß auf die verschiedenen Gruppen des christlichen Hochgnostizismus im 2.Jhdt. vgl. H.J.Krämer, a.a.O., 238. 243-254. Vgl. auch den interessanten, den Ansatz Krämers weiterführenden Aufsatz von B.Aland, Gnosis und Philosophie, in: G.Widengren (Hg.), Proceedings of the International Colloquium on Gnosticism (Stockholm August 20-25, 1973), Stockholm/Leiden 1977, 34-73, hier bes. 41.67 und A.H.Armstrong, Gnosis and Greek Philosophy, in; B.Aland (Hg.), Gnosis. Festschrift für Hans Jonas, Göttingen 1978, 87-124, bes. 115ff. M.Tardieu, a.a.O., 247 weist auch in dieselbe Richtung hin. Zur theologia negativa des Mittelplatonismus vgl. u.a. H.A.Wolfson, Albinus and Plotinus on Divine Attributes, HThR 45(1952) 115-130 und J.Whittaker, Neopythagoreanism and Negative Theology, Symbolae Osloenses 44(1969) 109-125.

die Langversionen - vom großen Einschub abgesehen- in mehreren Themenbereichen Züge einer gegenüber den beiden Kurzversionen gesteigerten Polemik aufweisen. Als solche Züge wurden herausgearbeitet:

(1) die redaktionelle Verdoppelung jener zentralen Aussage, Jaldabaoth habe seinen Gewalten zwar von seinem Feuer, aber nichts von der in ihm sich befindenden Lichtkraft der Mutter gegeben (s.o. § 3.1.2 und S. 73f)

(2) die Bezeichnung der sieben Gewalten des Jaldaboth als σῶμα (II 11,26,s.o.S. 73)

(3) die Zusammengehörigkeit der Bewegungs- und Wahrnehmungsfähigkeit beim menschlichen Organismus (II 20,13-14 / IV lacuna, s.o.S. 87)

(4) die Tendenz, die Barbelo/Pronoia aus ihrem "Schattendasein" herauszuholen und ihre Rolle vor allem in der "soteriologischen Hälfte" des Mythos, aber darüber hinaus auch bei der Erschaffung der psychischen Menschen zu steigern. Die gegenüber den Kurzversionen vermehrten Aussagen über die Epinoia gehören insofern auch hierher, als hinter ihr oft die Pronoia steht (vgl. oben § 3.4.2.2.c)

(5) die Verstärkung des kosmologisch-astronomischen Charakters der Heimarmene, die als die soeben entstandene der "alten" bisherigen gegenübergestellt wird. Hiermit hängt auch die Einführung der Vorstellung von Schicksalsverkettung zusammen (II 28,11-32 / IV 43,24-44,20; s.o.S. 95f).[2]

(6) eventuell auch die Bezeichnung des "Samens" des Seth als causa auctoris statt als causa finalis der Weltgeschichte (II 25,10-15 / IV 39,8-15, s.o.S. 154).

Diese Tendenz zur Steigerung der antistoischen Polemik läßt sich wegen des lückenhaften Zustandes des Codex IV zwischen den beiden Langversionen nicht weiter differenzieren. Dagegen ist eine Differenzierung für die beiden Kurzversionen an einer Stelle möglich. BG 30,19-31,5 zeigt nämlich gegenüber dem Paralleltext III 10,4-9 deutlich die sekundäre Steigerung der Rolle der Pronoia (s.o.S.75f). Das beweist nun zugleich, daß die Steigerung der Pronoia, eine der oben für die Langversionen festgestellten Steigerungen, bereits vor den Langversionen eingesetzt haben muß. An der Intensität der Polemik gegen die stoische Lehrtradition gemessen, repräsentieren die vier Versionen, III, BG, II / IV, wohl in dieser Reihenfolge die Grundtendenz der Überlieferungsgeschichte, d.h. die Intensivierung und Steigerung der Polemik.[3]

---

[2] In II 28,21-26 / IV 44,6-12 wird die Heimarmene gut stoisch so vorgestellt, daß sie auch über die innersten Dispositionen wie die Affekte Herr ist. Diese Partie haben wir demselben Redaktor zugeschrieben, der auch für den großen Einschub verantwortlich ist. Das ist freilich nicht absolut sicher. Sollte sie ihm bereits vorgegeben gewesen sein, so gilt sie, weil sie ein Sondergut der Langversionen ist, als ein zusätzlicher Beleg für den Zug Nr.5.

[3] Damit haben wir das Postulat, das R.Mcl.Wilson, Gnosis and the New Testament, a.a.O., 110 zur Verhältnisbestimmung der Versionen zueinander aufgestellt hat, un-

4) Aber diese Grundtendenz, vor allem die Steigerung der Rolle der Barbelo/Pronoia, verlief nicht kontinuierlich. Die Offenbarungsrede der Pronoia am Ende der Schrift ging in jenem Überlieferungsstrang, der später in die beiden uns vorliegenden Kurzversionen einmündete, relativ früh, wenn auch erst nach der Verchristlichung des **AJ** durch sekundäre Überarbeitung der ursprünglichen Rahmenhandlung, verloren. Der Grund dieser Kürzung ist nicht ganz klar. Sie zeigt jedoch, daß es in einem bestimmten Überlieferungsstrang ein Stadium gab, in dem man der Tendenz zur Steigerung der Pronoia nicht ohne weiteres zustimmte.

5) Im Überlieferungsstrang, der zu den beiden Langversionen führte, hat sich dagegen diese Tendenz ohne Unterbrechung entwickelt. Hier kam es außerdem zu jenem großen Einschub, in dem zwar nicht aufgrund direkter Kenntnis stoischer Quellen, sondern durch "das Buch des Zoroastros" vermittelt, auf die stoische Lehrtradition über Erkenntis, Qualitätenmischung und menschliche Affekte Bezug genommen wird und sie durch dämonisierende Polemik bekämpft wird (vgl. die Zusammenfassung § 2.4). Dadurch wird in den uns vorliegenden Langversionen die antistoische Polemik erheblich intensiver und auch thematisch vollständiger als in den Kurzversionen.

Chronologisch betrachtet kann der große Einschub nicht älter sein als die Verchristlichung der Schrift. Denn der christlich überarbeitete Rahmen ist in allen Versionen - mit einzelnen Unterschieden - da. Der Redaktor, der für diesen Einschub verantwortlich ist, dürfte also ein Gnostiker gewesen sein, der sich als "Christ" verstand.

Damit tauchen zwei weitere Fragen auf. Erstens: Wie hat man sich für diese spätere Phase das chronologische Verhältnis der festgestellten Grundtendenz der Überlieferungsgeschichte einerseits und der Verchristlichung des ursprünglich nichtchristlichen **AJ** andererseits zueinander vorzustellen? Zweitens: Bleibt die redaktionelle Tätigkeit des Redaktors nur auf den großen Einschub beschränkt? Oder muß man auch einige von den Zügen, die oben als Anzeichen für die gesteigerte Polemik in den anderen Teilen der Langversionen zusammengestellt worden sind, auf sein Konto schreiben?

Was die erste Frage betrifft, so läßt sie sich folgendermaßen beantworten: Grundsätzlich ist die antistoische Grundtendenz früher als die Verchristlichung anzusetzen (vgl. oben die 2. These), aber beide sind von dem Punkt an, wo die Verchristlichung einsetzte, parallel vor sich gegangen. Anders gesagt: Die Grundtendenz, die antistoische Polemik zu steigern, setzte sich über die Verchristlichung der Schrift hinaus fort. Das ist eben der Grund, warum die zweite Frage kaum mit Sicherheit beantwortbar ist. Die Grenze zwischen der Arbeit des Redaktors und dem von ihm Vorgefundenen muß und darf fließend bleiben. Wichtiger ist,daß er die vorgefundene Tendenz weiter fortgesetzt hat.

---

ter einem begrenzten Aspekt erfüllt.

6) Wenn wir diese Entwicklung der antistoischen Polemik des **AJ** im Zusammenhang mit der Christentumsgeschichte des zweiten Jahrhunderts n.Chr. betrachten, ergibt sich ein höchst eindrucksvoller Kontrast zur altkatholischen Großkirche. Viele Theologen der Alten Kirche , apostolische Väter, Apologeten und Antihäretiker - angefangen mit Klemens von Rom, über Justin bis zu Irenaeus, Klemens von Alexandrien und Origenes - haben die stoische Philosophie in verschiedenen Themenbereichen in verschiedener Weise, in der Pronoialehre und der theologia naturalis jedoch grundsätzlich positiv aufgenommen. Ganz anders das **AJ**. Diese Schrift beabsichtigte von Anfang an eine radikale Umkehrung und Negierung der stoischen Weltsicht, was sich an jener Gegenüberstellung des außerweltlichen Lichtes und des stoischen Feuers am deutlichsten zeigt: "In das Dunkel des Kosmos fällt das Licht Gottes als die antikosmische, entweltlichende Macht. Die von ihm gewirkte Erlösung ist Brechung des Bannes der Welten, Lösung der weltlichen Bindung: er selbst ist eigentlich das Prinzip der Aufhebung aller Weltwirklichkeit, so wie er im Griechentum das ihrer Sicherung war" (H.Jonas).[4] Die ganze Überlieferungsgeschichte des **AJ** hat diese prinzipielle Umkehrung der stoischen Weltsicht nur intensiviert und thematisch vervollständigt.

Trotz dieses prinzipiellen Kontrastes sind einige Gemeinsamkeiten nicht zu übersehen. Die ablehnende Haltung der altkatholischen Großkirche gegenüber dem stoischen Gedanken der Körperlichkeit Gottes und der im Sinne des bloßen Fatalismus verstandenen Heimarmene ist mit der antistoischen Polemik das **AJ** durchaus kompatibel. Es gilt hier, teilweise Gleichheit bei prinzipieller Andersartigkeit wahrzunehmen. Dasselbe gilt auch für die *Anpassung*, die die Großkirche zugunsten der Apathie Gottes an die stoische Lehre gemacht hat. Die theologia negativa des **AJ** wäre ihrer Tendenz nach damit kompatibel, geht aber weit darüber hinaus, indem sie jetzt eine Dämonisierung der menschlichen Affekte im Sinne der antistoischen Polemik unternimmt, die im großen Einschub (II 15,29-19,12) besonders deutlich sichtbar wird. Aber selbst für diese Dämonisierung finden wir etwas später im mönchischen Christentum des 4.Jhdt. ein Parallelphänomen, worauf M. Pohlenz hinweist.[5] Der Ursprung des Mönchtums liegt bekanntlich in Ägypten. Auch das **AJ** könnte dort entstanden sein. Auf alle Fälle waren alle seine vier Versionen letztlich dort zu Hause. Es wäre deshalb sehr interesant und für die weitere Erforschung der gnostischen Dämonisierung der Affekte nützlich, den Fragen nachzugehen, ob und wieweit sich eine ähnliche Dämonisierung der Affekte im Mönchtum bis in seine Anfänge in Ägypten hinein zurückverfolgen läßt, und ob die antistoische Dämonisierung der Affekte im großen Einschub eventuell damit in Berührung gestanden hat, zumal der Redaktor dieses etwas später hinzugekommenen Einschubes ein Gnostiker gewesen

---

[4] Zitat bei H.Jonas, Gnosis und spätantiker Geist, a.a.O., 146.

[5] M.Pohlenz, Die Stoa, Bd.1, a.a.O., 432f.

sein muß, der sich als "Christ" verstand. Diesen Fragen, so interessant sie auch sind, können wir im Rahmen dieser Arbeit nicht mehr nachgehen.[6]

---

[6] Hier sei darauf hingewiesen, daß "Die Lehren des Silvanus" (NHC VII,4) in diesem Zusammenhang unbedingt berücksichtigt werden muß. J.Zandee, Die Lehren des Silvanus. Stoischer Rationalismus und Christentum im Zeitalter der frühkatholischen Kirche, a.a.O., 148-150 hat bereits auf den eindeutig stoischen Charakter der in dieser Schrift vorgelegten Affektenlehre hingewiesen. Ordnet man die einzelnen Affekte, die in 84,20-26 und 95,23-32 aufgezählt sind, den von uns weiter oben in §2.3.2 zusammengestellten stoischen Katalogen zu, so gewinnt man folgende Tabelle (eine lateinische Ziffer bedeutet die Tabellennummer, C. = Cicero, D. = Diogenes Laertios, A. = Ps.-Andronikos und S. = Stobaios):

ἔρως	ἔρως	IV D:(5), A.(7), S.(7)
ⲠⲞⲚⲎⲢⲒⲀ (πονηρία) ⲈⲐⲞⲞⲨ	πονηρία	
Ⲙ̅Ⲛ̅Ⲧ̅ⲘⲀⲈⲒⲈⲞⲞⲨ	φιλοτιμία, φιλοδοξία	IV A.(22), S.(12)
Ⲙ̅Ⲛ̅Ⲧ̅ⲘⲀⲈⲒϯⲦⲰⲚ	φιλονιχία	IV D:(3)
ⲔⲰϨ ⲈⲦϨⲞⲤⲈ	ζῆλος/aemulatio	II C.(2), D.(3), A.(3), S.(2)
ϬⲰⲚ̅Ⲧ	θυμός/excandescentia	IV C.(2), D.(7), A.(2), S.(2)
ὀργή	ὀργή/ira	IV C.(1), D.(4), A.(1), S.(1)
ἐπιθυμία Ⲙ̅Ⲙ̅Ⲛ̅Ⲧ̅ⲘⲀⲈⲒⲬⲢⲎⲘⲀ	φιλοχρηματία	IV A.(21)
ὑπόχρισις	ὑπόχρισις	
Ⲙ̅Ⲛ̅Ⲧ̅ⲀⲖⲀⲌⲰⲚ (-ἀλαζών)	ἀλαζονεία	
Ⲙ̅Ⲛ̅Ⲧ̅ϢⲞⲨϢⲞⲨ	iactatio	III C.(3)
Ⲙ̅Ⲛ̅Ⲧ̅ⲀⲦⲚⲞⲨⲦⲈ	ἀσέβεια	

Es fällt auf, daß hier einige Affekte, die in den stoischen Katalogen relativ am Rande stehen, wie etwa φιλοτιμία/-δοξία, φιλονιχία, φιλοχρηματία verhältnismäßig oft vertreten sind. Außerdem tauchen einige Begriffe auf, die eigentlich nicht zur stoischen Affektenlehre gehören, sondern besser zur stoischen Lasterlehre passen (πονηρία, ὑπόχρισις, ἀλαζονεία, ἀσέβεια. Die letzten zwei sind in Ps.-Andronikos, De virtutibus et vitiis XVI belegt. Vgl. A.Glibert-Thirry, a.a.O., 267.) Die stoische Systematik, die die Einzelaffekte in die vier Hauptaffekte verteilte, ist auch verlorengegangen. Immerhin sind diese Affekte in Silv. genauso wie im großen Einschub des AJ dämonisiert. Der Verfasser versteht sich außerdem wie auch der Redaktor dieses Einschubes als Christ und reiht sich wohl ins ägyptische Christentum des ausgehenden zweiten Jahrhunderts ein (vgl. M.L.Peel/J.Zandee, "The teachings of Silvanus" from the Library of Nag Hammadi, NT/1972, 294-311, hier bes. 310f). Sein Christentum ist im Grunde nicht gnostisch und weist viele Gemeinsamkeiten mit Klemens von Alexandrien und dem späteren Mönchtum auf. Die Forschung sieht deshalb den besonderen Wert von Silv. darin, daß es die auf das spätere Mönchtum hinführende Tradition "von einem bisher so nicht bekannten (vielleicht "am Rande" oder im Vorfeld der alexandrinischen Theologie vorzustellenden) Punkt aus" beleuchtet (so der Berliner Arbeitskreis für koptisch-gnostische Schriften, "Die Lehre des Silvanus",

7) Ebenfalls als Ausblick auf die weitere Forschung sei schließlich auf eine Frage hingewiesen, die im Verlauf dieser Untersuchung immer wieder begegnete, die aber nicht so, wie sie es verdient hätte, untersucht werden konnte; die Frage nämlich, wie sich das **AJ** mit seiner sich steigernden Polemik gegen die stoische Lehrtradition zu den anderen gnostischen Schriften verhält, die ebenso wie das **AJ** zum sethianischen Schrifttum gezählt werden können.

Gerade in diesem Punkt ist Vorsicht geboten, weil zur Zeit in der Forschung umstritten ist, inwieweit und mit welchen Kriterien man bestimmte Schriften als sethianisch von anderen abgrenzen kann, und ob man dahinter eine soziologisch definierbare Gnostikergruppe mit eigener Dogmatik, Kult und geschichtlicher Entwicklung annehmen darf.[7] Wir könnten hier auf Einzelheiten dieser Streitfrage nicht eingehen, wollen aber in gebotener Kürze

ThLZ 100/1975 Sp.7-23, bes.9).

[7] J.Doresse, The Secret Books of the Egyptian Gnostics, London 1960 (franz. 1958), 249ff vertrat in seinem kursorischen Bericht über den gesamten Nag-Hammadi-Fund die Ansicht, daß es sich im ganzen um eine Bibliothek der Sethianer gehandelt habe. Diese Ansicht ist jetzt allgemein aufgegeben worden. Bereits 1963 hat A.Böhlig unter dem Kriterium des Vorkommens des Seth die Zahl der Seth-Schriften auf acht beschränkt. Vgl. A.Böhlig/P.Labib (Hg.), Koptisch-gnostische Apokalypsen aus Codex V von Nag Hammadi, Halle-Wittenberg 1963, 87. H.-M.Schenke, Das sethianische System, a.a.O., 165f hat dann 1974 aufgrund der inzwischen erfolgten weiteren Textausgaben insgesamt zehn Schriften als sethianische identifiziert: AJ, HA (II,4). ÄgEv (III,2; IV,2). ApcAd (V,5), StelSeth (VII,5), Zostr (VIII,1), Melch (IX,1), Norea (IX,2), Marsanes (X,1), Allog (XI,3) und Protennoia (XIII,1). Nachdem Schenke versucht hat, Züge eines allen diesen Schriften zugrundeliegenden Systems zu rekonstruieren, führte er seinen Ansatz später in seinem zum Internationalen Kongreß über Gnostizismus (Yale University / USA, 28-31. März 1978) beigesteuerten Papier: The Phenomenon and Significance of Gnostic Sethianism (jetzt abgedruckt in: The Rediscovery of Gnosticism, hrsg. von B.Layton, Leiden 1981, Bd.2, 588-616) weiter. Hier ist er bemüht, nicht nur die Identität und Abgrenzbarkeit der genannten Schriftengruppe und ihre gegenseitige Beziehung klarzustellen, sondern auch die kultische Praxis der Sethianer und ihre Begegnung mit dem Christentum und der griechischen Philosophie aufzuzeigen. Demgegenüber steht die äußerst skeptische Position von F.Wisse, Stalking Those Elusive Sethians, ebd. 563-576. Daß die Forschung heute bemüht ist, über diese beiden Positionen hinauszukommen, zeigt die Diskussion, die im Anschluß an diese beiden Thesen auf dem oben genannten Kongreß stattfand (abgedruckt ebd. 578-587. 634-642). Mir persönlich scheint die These von Wisse der kommunikationsorientierten Funktion gnostischer Texte nicht gerecht zu werden, da er das gnostische Schrifttum auf private Meditation einzelner Mönche zurückzuführen scheint. (Die künftige Gnosisforschung hat sich m.E. noch sehr viel mehr mit der textpragmatischen Dimension der Texte zu befassen). Den Ansatz von H.-M.Schenke halte ich dagegen für grundsätzlich berechtigt, unabhängig davon, ob und inwieweit er in Einzelheiten recht hat.

nur zwei Schriften, ÄgEv (III,2; IV,2) und Protennoia (XIII,1) in Betracht ziehen. Niemand wird bestreiten, daß beide Schriften unter den Nag Hammadi Schriften mit dem **AJ** systemverwandt sind und beide wegen der mehr oder weniger deutlichen Rolle des Seth und/oder seiner Nachkommenschaft die Bezeichnung "sethianisches Schrifttum" verdienen.

ÄgEv gilt außerdem als eine der am meisten systematischen Darstellungen des gnostischen Erlösungsmythos. Deshalb ist eine antistoische Polemik, wenn überhaupt, vor allem bei ihm zu erwarten. Auffälligerweise aber fehlt hier die Vorstellung vom Fehltritt und Fall der Sophia, der in **AJ** und HA (II,4) zur Entstehung der unteren Welt führt. Stattdessen kommt der Weltschöpfer und -herrscher Saklas ausschließlich aufgrund eines Befehls des großen vierten Lichtes Eleleth zur Entstehung. Auch die darauffolgende Entstehung der himmlisch-siderischen Gewalten, der Zwölf und der Sieben, wird konsequenterweise nicht immer eindeutig negativ bewertet (III 56,22-58,22 // IV 68,5-? vgl. auch III 64,3-9 // IV 75,17-24).[8] Was sonst sich eventuell als verborgene Polemik gegen die stoische Lehrtradition verstehen läßt, ist einschließlich der sporadisch begegnenden und immer positiven Pronoia-Aussagen (III 40,17; 42,2; 43,6; 63,22 // IV 50,8; 51,20; 53,2; 75,11) im Vergleich mit dem **AJ** deutlich weniger. In der *Protennoia* (XIII,1) scheint zwar an einer Stelle die Entstehung des Jaldabaoth aus der gefallenen Mutter Sophia vorausgesetzt zu sein (XIII 39,25-30), auf der anderen Seite begegnet derselbe Gedanke wie im ÄgEv, daß nämlich Eleleth, das vierte Großlicht, ihn mit einem Befehl zum Herrscher über das Chaos hervorgerufen habe (XIII 39,15-28). Diese Entwicklungstendenz, die Entstehung des Herrschers der unteren Welt letztlich auf eine göttliche Initiative des Pleromas zurückzuführen, könnte unter Umständen vom Valentianismus (besonders den Ptolemäern) beeinflußt sein.[9] Was sich damit aber nicht erklären läßt, ist der Gedanke der Allgottheit, die das All hervorbringt, es erhält und sich in ihm innewohnend bewegt (XIII 35,3-4. 12-18. 30-32; 38,12; 45,5-6.29; 47,19-22). Zu diesem "All"

---

[8] Vgl. dazu A.Böhlig/F.Wisse, Nag Hammadi Codices III,2 and IV,2 = The Gospel of Egyptians, a.a.O., 194.

[9] Vgl. dazu Irenaeus, Adv.Haer.I, 4,5: "Darum sagen sie, daß der Heiland der Wirkung nach alles geschaffen habe." Über die gemilderte antikosmische Haltung des Valentianismus, die sich hier zeigt, vgl. W.Foerster, in: ders. (Hg.), Die Gnosis, Bd.1, a.a.O., 164. 170 und T.Onuki, Die Naturanschauung im Gnostizismus und bei Irenaeus, a.a.O. (im Druck, japanisch). Daß der Valentianismus gerade in seinem monistischen Zug am stärksten Einschläge seitens des zeitgenössischen mittelplatonisch-neupythagoreischen Parallelsystems aufweist, hat H.J.Krämer, a.a.O., 238-264 (bes. 251. 260f) glänzend gezeigt. Es stellt sich die Frage, inwieweit man daraus erklären kann, daß der sich im AJ noch deutlich zeigende Dualismus im wohl späteren Schrifttum des Sethianismus in die ebenfalls als monistisch zu bezeichnende Richtung umschlägt. So interessant diese Frage auch ist, so muß sie hier doch unbeantwortet und ein Ausblick auf die weitere Forschung bleiben.

(ПТНРϤ) gehört nicht nur das Pleroma, sondern alles, was sich in der unteren Welt findet, angefangen bei den Archonten und Engeln über die Dämonen bis zur materiellen Seele (XIII 35,15-18). Hier kann man sich schwerlich des Eindrucks erwehren, daß jener Gottesgedanke des **AJ**, der als das ganz transzendentale Prinzip dem weltimmanenten Gott der stoischen Lehrtradition "revolutionär" gegenübergestellt war, jetzt einer neuen, veränderten Sicht der Gottheit Platz macht, die zu dem alten Gedanken einer Allgottheit ein gutes Stück wieder zurückzukehren scheint.

Diese Verminderung der antikosmischen Diastase der Lichtwelt von der Unterwelt sowie die Annäherung an den schon stoisch anmutenden uralten Allgottheitsgedanken müßten wohl für Anzeichen der späteren Phase des sethianischen Schrifttums gehalten werden.[10] Von hier zurückbetrachtet, erweist sich das ganze **AJ** als ursprünglicher und mit seiner systematischen Behandlung der verschiedenen Themenbereiche als viel "philosophischer". Insofern müssen wir W.Till Recht geben, wenn er in seiner Textausgabe von BG 8502 über die SJC erläuternd sagt: "Jedenfalls ist aber so viel gewiß, daß der im **AJ** noch deutlich erkennbare philosophische Ausgangspunkt und die folgerichtige Entwicklung schon ganz geschwunden sind und daß das Weltbild in seiner Entwicklung zu dem in der "Pistis Sophia" wiedergespiegelten Endpunkt mit der Überfülle überirdischer Wesen und Welten schon ein gutes Stück vorwärtsgeschritten ist."[11] Unabhängig davon, ob und inwieweit man SJC und Pistis Sophia noch als "sethianisch" bezeichnen kann,[12] ist die Entwicklung von **AJ** zu ÄgEv und Protennoia ähnlich beschreibbar. Unsere Untersuchung hat, wenn sie einigermaßen das Richtige trifft, gezeigt, daß mit diesem "philosophischen Ausgangspunkt" des **AJ** eine polemische Stellungnahme gegen u.a. die stoische Lehrtradition als die populärste und führende Weltsicht der späten Antike beabsichtigt war. Warum sich diese Polemik innerhalb des gnostisch-sethianischen Schrifttums zunächst immer mehr steigerte, dann aber in einer späteren Phase anscheinend nachließ, ist eine Frage für sich, die hier offenbleiben muß.[13]

---

[10] Vgl. dazu G.Schenke, Die dreigestaltige Protennoia (Nag Hammadi Codex XIII), Berlin 1984, 21.98.

[11] Zitat bei W.Till in der Textausgabe BG (1.Aufl.), 56.

[12] Vgl. hierzu H.-M.Schenke, The Phenomenon and Significance of Gnostic Sethianism, in: B.Layton (Hg.), The Rediscovery of Gnosticism, Leiden 1981, Bd.2, 588-616, bes. 596 und dort (Anm.21) genannten Aufsatz: R.Mcl.Wilson, "The Gospel of the Egyptians", in: Studia Patristica 14 (TU 117), Berlin 1976, 243-250.

[13] Bei der Beantwortung dieser Frage muß unbedingt die philosophiegeschichtliche Tatsache bedacht werden, daß nach dem Wechsel vom 2. und 3. Jhdt. die Peripatetiker unter Führung von Alexander von Aphrodisias eine Renaissance ihrer Schule erlebten und damit der Stoa ein definitives Ende machten. Danach kam mit Plotin der Neuplatonismus zur Blüte. Daß damals die Stoa keine aktuelle Geistesströmung war, ist daran zu sehen, daß ihre Wirksamkeit bereits bei Origenes und Methodios nur

ANHANG: HANDBÜCHER UND EXZERPTE ZUR POPULARISIERUNG DER STOA

Wir sind im Laufe der Untersuchung oft auf die Frage gestoßen, durch welche Medien die aufgezeigte antistoische Polemik - nicht nur am Anfang, sondern während ihrer ganzen Entwicklung - Kenntnis von der stoischen Lehrtradition erlangt haben könnte. Ist eine Kenntnis originaler stoischer Werke unwahrscheinlich, so wird diese Frage nach möglichen Medien erst recht akut. An einer Stelle ist diese Frage durch den Text des **AJ** selbst beantwortet worden. Der Redaktor des großen Einschubes der Langversionen nämlich hatte "das Buch des Zoroastros" in seiner Hand, auf das er selbst am Ende des Einschubes hinweist (II 19,10 / IV 29,19). Er lernte nach unserer Annahme erst über dieses Buch die Fachwörter der stoischen Erkenntnis-, Qualitäten- und Affektenlehre kennen. Dieses Buch weist seinerseits bereits deutliche Zeichen von Eklektismus auf. Wir haben bei ihm mit einer popularisierten Form der stoischen Lehre zu tun. Leider sind wir nicht in der Lage, auch für die antistoische Polemik, die wir für die Teile außerhalb des großen Einschubes angenommen haben, einen ebenso eindeutigen Nachweis zu erbringen. Aber auch hier dürfte die Vermittlung durch eine mehr oder weniger popularisierte Form der stoischen Philosophie geschehen sein.

Beispiel und Beleg solch einer Popularisierung der Stoa sind - zunächst auf hellenistischem Boden in den beiden ersten Jahrhunderten n.Chr. - Lukian und Plutarch sowie das dialogische Werk des Kebes von Theben, "Gemälde" (Κέβητος Θηβαίου Πίναξ) und Dion von Prusa. Das Werk des Kebes stammt wohl aus dem 1.Jhdt.n.Chr. und ist inhaltlich ein Protreptikos zu einer philosophischen Ethik und Tugendlehre. Es vertritt eine eklektische Position.[1] Dion von Prusa war einer der Philosophen, die Kaiser Domitian aus Italien verbannte. Er lebte seit seiner Verbannung als ein Wanderprediger und vertrat ebenfalls eine eklektische Position. Die Forschung ist sich aber darin einig, für beide trotz des jeweiligen Eklektismus die stoische Lehrtradition als

noch literarisch ist. Sie kennen die stoischen Gedanken "aus Büchern und durch Vermittlung der Platoniker, aber nicht mehr als gegenwärtig im Leben wirkende Macht" (M.Pohlenz, Die Stoa, Bd.1, a.a.O., 428). Eine Antwort auf unsere Frage in dieser veränderten Situation der spätantiken Schulphilosophie zu suchen heißt, die Forderung Langerbecks ernst zu nehmen, bei der Gnosisforschung der antiken griechischen Philosophie mehr Beachtung zu schenken. Die vorliegende Arbeit versteht sich als eine Antwort auf diese Forderung unter dem bereits weiter oben in S. 2 Anm.10 gemachten Vorbehalt.

[1] Vgl. J. von Arnim, PRE XI,1. Sp.102f und M.Pohlenz, Die Stoa, Bd.1, a.a.O., 364.

die tragende anzusehen.[2] Aus dem hellenistischen Judentum des gleichen Zeitraums, auf das wohl auch die Urfassung des **AJ** zurückgehen müßte, ist "Der Brief des Herakleitos" von Pohlenz als Beispiel angeführt worden: "Unbedenklich legt der Verfasser des Briefromans stoische Gedanken dem alten Epheser in den Mund, den die Stoiker selbst als ihren geistigen Ahnen betrachteten", und zwar um das Lustleben der gegenwärtigen Epheser zu kritisieren.[3] Als Beleg für die Popularisierung der stoischen Tugendlehre wird auch die folgende Aussage von Philo bewertet: "Damit meine ich folgendes: die Tapferkeit, die Tugend, die sich auf (das Verhalten in) Gefahren bezieht, ist das Wissen von dem, was man ertragen muß, wie das alle wissen, die nicht ganz und gar aller Bildung bar sind, wenn sie sich auch nur ein wenig mit der Wissenschaft befaßt haben" (De specialibus Legibus IV,145). Aufgrund aller dieser Beispiele und Belege kommt Pohlenz zur Schlußfolgerung: "Die Wirkung der Stoa reichte aber weit über die wissenschaftlichen Kreise hinaus. Die Lehre von den naturhaft gebildeten, allen Menschen gemeinsamen Begriffen, den κοιναὶ ἔννοιαι, war so sehr Gemeingut geworden, daß sie gern auch von Gegnern wie dem Platoniker Plutarch und dem Peripatetiker Alexander gegen die Stoa ausgespielt wurden. Auch sonst waren die stoischen Denkformen und logischen Kategorien längst in das Volksbewußtsein eingedrungen. Die stoischen Definitionen der Tugenden gehörten für den Juden Philo zu den Dingen, die "jeder wußte, der von Bildung eine Ahnung hatte" (L.sp. IV 145). Termini wie Synkatathesis und Kathekon waren aus dem Sprachgut nicht mehr wegzudenken. Handbücher über stoische Terminologie konnten auf Leser rechnen."[4]

Wie es am Schluß des Zitates heißt, waren zahlreiche Handbücher - und später in der doxographischen Tradition auch zahlreiche Exzerpte daraus - das Hauptmittel, das zur Popularisierung der stoischen Lehrtradition beitrug. Solche Handbücher müssen ursprünglich als Unterrichtshilfe innerhalb des Schulbetriebs hergestellt und gebraucht worden sein. Aber Übergänge von diesem Binnnengebrauch zur Verwendung als Propaganda für eine breitere Leserschaft müssen von Anfang an fließend gewesen sein. Zahlreiche Titel und Verfassernamen solcher Handbücher sind in den späteren Überlieferungen, vor allem bei Diogenes Laertios, erhalten, Es versteht sich von selbst, daß die Verfasser weitgehend Stoiker nicht erstrangiger, sondern zweitrangiger Originalität waren. Ihre Aufgabe war ja gerade, die Lehrsätze der originellen Stoiker wie Zenon, Chrysipp und Poseidonios zu tradieren und zu erklären. Um einen Aspekt der literatursoziologischen Voraussetzung für die

---

[2] Vgl. W.Spoerri, in: Lexikon der Alten Welt, Sp. 747-749 und M.Pohlenz, ebd. 364-366.

[3] Zitat bei M.Pohlenz, ebd. 364. Bei P.Rießler, Altjüdisches Schrifttum außerhalb der Bibel, Augsburg 1928, Nachdr. Darmstadt 1966, 474-480. 1298-1300 findet sich eine deutsche Übersetzung des 4. und 7. Briefes, die allgemein für jüdisch gehalten werden.

[4] Zitat bei M.Pohlenz, ebd.363.

im **AJ** stattfindende Polemik gegen die stoische Lehrtradition aufzuhellen, sollen hier anhangsweise die wichtigsten Handbücher, durch die die stoische Lehre verbreitet wurde, zusammengestellt werden. Bibliographische Vollständigkeit ist dabei nicht angestrebt.

Schon für *Diogenes von Babylon (Seleukia)*, einen Schüler des Chrysipp und das fünfte Schulhaupt nach Zenon von Tarsos (Mitte des 2.Jhdt.v.Chr.) sind folgende Handbücher (τέχνη βίβλιον) in den Überlieferungen belegt:

"Handbuch über die Stimme (ἡ περὶ τῆς φωνῆς τέχνη)"; Vgl. Diog.Laert. De clar. Phil. VII 55 = Fr.17 in SVF III, S.207ff. Vgl. auch VII 57 (Fr.21 in SVF III): "Über den sprachlichen Ausdruck (τὸ περὶ φωνῆς)"

"Handbuch der Dialektik (ἡ διαλεκτικὴ τέχνη)"; Vgl. Diog.Laert. VII 71 (Fr.26)

"Handbuch der Ethik (ἡ ἠθική)"; Vgl. Arrianus, Epicteti Dissertationes II 19,13 = Fr.39

"Über das Hegemonikon der Seele (τὸ περὶ τοῦ τῆς ψυχῆς ἡγεμονικοῦ)"; Vgl. Galenos, De placitis Hippocratis et Platonis II 5 = Fr.29

Alle diese Handbücher waren nach Pohlenz eine Sammlung kurz gefaßter Definitionen, die man im Schulunterricht erläuterte.[5]

Für *Apollodoros von Seleukia*, einen Schüler von Diogenes von Seleukia, ist ein Einleitungsbuch belegt: "Einführung in das Lehrsystem (αἱ εἰς τὰ δόγματα εἰσαγωγαί)" (Diog.Laert. VII 39 =*Apollodoros von Seleukia* Fr.1 in SVF III, S.259). Die spätere Überlieferung nimmt auf die beiden Teile dieses Handbuches mit verschiedenen Namen Bezug, "Handbuch der Physik (ἡ φυσικὴ τέχνη)" (Diog.Laert. VII 125, 135, 142, 143, 150 =*Apollodoros von Seleuki*a Fr.15, 6, 10, 11,4) und "Handbuch der Ethik (ἡ ἠθική)" (Diog.Laert. VII 102.118.121.129 = *Apollodoros von Seleukia* Fr.14.16.17.18)

Auch *Archedemos von Tarsos*, vermutlich ebenfalls ein Schüler des Diogenes von Seleukia,[6] soll zwei derartige Bücher verfaßt haben: "Handbuch über den sprachlichen Ausdruck (ἡ περὶ φωνῆς)" (Diog.Laert. VII 55 = *Archedemos von Tarsos* Fr.6 in SVF III, S.262) und "Über die Elemente (τὸ περὶ στοιχείων)" (Diog.Laert. VII 134 = *Archedemos von Tarsos* Fr.12).

Krinis, ein mutmaßlicher Schüler von Archedemos, soll nach Diog.Laert. VII 71 (Fr.4) ein Handbuch der Dialektik (ἡ διαλεκτικὴ τέχνη) verfaßt haben. Derselbe Diog.Laert. VII 39 bezeugt auch für *Eudromos*, der wahrscheinlich im 2.Jhdt. v.Chr. wirkte,[7] einen kurzen Abriß der Ethik (ἡ ἠθικὴ στοιχείωσις. Vgl. Fr.1 in SVF III, S.268).

Für uns ist aus chronologischen Gründen freilich erst die stoische Lehrtradition der Kaiserzeit von Bedeutung. In dieser Zeit galt im Bereich der Ethik Chrysipp, im Bereich der Physik Poseidonios jeweils als *die* Autoritäten

---

[5] Vgl. M.Pohlenz, ebd.181.

[6] So J. von Arnim, PRE II,1, Sp.339f.

[7] So J. von Arnim, PRE VI,1, Sp.950.

katexochen. Ihre Ansichten wurden mittels zahlreicher Handbücher verbreitet und gelesen, die allerdings nur "dürre Formeln und bloße Definitionen" zum Inhalt hatten.[8]

Phanias, ein Freund des Poseidonios, hat die Vorlesungen seines Freundes in einer Abhandlung redaktionell zusammengestellt: "Panaitios aber und Poseidonios fangen mit der Physik an, wie Phanias, der Freund des Poseidonios, in dem ersten Buch seiner Poseidonischen Abhandlung (αἱ Ποσειδονείαι σχολαί) bemerkt" (Diog.Laert. VII,41). Die Forschung nimmt auch an, daß in der Aussage von Diog.Laert. VII 138 "wie Poseidonios im meteorologischen Abriß (ἐν τῇ Μετεωρολογικῇ στοιχειώσει) sagt", ein anonymes Exzerpt aus dem Werk des Poseidonios "Über Himmelserscheinungen (Περὶ μετεώρων)" erwähnt wird. Um ein ähnliches Exzerpt aus Poseidonios handelt es sich ferner beim astronomischen Handbuch von *Kleomedes* "Die Kreisbewegung der Himmelskörper (Κυκλικὴ θεωρία μετεώρων)". Daß man es hier mit Exzerpten zu tun hat, geht klar aus einer Bemerkung des Kleomedes selbst hervor: "Viel von dem, was hier gesagt wurde, wurde von den Werken des Poseidonios übernommen."[9]

Für *Herophilos*, einen Stoiker im 1. oder 2.Jhdt.n.Chr.,[10] bezeugt Origenes in seinem Psalmenkommentar (PGr XII, Sp.1053), daß er eine Sammlung stoischer Definitionen verfaßte ("Περὶ Στωϊκῆς ὀνομάτων χρήσεως").

Im Bereich der Ethik sei außer auf das allzu bekannte "Handbuchlein der Moral" von Epiktet auch auf das auf dem Berliner Papyrus 9780 teilweise erhaltene Handbuch "Grundlegung der Ethik (Ἠθικὴ στοιχείωσις)" hinzuweisen, das die Forschung einem *Hierokles*, einem Zeitgenossen des Epiktets, zuweist. Auch Stobaios beruht in seinem Florilegium (Eclogae) zum Teil auf einem Exzerpt aus diesem Hierokles.[11] Ein eindeutiges Beispiel für Handbücher stoischer Ethik liefert die bereits oben im Gang unserer Untersuchung (v.a §2.3) häufig erwähnte Schrift "Περὶ παθῶν" von *Pseudo-Andronikos* von Rhodes. Sowohl deren erste Hälfte "De affectibus" als auch die zweite "De virtutibus et vitiis" sind, wie bereits J.von Arnim und neuerdings A.Glibert-Thirry nachgewiesen haben, zwar von nichtstoischen Zusätzen peripatetischer oder platonisch-akademischer Herkunft nicht frei, aber der Grundstock dieser Schrift ist stoisch. Auch die literarische Art und Weise, wie einzelne böse und gute Affekte, Tugenden und Laster klassifizierend aufgezählt und jeweils mit kurzen Definitionen versehen werden, dürfte als typisch für die stoischen Handbücher nicht nur im Bereich der Ethik, sondern auch in den anderen Lehrbereichen gelten.

---

[8] Vgl. M.Pohlenz, ebd. 291. 359.

[9] Vgl. zu diesem Satz A.Rehm, PRE XI,1, Sp.683f und M.Pohlenz, Die Stoa, Bd.2, 148.

[10] So J. von Arnim, PRE VIII,1, Sp. 1104.

[11] Vgl. über Hierokles J. von Arnim, PRE VIII,2, Sp. 1479 und M.Pohlenz, ebd. Bd.1, 288.

Auch für diese Schrift ist Chrysipp *die* Autorität der stoischen Ethik. Das zeigt sich ganz deutlich darin, daß sie für einen später hinzugekommenen Abschnitt die Überschrift "κατὰ Χρύσιππον" wählt (De virtutibus et vitiis X).[12] Wieweit man in dieser Schrift die authentischen Definitionen und Formulierungen von Chrysipp selbst zu erblicken hat, bleibt umstritten. Die Forschung ist jedoch seit jeher darin einig, daß selbst diese Schrift Kompendien der stoischen Affekten- und Tugendlehre voraussetzt und aus ihnen schöpft. Da die anderen antiken Zeugen dieser Lehre wie Cicero, Diogenes Laertios, Stobaios u.a. auch ihrerseits teils miteinander übereinstimmende, teils aber voneinander abweichende Listen und Definitionen der Affekten und Tugenden/Laster aufweisen und da es ferner von vornherein unwahrscheinlich ist, daß sie direkt die originalen Werke des jeweiligen Stoikers in der Hand halten, hat man hinter einem jeden Zeugen ebenso ein Kompendium desselben Charakters angenommen, in dem nicht nur die Definitionen des Chrysipp, sondern auch diejenigen anderer Stoiker prosmiscue zusammengestellt gewesen sein könnten. Diese Annahme bringt die schwierige Frage mit sich, wie sich solche Kompendien chronologisch und literarkritisch zueinander verhalten, und welches von ihnen die größte Authentizität in Anspruch nehmen darf. Die Frage ist umstritten, muß hier aber offen bleiben. Unabhängig davon aber gilt die Existenz von zahlreichen Kompendien als ganz gesichert.[13]

Es ist höchst unwahrscheinlich, daß die genannten antiken Doxographien nur für den Lehrbereich der Ethik über solche Kompendien verfügten. Sie müssen auch in anderen Lehrbereichen ähnliche Kompendien besessen haben. Hinter dem "Buch des Zoroastros", das dem großen Einschub der Langversionen des **AJ** zugrundeliegt, können wir Kompendien, bzw. Handbücher des gleichen Charakters annehmen. Es ist sehr wohl möglich, daß auch die antistoische Polemik außerhalb des großen Einschubes ähnliche Handbücher voraussetzt. Auf alle Fälle ist es eine mittels solcher Handbücher popularisierte Stoa, mit der sich das **AJ** von Anfang an auseinandersetzt.

Solche stoischen Handbücher fanden schließlich auch innerhalb der alten

---

[12] In der Neuausgabe von A.Glibert-Thirry, a.a.O., 259-261.

[13] Die beiden bahnbrechenden Forscher X.Kreuttner und C.Schuchhardt vertraten die Ansicht, daß die meisten Definitionen des Ps.-Andronikos auf Chrysipp selbst zurückgehen und wollten deshalb in dieser Schrift ein Kompendium sehen, das im Vergleich zu den anderen doxographischen Quellen viel glaubwürdiger sowie wertvoller sei. Ähnlich beurteilt auch A.Schwerdtfeger, De Stoicorum catalogis affectum ordines continentibus, Diss. Marburg 1925 (Masch.) 23.64, den Wert von Ps.-Andronikos und plädiert für einen Katalog, der den zahlreichen Doxographen ursprünglich sei. Unkritisch schließen sich ihm A.Vögtle, a.a.O., 61 und S.Wibbing, a.a.O., 17 an. J. von Arnim aber war bereits der Ansicht, daß man in dieser Schrift ebenso wie in anderen Kompendien sekundäre Interpolationen feststellen kann. Zu diesem Ergebnis gelangt auch A.Glibert-Thirry in seiner neuesten Untersuchung (a.a.O., 5-29, bes. 27-29).

Kirche Aufnahme und Benutzung. Als Beispiel dafür seien hier zwei Alexandriner, *Klemens* und *Dionysios* "der Große", das Haupt der Origenes-Schüler, angeführt. Daß der erstere für sein Werk "Stromateis" zahlreiche Exzerpte aus verschiedenen Bereichen vorher angefertigt hat, ist z.B. am bekannten "Excerpta ex Theodoto" zu sehen. Die Forschung hat ferner nachgewiesen, daß das sogenannte "achte Buch" dieses seines Werkes[14] in Wirklichkeit nichts anderes als ein Überrest von bereits in den vorausgehenden Büchern I-VII benutzten Stoffsammlungen ist. Es war vom Verfasser selbst sicher nicht als unmittelbare Fortsetzung des Buches VII gemeint, sondern kam erst später redaktionell zu seiner jetzigen Stellung und Benennung. Es handelt sich um eine Stoffsammlung, die Klemens ursprünglich im Sinne einer Vorbereitung auf sein Hauptwerk aus zahlreichen Handbüchern der heidnischen Philosophie zusammengestellt haben muß,[15] wobei bereits in diesen Handbüchern die stoischen und die peripatetischen Elemente eklektisch gemischt gewesen sein müßten.[16]

Was *Dionysios* angeht, ist von seinen zahlreichen Schriften "Über die Natur (Περὶ φύσεως)" bei Eusebios, Praep. evang. XIV 23-27 teilweise als Exzerpt überliefert. Inhaltlich muß es sich - wie Eusebios selbst anmerkt (XIV 22,17) - um eine Streitschrift gegen die Epikureer gehandelt haben. Auf einer Stelle seines Exzerptes (XIV 26,6) sagt Eusebios wieder anmerkungsweise: "...denn wir wollen jetzt ein wenig aus den Werken >Die allweise Pronoia (ἡ πάνσοφος Πρόνοια)< kursorisch durchlaufend zusammenfassen, während wir, wenn Gott will, bald später in der Lage sein werden, noch genauer auszulegen ..." Pohlenz hält das hier erwähnte Werk für eine "Epitome" aus verschiedenen, Dionysios vorgegebenen antiken Werken über die Pronoia.[17] Wie man sich das Verhältnis dieser Epitome zum zuerst genannten Werk "Über die Natur" genauer vorzustellen hat, bleibt nicht ganz deutlich. Aber auf jeden Fall muß man annehmen, daß die Epitome unter anderen auch viele stoische Lehrsätze enthalten hat, weil für eine Polemik gegen die Epikureer die stoische Pronoialehre kaum wegzudenken war. Obwohl Dionysios chronologisch um gut ein halbes Jahrhundert später als das AJ wirkte, so könnte seine Epitome ein späteres Zeugnis dafür sein, wieweit und durch welche technischen Medien die stoische Vorsehungslehre damals verbreitet war.

---

[14] Vgl. Clemens Alexandrinus (GCS), Bd.III, hrsg. v. O.Stählin, Leipzig 1909, 80-102.

[15] So W.Ernst, De Clementis Alexandrini Stromatum libro octavo qui fertur, Göttingen 1910, bes. 46f. Etwas anders L.Früchtel, in: Titus Flavius Klemens von Alexandria, Die Teppiche (Stromateis), dt. von F.Overbeck, hrsg. v. C.A.Bernoulli und L.Früchtel, Basel 1936, 159f.

[16] Vgl. dazu M.Pohlenz, Die Stoa, a.a.O., Bd.1, 416; Bd.2, 200.

[17] Vgl. M.Pohlenz, ebd. Bd.1, 431.

LITERATURVERZEICHNIS

Die Abkürzungen richten sich nach S.Schwertner, Theologische Realenzyklopädie, Abkürzungsverzeichnis, Berlin 1976.

I. Textausgaben und Übersetzungen

1. Griechisch-lateinische Quellen

Alexandri Aphrodisiensis Praeter Commentaria Scripta Minora: Quaestiones, De Fato, De Mixtione (Commentaria in Aristotelem Graeca, Supplementum Aristotelicum, vol.II, pars II), Berlin 1892

Alexander of Aphrodisias, On stoic physics. A study of the De Mixtione with preliminary essays, text, translation and commentary by R.B.Todd (Philosophia Antiqua XXVIII), Leiden 1976

Aspasii in Ethica Nicomachea Quae Supersunt Commentaria, hrsg. von G.Heylbut (CAG XIX,1), Berlin 1889

Ciceronis Tusculanarum Disputationes Libri V, erstes Heft: Libri I et II mit Benützung von Otto Heines Ausgabe erklärt von M.Pohlenz, 5.Aufl. Leipzig (Nachdr. Stuttgart 1957), zweites Heft: Libri III-V, hrsg. von O.Heine, 4.Aufl., Leipzig 1929 (Nachdr. Stuttgart 1957)

Cicero, M.T.: Gespräche in Tusculum, Lateinisch-deutsch mit ausführlichen Anmerkungen neu herausgegeben von O.Gigon (Tusculum Bücherei), 4.Aufl., München 1979

- Vom Wesen der Götter (De natura deorum), hrsg., übers. und erläut. von W.Gerlach und K.Bayer (Tusculum Bücherei), München 1978
- Von den Grenzen im Guten und Bösen, Lateinisch-deutsch, eingel. u. übertr. von K.Atzert (Die Bibliothek der Alten Welt), Zürich/Stuttgart 1964
- De divinatione, Libri duo, ed. A.S.Pease, Illinois 1920-1923, Nachdr. Darmstadt 1963

Corpus Hermeticum, ed. A.D.Nock/A.-J.Festugière, Paris 1945-1954

Diogenes Laertius, Leben und Meinungen berühmter Philosophen Buch I-X, übers. von Otto Apelt, neu hrsg. von Klaus Reich (PhB 53/54), 2.Aufl., Hamburg 1967

Doxographi Graeci, collegit recensuit prolegomenis indicibusque instruxit H.Diels, Berlin 1879, 3.Aufl. 1958.1965

Epicteti Dissertationes, ab Arriano digestae, hrsg. von H.Schenkl, Leipzig 1894, Nachdr. 2.Aufl., Stuttgart 1965

Epiktet, was von ihm erhalten ist nach den Aufzeichnungen Arrians, Neubearbeitung der Übersetzung von J.G.Schulthess von R.Mücke, Heidelberg 1926

Epiktet: Handbuchlein der Moral und Unterredungen, hrsg. von H.Schmidt (Kröners Taschenausgabe 2), Stuttgart 1973

Epiktet, Teles und Musonius: Wege zu Glückseligem Leben, übertr. u. eingel. von W.Capelle (Stoa und Stoiker III = Die Bibliothek der Alten Welt), Zürich 1948

(Claudii) Galeni opera Omnia, ed. C.G.Kuhn, Leipzig 1821-1833, Nachdr. Hildesheim 1964-1965

Hermetica, The ancient greek und latin writings which contain religious or philosophical teachings ascribed to Hermes Trismegistus, introduction, text, translation and notes by W.Scott/A.S.Ferguson, 4 vols, Oxford 1924-1936

Gorgiae Helena, ed. O.Immisch (KIT 158), Berlin/Leipzig 1927

Luciani Samosatensis Opera, ed. Guilelmus Dindorf, 3 vol. Lipsiae 1858

Lukian, Sämtliche Werke, übers. von G.M.Wieland, bearb. u. erg. von Hanns Floerke, 5 Bde. (= Klassiker des Altertums, 1.Reihe 7-11), 2.Aufl., Berlin 1922

- darin: Der doppelt Angeklagte, Bd.V, 176-208

  Der Verkauf der philosophischen Sekten, Bd.I, 301-326

Marc Aurel, Wege zu sich selbst, hrsg. u. übers. von Willy Theiler (Die Bibliothek der Alten Welt, Römische Reihe 8), Zürich 1951

Panaetii Rhodii fragmenta, ed. M.van Straaten (Philosophia Antiqua 5), 3.Aufl., Leiden 1962

Platon, Timaios, Kritias. Philebos: Werke in acht Bänden, Griechisch und Deutsch, Bd.VII, hrsg. von G. Eigler, Darmstadt 1972

Plotini Opera (Enneades I-VI), ed. P.Henry/H.R.Schwyzer (= Museum Lessianum Series Philosophica XXXIII-XXXV), Paris/Bruxelles 1951-1973

Plotins Schriften, übers. von R.Harder, Bd.1: Die Schriften 1-21 der chronologischen Reihenfolge (PhB 211a), Hamburg 1956

Poseidonios: Die Fragmente, 2 Bde., hrsg. von W.Theiler (Texte und Kommentare 10), Berlin 1982

Pseudo-Andronicus Rhodius: Andronici qui fertur libelli "Peri Pathon" pars prior "De affectibus", hrsg. von X.Kreuttner, Diss. Heidelberg 1885

- Andronici Rhodii qui fertur libelli "Peri Pathon" pars altera "De virtutibus et vitiis", hrsg. von C.Schuchhardt, Darmstadt 1883

Pseudo-Andronicus de Rhodes "ΠΕΡΙ ΠΑΘΩΝ", ed. A.Glibert-Thirry (Corpus Latinum Commentariorum in Aristotelem Graecorum, Suppl.2), Leiden 1977

(Ioannis) Stobaei Anthologium, recensverunt Curtius Wachsmuth et Otto Hense, Berlin 1884-1912, Nachdr. 3.Aufl., Zürich 1974

Stoicorum Veterum Fragmenta I-III, hrsg. von J.Arnim, Leipzig 1903-1905, IV (Indices), hrsg. von M.Adler, 1924, Nachdr. Stuttgart 1968

2. Jüdische, gnostische und christliche Quellen

Acta Apostolorum Apocrypha, ed. R.A.Lipsius/M.Bonnet, 3 Bde., Leipzig 1891-1903, Nachdr. Darmstadt 1959

Die Adam-Apokalypse aus Codex V von Nag Hammadi. Jüdische Bausteine in gnostischen Systemen, hrsg. von W.Beltz, Theol.Habil.-Schrift (Masch.), Berlin 1970

Apocryphon Johannis. The Coptic Text of the Apocryphon Johannis in the Nag Hammadi Codex II with Translation, Introduction and Commentary (AThD V), Copenhagen 1963

The Apocryphon of John (NHC II,*1*, III,*1*, IV,*1* and BG 8502,*2*), übers. von F.Wisse, in: J.M.Robinson (Hg.), The Nag Hammadi Library in English, Leiden/New York 1977, 98-116

Koptisch-gnostische Apokalypsen aus Codex V von Nag Hammadi im Koptischen Museum zu Alt-Kairo, hrsg., übers. und bearb. von A.Böhlig/P.Labib (WZ.H) Halle 1963

Neutestamentliche Apokryphen, hrsg. von E.Hennecke/W.Schneemelcher, Bd.I, 4.Aufl., Tübingen 1968, Bd.II, 3.Aufl. 1964

Das Apokryphon des Johannes (BG 8502,*2*), übers. von M.Krause, in: W.Foerster (Hg.), Die Gnosis, Bd.I, Zürich/Stuttgart 1969, 141-161

Die ältesten Apologeten. Texte mit kurzen Einleitungen, hrsg. von E.J.Goodspeed, Göttingen 1914

Frühchristliche Apologeten und Märtyrerakten, Bd.1 (BKV 12), Kempten/München 1913

- darin: Die Apologie des Philosophen Aristides von Athen, übers. von K.Julius

  Die beiden Apologien Justins des Märtyrers, übers. von G.Rauschen

  Tatians des Assyrers Rede an die Bekenner des Griechentums, übers. von R.C.Kukula

  Des Athenagoras von Athen Bittschrift für die Christen, übers. von P.A.Eberhard

Bibliothèque gnostique I: Le livre secret de Jean: Ἀπόκρυφον Ἰωάννου RThPh 97 (1964) 140-150, II: versets 1-124, RThPh 98 (1965) 129-155, III: versets 125-394, RThPh 99 (1966) 165-181, IV: versets 395-580 fin, RThPh 100 (1967) 1-30, übers. von R.Kasse

Clemens Alexandrinus, Stromata I-VI, hrsg. von O.Stählin (GCS 52), 3.Aufl., Berlin 1960

- Stromata VII-VIII, Excerpta ex Theodoto, Eclogae Propheticae, Quis Dives salvetur, Fragmente, hrsg. von O.Stählin (GCS 17), 2.Aufl., Berlin 1970

Des Clemens von Alexandreia ausgewählte Schriften, übers. von O.Stählin, 5 Bde. (BKV 7.8.17.19.20), Kempten/München 1934-1938

Écrits gnostiques: Codex de Berlin (Sources Gnostiques et Manichéennes 1), introduction, traduction et commentaire par M.Tardieu, Paris 1984

The Facsimile Edition of the Nag Hammadi Codices, published under the auspices of the Department of Antiquities of the Arab Republic of Egypt in conjunction with the United Nations Educational, Scienctific and Cultural Organisation:

Introduction, Leiden 1984

Codex I, Leiden 1977

Codex II, Leiden 1974

Codex III, Leiden 1976

Codex IV, Leiden 1975

Codex V, Leiden 1975

Codex VI, Leiden 1972

Codex VII, Leiden 1972

Codex VIII, Leiden 1976

Codex IX-X, Leiden 1977

Codex XI, XII, XIII, Leiden 1973

Cartonnage, Leiden 1979

Der Eugnostosbrief, übers. von M.Krause, in: W.Foerster (Hg.), Die Gnosis, Bd.II, Zürich/Stuttgart 1971, 32-45

Eugnostos the Blessed (III,*3* and V,*1*) and The Sophia of Jesus Christ (III,*4* and BG 8502,*3*), übers. von D.M.Parrott, in: J.M.Robinson (Hg.), The Nag Hammadi Library in English, Leiden/New York 1977, 206-228

Eusebius Werke, Bd.VIII: Die Praeparatio Evangelica, hrsg. von K.Mras, Teil I (GCS 43,1), Berlin 1954, Teil II (GCS 43,2), 1956

Evangelium Veritatis, hrsg. von M.Malinine/H.Ch.Puech/G.Quispel, Zürich 1956

Evangelium Veritatis (Supplementum), hrsg. von M.Malinine/H.Ch.Puech/G.Quispel/W.Till, Zürich 1961

Die Gnosis. Wesen und Zeugnisse, hrsg. von R.Haardt, Salzbburg 1967

Die Gnosis, 3 Bde. (I = Zeugnisse der Kirchenväter, II = Koptische und mandäische Quellen, III = Der Manichäismus), hrsg. von W.Foerster/C.Andresen, Zürich/Stuttgart 1969-1980

Hippolytus, Refutatio omnium haeresium, hrsg. von P.Wendland (GCS 26), Leipzig 1916

- Refutatio omnium haeresium, hrsg. von M.Marcovich (PTS 25), Berlin 1986

- Des heiligen Hippolytus von Rom Widerlegung aller Häresien (Philosophumena), übers. von G.K.Preysing (BKV 40), Kempten/München 1922

The Hypostasis of the Archons, hrsg. von R.A.Bullard (PTS 10), Berlin 1970

L'Hypostase des Archontes: Traité gnostique sur l'origine de l'homme, de monde et des Archontes (NH II,4), hrsg. von B.Barc, in: Bibliothèque copte de Nag Hammadi, Section "Textes" 5, Quebec 1980

Irénée de Lyon, Contre les Hérésies, Livre I, hrsg. von A.Rousseau/L.Doutreleau (SC 263.264), Paris 1979, Livre II (SC 293.294) 1982, Livre III (SC 210.211) 1974, Livre IV, hrsg. von A.Rousseau/ B.Hemmerdinger/ L.Doutreleau/ Ch.Mercier (Sc 100) 1965, Livre V, hrsg. von A.Rousseau/ L.Doutreleau/ Ch.Mercier (SC 152.153) 1969

- Des heiligen Irenäus fünf Bücher gegen die Häresien, übers. von E.Klebba (BKV 3-4), Kempten/München 1912

"Die Lehren des Silvanus". Die vierte Schrift aus Nag-Hammadi-Codex VII, eingel. u. übers. vom Berliner Arbeitskreis für koptisch-gnostische Schriften (federführend W.-P.Funk), ThLZ 100 (1975), Sp.7-23

Le lirvre sacré du gran Esprit invisible ou l'Évangile des Égyptiens, texte copte édité, traduit et commenté d'après le codex I de Nag'a-Hammadi/Khénoboskion, Journal Asiatique 254 (1966) 317-435, 256 (1968) 289-386

Der zweite Logos des Großen Seth, hrsg. u. übers. von M.Krause, in: F.Altheim/R.Stiehl (Hg.), Christentum am Roten Meer, Berlin/New York 1973, Bd.II, 106-151

Nag Hammadi Codices III,*2* and IV,*2*: The Gospel of the Egyptians (The Holy Book of the Great Invisible Spirit), hrsg. von A.Böhlig/F.Wisse (NHS IV), Leiden 1975

Nag Hammadi Codices V,*2-5* and VI with Papyrus Berolinensis 8502,*1* and *4*, hrsg. von D.M.Parrott (NHS XI), Leiden 1979

Nag Hammadi Codices IX and X, hrsg. von B.A.Pearson (NHS XV), Leiden 1981

The Nag Hammadi Library in English, translated by members of the Coptic Library project of the Institute for Antiquity and Christianity, J.M.Robinson u.a., Leiden/New York 1977

Origenes: Contra Celsum, hrsg. von P.Koetschau (GCS 2-3), Leipzig 1899

- Des Origenes acht Bücher gegen Celsus, übers. von P.Koetschau (BKV 52-53), Kempten/München 1926-1927

Pachomian Koinonia, Vol.1: The Life of St.Pachomius and his Disciples, Vol.2: Pachomian Chronicles and Rules, Vol.3: Instructions, Letters and other Writings of Saint Pachomius and his Disciples, transl. by A.Veilleux (Cistercian Studies 45-47), Michigan 1980-1982

Coptic Gnostic Papyri in the Coptic Museum at Old Kairo, Vol.I, hrsg. von P.Labib, Kairo 1956

Die Paraphrase des Sêem, hrsg. u. übers. von M.Krause, in: F.Altheim/R.Stiehl (Hg.), Christentum am Roten Meer, Berlin/New York 1973, Bd.II, 2-105

Philonis Alexandrini Opera Quae Supersunt, Bde.I-VII, hrsg. von L.Cohn, Berlin 1896-1930

Philo von Alexandria. Die Werke in deutscher Übersetzung, hrsg. von L.Cohn/ I.Heinemann/ M.Adler/ W.Theiler, Bde.I-VI, Breslau 1909-1938, Nachdr. Berlin 1962 (2.Aufl.), Bd.VII, Berlin 1964

Pistis Sophia, hrsg. von C.Schmidt (Coptica 2), Kopenhagen 1925, Neudr. mit englischer Übersetzung von V.Macdermot (NHS IX), Leiden 1978

Die dreigestaltige Protennoia. Eine gnostische Offenbarungsrede in koptischer Sprache aus dem Fund von Nag Hammadi, eingel. u. übers. vom Berliner Arbeitskreis für koptisch-gnostische Schriften (federführend G.Schenke), ThLZ 99 (1974), Sp.731-746

La Protennoia Trimorphe (NH XIII,1): Texte établi et presenté, hrsg. von Y.Jannssens (Bibliothèque Copte de Nag Hammadi, Section "Textes" 4), Québec 1978

Die dreigestaltige Protennoia (Nag-Hammadi-Codex XIII), hrsg., übers. u. komment. von G.Schenke (TU 132), Berlin 1984

Quellen zur Geschichte der christlichen Gnosis, hrsg. W.Völker (SQS 5), Tübingen 1932

Altjüdisches Schrifttum außerhalb der Bibel, hrsg. u. übers. von P.Riessler, Augsburg 1928, Nachdr. Darmstadt 1966

Koptisch-gnostische Schriften Bd.I: Die Pistis Sophia, Die beiden Bücher des Jeu, Unbekanntes altgnostisches Werk, hrsg. von C.Schmidt/W.Till (GCS 45), 2.Aufl., Berlin 1954, 4.Aufl. (bearb. von H.-M.Schenke) 1981

Die gnostischen Schriften des koptischen Papyrus Berolinensis 8502, hrsg., übers. und bearb. von W.Till (TU 60), Berlin 1955, 2.Aufl. (Bearb. von H.-M.Schenke) 1972

- darin: Das Apokryphon des Johannes
  Die Sophia Jesu Christi

Koptisch-gnostische Schriften aus den Papyrus-Codices von Nag-Hammadi, hrsg. von J.Leipoldt/H.-M.Schenke (ThF 20), Hamburg 1960

Die koptisch-gnostische Schrift ohne Titel aus Codex II von Nag Hammadi im Koptischen Museum zu Alt-Kairo, hrsg. von A.Böhlig/P.Labib (Deutsche Akademie der Wissenschaften zu Berlin, Institut für Orientforschung, Veröffentlichung Nr.58), Berlin 1962

Gnostische und hermetische Schriften aus Codex II und Codex VI, hrsg. von M.Krause/P.Labib (ADAI.K2), Glückstadt 1971

Die drei Stelen des Seth, hrsg. u. übers. von M.Krause, in: F.Altheim/R.Stiehl (Hg.), Christentum am Roten Meer, Berlin/New York 1973, Bd.II, 180-199

"Die drei Stelen des Seth" - Die fünfte Schrift aus Nag-Hammadi-Codex VII, hrsg., übers. vom Berliner Arbeitskreis für koptisch-gnostische Schriften (federführend K.Wekel), ThLZ 100 (1975) Sp. 571-580

Tractatus Tripartitus, hrsg. von R.Kasse/H.Ch.Puech/G.Quispel/J.Zandee/W.Vycichl/R.Mcl.Wilson, pars I, Bern 1973, pars II, 1975

A coptic gnostic treatise contained in the Codex Brucianus, hrsg. von Ch.A.Baynes, Cambridge 1933

Umwelt des Urchristentums, 3 Bde., hrsg. von J.Leipoldt/W.Grundmann, Berlin 1965-1967

- darin: H.-M.Schenke, Die Gnosis (Bd.I, 371-415)

Die apostolischen Väter. Neubearbeitung der Funkschen Ausgabe von K.Bihlmeyer, 2.Aufl. mit einem Nachtrag von W.Schneemelcher, 1.Teil (SQS II,1,1), Tübingen 1956

Die drei Versionen des Apokryphon des Johannes im Koptischen Museum zu Alt-Kairo, hrsg. von M.Krause/P.Labib (ADAI.K 1), Wiesbaden/Le Caire 1962

The Coptic Version of the New Testament in the Northern Dialect, otherwise called Memphitic and Bohairic, hrsg. von G.Horner, Oxford 1898-1905

The Coptic Version of the New Testament in the Southern Dialect, otherwise called Sahidic and Thebanic, hrsg. von G.Horner, Oxford 1911-1924

Das Wesen der Archonten aus Codex II der gnostischen Bibliothek von Nag Hammadi, Koptischer Text, deutsche Übersetzung und griechische Rückübersetzung. Konkordanz und Indices von P.Nagel (Wissenschaftliche Beiträge der Martin-Luther-Universität 6), Halle-Wittenberg 1970

II. Hilfsmittel

Andresen, C. u.a. (Hg.): Lexikon der Alten Welt, Zürich/Stuttgart 1965

Bauer, W.: Griechisch-deutsches Wörterbuch zu den Schriften des Neuen Testaments und der übrigen urchristlichen Literatur, 5.Aufl., Berlin 1958

Böhlig, A.: Die griechischen Lehnwörter im sahidischen und bohairischen Neuen Testament (Studien zur Erforschung des christlichen Ägyptens, hrsg. von A.Böhlig, Heft 2), München 1954

Bonitz, H. (Hg.): Index Aristotelicus (= Aristotelis Opera, hrsg. von I.Bekker, Bd. V) Berlin 1870, Nachdr. 1961

Cerny, J.: Coptic Etymological Dictionary, Cambridge 1976

Crum, W.E. (Hg.): A Coptic Dicitonary, Oxford 1939

Draguet, R.: Index copte et grec-copte de la concordance du Nouveau Testament sahidique (CSCO.Sub.16), Louvain 1960

Galling, K. (Hg.): Die Religion in Geschichte und Gegenwart, 6 Bde. (mit Register), 3.Aufl., Tübingen 1957-1965

Goodspeed, E.J. (Hg.): Index Apologeticus sive Clavis Iustini Martyris Operum aliorumque Apologetarum pristinorum, Leipzig 1912

Heussi, K.: Kompendium der Kirchengeschichte, 16.Aufl., Tübingen 1981

Kasser, R.: Compléments au dictionaire copte de Crum (Bibliothèque d'étude coptes 7), Le Caire 1964

Kittel, G./Friedrich, G. (Hg.): Theologisches Wörterbuch zum Neuen Testament, 10 Bde, Stuttgart 1934-1979

Klauser, Th. (Hg.): Reallexikon für Antike und Christentum, Bd.I-XIII, Stuttgart ab 1950

Kraft, H. (Hg.): Clavis Patrum Apostolicorum, Darmstadt 1963

- Kirchenväter Lexikon (= Bd.V der "Texte der Kirchenväter", hrsg. von A.Heilmann), München 1966

Krause, G./Müller, G. (Hg.): Theologische Realenzyklopädie, Berlin/New York, ab 1977

Lampe, G.W.H. (Hg.): A patristic greek lexicon, Oxford 1961

Lefort, L.-Th.: Concordance du Nouveau Testament Sahidique I: Les mots d'origine grecque (CSCO, Sub.1), Louvain 1950

Liddell, H.G./Scott, R. (Hg.): A greek-english lexicon, 9.Aufl., Oxford 1961

Menge, H. (Hg.): Langenscheidts Großwörterbuch Griechisch-Deutsch, 23.Aufl., Berlin/ München / Wien/ Zürich 1979

Nagel, P.: Grammatische Untersuchung zu Nag Hammadi Codex II, in: F.Altheim/R.Stiehl (Hg.), Die Araber in der Alten Welt, Bd.II, Berlin 1969, 393-469

Siegert, F. (Hg.): Nag-Hammadi-Register. Wörterbuch zur Erfassung der Begriffe in den koptisch gnostischen Schriften von Nag-Hammadi mit einem deutschen Index (WUNT 26), Tübingen 1982

Spiegelberg, W.: Koptisches Handwörterbuch, Heidelberg 1921

Scholer, D.M.: Nag Hammadi bibliography 1948-1969 (NHS I), Leiden 1971

- Bibliographia Gnnostica Supplementum I: NT 13 (1971) 322-336, II: NT 14 (1972) 312-326, III: NT 15 (1973) 327-345, IV: NT 16 (1974) 316-336, V: NT 17 (1975) 305-336, VI: NT 19 (1977) 293-336, VII: NT 20 (1978) 300-331, VIII: NT 21 (1979) 357-382, IX: NT 22 (1980) 352-384, X: NT 23 (1981) 361-380, XI: NT 24 (1982) 340-368, XII: NT 25 (1983) 356-381, XIII: NT 26 (1984) 341-373, XIV: NT 27 (1985) 349-378, XV: NT 28 (1986) 356-380

Thesaurus Linguae Latinae, editus auctoritate et consilio academiarum quinque germanicarum Berolinensis Gottingensis Lipsienis Monacensis Vondobonensis, Vol. I-X,2, ab 1900, Lipsiae in Aedibus Teubneri

Till, W.: Koptische Grammatik: Säidischer Dailekt (Lehrbücher für das Studium der orientalischen Sprachen 1), Leipzig 1955, 3.Aufl. 1966

- Koptische Dialektgrammatik, 2.Aufl., München 1961

Westendorf, W.: Koptisches Handwörterbuch, bearbeitet auf Grund des koptischen Handwörterbuchs W.Spiegelbergs, Heidelberg 1965-1977

Wilmet, M.: Concordance du Nouveau Testament Sahidique II: Les mots autochtones, 3 vols (CSCO Sub. 11.13.15), Louvain 1957-1959

Wissowa, G. u.a. (Hg.): Paulys Real-Encyclopädie der classischen Altertumswissenschaft, 1.Reihe 1.1894-24.1963; 2.Reihe 1.1914ff; Suppl. 1.1903ff, Stuttgart

Ziegler, K./Sontheimer, W./Gärtner, H. (Hg.): Der Kleine Pauly. Lexikon der Antike, 5 Bde, Stuttgart 1964-1975

III. Fachliteratur

Aland, B.: Gnosis und Philosophie, in: G.Widengren (Hg.), Proceedings of the International Colloquium on Gnosticism (Stockholm August 20-25, 1973), Stockholm/Leiden 1977, 34-73

Arai, S.: Zur Christologie des Apokryphon des Johannes, NTS 15 (1968/69) 302-318

Armstrong, A.H.: Gnosis and Greek Philosophy, in: B.Aland (Hg.), Gnosis. Festschrift für Hans Jonas, Göttingen 1978, 87-124

Barc, B. (Hg.): Colloque international sur les textes de Nag Hammadi (Québec, 22-25 août 1978), Bibliothèque copte de Nag Hammadi, Section "Etudes" 1, Québec 1981

Barra, G.: Apuleius und das Problem der Entstehung des Bösen (= dt.Übers. aus dem Italienischen, Vichiana N.S., 1/1972, 102-113), in: C.Zintzen (Hg.), Der Mittelplatonismus (WdF LXX), Darmstadt 1981, 283-298.

Beltz, W.: Bemerkungen zur Adamapokalypse aus Nag-Hammadi-Codex V, in: P.Nagel (Hg.), Studia Coptica (BBA 45), Berlin 1974, 159-163

Berger, K.: "Gnosis/Gnostizismus I: Vor- und außerchristlich", TRE 13 (1984) 519-535

Bianchi, U. (Hg.): The origins of Gnosticism. Colloquium of Messina, 13-18 April 1966 (Numen Suppl. XII), Leiden 1967

- Some Reflections on the Greek Origins of Gnostic Ontology and the Christian Origin of the Gnostic Saviour, in: A.H.B.Logan/A.J.M.Wedderburn (Hg.), The New Testament and Gnosis: Essays in honour of Robert Mcl.Wilson, Edinburgh 1983, 38-45

Blackstone, W.J.: A short note on the "Apocryphon Johannis", VigChr 19 (1965) 163

Böhlig, A.: Mysterion und Wahrheit. Gesammelte Beiträge zur spätantiken Religionsgeschichte (AGSU VI), Leiden 1968

- darin: Der jüdische Hintergrund in gnostischen Texten von Nag Hammadi (1967), 80-101

Der judenchristliche Hintergrund in gnostischen Schriften von Nag Hammadi (1967), 102-111

Religionsgeschichtliche Probleme aus der Schrift ohne Titel des Codex II von Nag Hammadi

(1961), 119-126

Gnostische Probleme aus der Schrift ohne Titel des Codex II von Nag Hammadi (1961), 127-134

Urzeit und Endzeit in der titellosen Schrift des Codex II von Nag Hammadi (1962), 135-148

Jüdisches und Iranisches in der Adamapokalypse des Codex V von Nag Hammadi, 149-161

- Die himmlische Welt nach dem Ägypterevangelium von Nag Hammadi, Le Muséon LXXX (1967) 5-26.365-377

- Rezension: S.Giversen, Apocryphon Johannis, in: Bibliotheca Orientalis (BiOr) XXIV (1967) 175-177

- Christentum und Gnosis im Ägypterevangelium von Nag Hammadi, in: W.Eltester (Hg.), Christentum und Gnosis, BZNW 37, Berlin 1969, 1-18

- Die griechische Schule und die Bibliothek von Nag Hammadi (= Resümee von GOF VI,2,9-53), in: Les textes de Nag Hammadi. Colloque du Centre d'Histoire des Religions (Strasbourg, 23-25 octobre 1974) NHS VII, Leiden 1975, 41-44

- Die griechische Schule und die Bibliothek von Nag Hammadi, in: ders./F.Wisse, Zum Hellenismus in den Schriften von Nag Hammadi, (GOF VI,2), Wiesbaden 1975, 1-53
- Triade und Trinität in den Schriften von Nag Hammadi, in: B.Layton (Hg.), The Rediscovery of Gnosticism. Proceedings of the International Conference on Gnosticism at Yale New Haven, Connecticut, March 28-31, 1978, vol.II: Sethian Gnosticism (SHR XLI), Leiden 1981, 617-634

Böhm, J.: Art.: προνοέω, προνοια, ThWNT, IV (1941), 1004-1011

Boll, F.: Sphaera. Neue griechische Texte und Untersuchungen zur Geschichte der Sternbilder, Leipzig 1903, Nachdr. Hildesheim 1967

Boll, F./Bezold, C./Gundel, W.: Sternglaube und Sterndeutung. Die Geschichte und das Wesen der Astrologie, Leipzig/Berlin 1919, 4.Aufl. 1931, Nachdrr. Darmstadt 1966 (5.Aufl.)

Bonhöffer, A.: Epictet und die Stoa. Untersuchungen zur stoischen Philosophie, Stuttgart 1890
- Die Ethik des Stoikers Epiktet, Stuttgart 1894, Nachdr. 1968

Bos, A.P.: Providentia Divina. The Theme of Divine Pronoia on Plato and Aristotle, Assen/Amsterdam 1976

Bouché-Leclercq, A.: L'astrologie grecque, Paris 1899, Nachdr. Aalen 1979

Büchli, J.: Der Poimandres. Ein paganisiertes Evangelium. Sprachliche und begriffliche Untersuchungen zum 1.Traktat des Corpus Hermeticum (WUNT, 2.Reihe 27), Tübingen 1987.

Bultmann, R.: Der Stil der paulinischen Predigt und die kynisch-stoische Diatribe (FRLANT 13), Göttingen 1910, Nachdr. 1984

Broek, R.van den: Autogenes and Adamas. The Mythological Structure of the Apocryphon of John, in: M.Krause (Hg.), Gnosis and Gnosticism. Papers read at the Eighth International Conference on Patristic Studies (Oxford, September 3rd-8th 1979), NHS XVII, Leiden 1981, 16-25
- The Creation of Adams' Psychic Body in the Apocryphon of John, in: ders./M.J.Vermaseren (Hg.), Studies in Gnosticism and Hellenistic Religons presented to Gilles Quispel on the Occasion of his 65th Birthday (EPRO 91), Leiden 1981, 38-57

Classen, C.J.: Art.: Vorsehungsglaube, in: Lexikon der Alten Welt, Zürich/Stuttgart 1965, Sp.3246

Colpe, C.: Heidnische, jüdische und christliche Überlieferung in den Schriften aus Nag Hammadi I, JAC 15 (1972) 5-18, II 16 (1973) 106-126, III 17 (1974) 109-125, IV 18 (1975) 144-165, V 19 (1976) 120-138, VI 20 (1977) 149-170, VII 21 (1978) 125-146, VIII 22 (1979) 98-122, IX 23 (1980) 108-127, X 25 (1982) 65-101
- Die griechische, die synkretistische und die iranische Lehre von der kosmologischen Mischung, Orientalia Suecana 27/28 (1978/79) 132-147
- Gnosis II (Gnostizismus), RAC 11 (1981) 537-659

- Sethian and Zoroastrian Ages of the World, in: B.Layton (Hg.), The Rediscovery of Gnosticism, vol.II, Leiden 1981, 540-552

Cornford, F.M.: Plato's Cosmology. The Timaeus of Plato, translated with a running commentary, London 1937

Dahl, N.: The Arrogant Archon and the Lewd Sophia: Jewish Traditions in Gnostic Revolt, in: B.Layton (Hg.), The Rediscovery of Gnosticism, vol.II, Leiden 1981, 689-712

Dodd, C.H.: The Bible and the Greeks, London 1935

Dörrie, H.: Der Begriff "Pronoia" in Stoa und Platonismus, FZPhTh 24 (1977) 60-87

Doresse, J.: Trois livres gnostiques inédits, VigChr 2 (1948) 137-160

- Nouveau écrits coptes découverts en Haute-Egypte, VigChr 3 (1949) 129-141

- Une bibliothèque gnostique copte découverte en Haute-Egypte, in: Académie Royale de Belgique, Bulletin de la classe des Lettres et des Sciences morales et politiques, 5ème Série, t.XXXV (1949) 435-449

- "'Les Apocalypses de Zoroastre, de Zostrien, de Nicothée, ...' (Poryphyre, Vie de Plotin, § 16)", in: Coptic Studies in Honor of W.E.Crum, Boston 1950, 255-263

- Les livres secrets des gnostiques d'Égypte, Paris 1958 (englisch: London 1960)

Ernst, W.: De Clementis Alexandrini Stromatum libro octavo qui fertur, Göttingen 1910

Fallon, F.T.: The Enthronement of Sabaoth. Jewish Elements in Gnostic Creation Myths (NHS X), Leiden 1978

Fischer, K.M.: Tendenz und Absicht des Epheserbriefes (FRLANT 111) Göttingen 1973

Foerster, W.: Das Apokryphon des Johannes, in: Gott und Götter, Festgabe für Eric Fascher, Berlin 1958, 134-141

Gercke, A.: Ἀνδρόνικος in: PRE I,2, Stuttgart 1894, Sp.2166-2167

Gilhus, I.S.: Male and Female Symbolism in the Gnostic Apocryphon of John, Temenos 19 (1983) 33-43

Giversen, S.: The Apocryphon of John and Genesis, StTh 17 (1963) 60-76

Graeser, A.: Zenon von Kition. Positionen und Probleme, Berlin 1975

Gundel, W.: Dekans und Dekansternbilder, Glückstadt/Hamburg 1936

Gundel, W./Gundel, H.G.: Astrologumena. Die Astrologische Literatur in der Antike und ihre Geschichte (Beiheft 6 zu Sudhoffs Archiv. Vierteljahrschrift für Geschichte der Medizin und der Naturwissenschaften der Pharmagie und der Mathematik), Wiesbaden 1966

Happ, H.: Hyle. Studien zum Aristotelischen Materie-Begriff, Berlin/New York 1971

Harnack, A.von: Lehrbuch der Dogmengeschichte, 3 Bde, 4.Aufl., Tübingen 1909/10, Nachdr. Darmstadt 1983

Heinemann, I.: Poseidonio's metaphysische Schriften I-II, Breslau 1921.1928

Hübner, W.: Die Eigenschaften der Tierkreiszeichen in der Antike. Ihre Darstellung und Verwendung unter besonderer Berücksichtigung des Manilus (Sudhoffs Archiv. Zeitschrift für Wissenschaftsgeschichte, Beiheft 22), Wiesbaden 1982

- Zodiacus Christianus. Jüdisch-christliche Adaptionen des Tierkreises von der Antike bis zur Gegenwart (Beiträge zur klassischen Philologie 144), Königstein/Ts 1983

Janssens, Y.: L'Apocryphon de Jean, Le Muséon 83 (1970) 157-165, 84 (1971) 43-64. 403-432

Jonas, H.: Gnosis und spätantiker Geist, Bd.I: Die mythologische Gnosis (FRLANT 51), 3.Aufl., Göttingen 1964, Bd.II/1: Von der Mythologie zur mystischen Philosophie (FRLANT 63), 2.Aufl., 1966

Junod, E.: Polymorphie du Dieu sauveur, in: J.Ries (Hg.), Gnosticisme et monde hellénistique: Les objectifs du Colloque de Louvain-la-Neuve (11-14 mars 1980), Louvain-la-Neuve 1982, 38-46

Kasse, R.: Le "Livre secret de Jean" dans ses differentes formes textuelles, Le Muséon 77 (1964) 5-16

- Textes gnostiques. Remarques à propos des éditions récentes du Livre secret de Jean et des Apocalypses de Paul, Jacques et Adam, Le Muséon 78 (1965) 71-98

Konrad, J.: Art.: Vorsehung, in: RGG (3.Aufl.), Bd.VI, Sp.1496-1499

Krämer, H.J.: Der Ursprung der Geistmetaphysik. Untersuchungen zur Geschichte des Platonismus zwischen Platon und Plotin, Amsterdam 1964

Kragerud, A.: Apocryphon Johannis. En oversettelse, NTT 63 (1962) 1-22

- Apocryphon Johannis. En formanalyse, NTT 66 (1965) 15-38

Krause, M.: Der Stand der Veröffentlichung der Nag Hammadi-Texte, in: U.Bianchi (Hg.), The Origins of Gnosticism, Leiden 1967, 61-89

Langerbeck, H.: Aufsätze zur Gnosis, aus dem Nachlaß hrsg. von H.Dörries, (AAWG.PH 69), Göttingen 1967

- darin: Das Problem der Gnosis als Aufgabe der klassichen Philologie (1951), 17-37

- Die Anthropologie der alexandrinischen Gnosis (1948), 38-82

- Die Verbindung aristotelischer und christlicher Elemente in der Philosophie des Ammonius Saccas (1957), 146-166

Layton, B. (Hg.): The Rediscovery of Gnosticism. Proceedings of the International Conference on Gnosticism at Yale New Haven, Connecticut, March 28-31, 1978, vol.I: The School of Valentinus (SHR XLI), vol.II: Sethian Gnosticism (SHR XLI), Leiden 1980-1981

Lüddeckens, E.: Rezension zu M.Krause/P.Labib, Die drei Versionen des Apokryphon des Johannes im Koptischen Museum zu Alt-Kairo, Wiesbaden 1962, in: GGA 218,1/2 (1966) 1-13

- Gottesdienstliche Gemeinschaften im Pharaonischen, Helllenistischen und Christlichen Ägypten, ZRGG XX (1968) 193-211

Moraux, P.: Der Aristotelismus bei den Griechen von Andronikus bis Alexander von Aphrodisias, Bd.I: Die Renaissance des Aristotelismus im 1.Jahrhundert v.Chr., Berlin 1973, Bd.II: Der Aristotelismus im 1. und 2.Jahrhundert n.Chr., Berlin 1984

Mussies, G.: Catalogues of Sins and Virtues Personified (NHC II,5), in: R.van den Broek/M.J.Vermaseren (Hg.), Studies in Gnosticism and Hellenistic Religions, Leiden 1981, 315-335

Nagel, P. (Hg.): Probleme der koptischen Literatur (Wissenschaftliche Beiträge der Martin-Luther-Universität), Halle-Wittenberg 1968

- (Hg.): Studia Coptica (BBA 45), Berlin 1974
- (Hg.): Studien zum Menschenbild in Gnosis und Manichäismus (Wissenschaftliche Beiträge der Martin-Luther-Universität, K 5), Halle/Saale 1979
- Anatomie des Menschen in gnostischer und manichäischer Sicht, in: ders. (Hg.), Studien zum Menschenbild in Gnosis und Manichäismus, Halle/Saale 1979, 67-94
- Die Auslegung der Paradieserzählung in der Gnosis, in: K.W.Tröger (Hg.), Altes Testament-Frühjudentum-Gnosis, Neue Studien zu "Gnosis und Bibel", Berlin/Gütersloh 1980, 49-70

Onuki, T.: Die recapitulatio und Heilsgeschichte bei Irenäus von Lyon, in: Fukuin to Sekai (Evangelium und Welt), Januar bis August 1980 (= japanische Wiedergabe der Seminararbeit bei W.Pannenberg, München SS 1978)

- Die Bibel bei Justin, Tatian und Irenäus, in S.Arai (Hg.), Entstehungsgeschichte des neutestamentlichen Kanons, Tokio (japanisch) 1987, 165-232
- Die Naturanschauung im Gnostizismus und bei Irenäus, in: K.Riesenhuber (Hg.), Wandel der Naturanschauung, 2 Bde, Tokio (japanisch, im Druck)
- Wiederkehr des weiblichen Erlösers Barbelo-Pronoia. Zur Verhältnisbestimmung der Kurz- und Langversion des Apokryphon des Johannes, AJBI XIII (1987), 85-143

Pagels, E.: The Gnostic Gospels, New York 1979

Pearson, B.A.: The figure of Seth in gnostic literature, in: B.Layton (Hg.), The Rediscovery of Gnosticism, vol.II, Leiden 1981, 472-504

Peel, M./Zandee, J.: "The teachings of Silvanus" from the Library of Nag Hammadi (CG VII: 84,15-118,7), NT 14 (1972) 294-311

Perkins, Ph.: "On the Origin of the World" (CG II,5): A Gnostic Physics, VigChr 34(1980), 36-46

Peterson, E.: Einige Bemerkungen zum Hamburger Papyrus-Fragment der Acta Pauli, VigChr 3 (1949) 142-162, abgedr. in: ders., Frühkirche, Judentum und Gnosis, Rom/Freiburg/Wien 1959, Nachdr. Darmstadt 1982, 183-208

Pohlenz, M.: Die Stoa. Geschichte einer geistigen Bewegung, Bd.I, 3.Aufl., Göttingen 1964, Bd.II (Erläuterungen), 4.Aufl., 1972

- Stoa und Stoiker. Die Gründer, Panaitios, Poseidonios, Zürich 1950

Puech, H.-Ch.: Das Apokryphon des Johannes, in: E.Hennecke/W.Schneemelcher (Hg.), Neutestamenetliche Apokryphen, Bd.I, 3.Aufl., Tübingen 1959, 229-243

Quispel, G.: Gnosis als Weltreligion. Die Bedeutung der Gnosis in der Antike, 2.Aufl., Zürich 1972

- Der gnostische Anthropos und die jüdische Tradition, ErJb XXII (1953) 195-234
- The Demiurge in the Apocryphon of John, in: R.Mcl.Wilson (Hg.), Nag Hammadi and Gnosis. Papers read at the First International Congress of Coptology Cairo December 1976 (NHS XIV), Leiden 1978, 1-33
- Valentinian Gnosis and the Apocryphon of John, in: B.Layton (Hg.), The Rediscovery of Gnosticism, vol.I, Leiden 1980, 118-132

Ranke-Graves, R.von: Griechische Mythologie, 2 Bde (Rohwohlts Deutsche Enzyklopädie 113-116), Hamburg/Reinbeck 1974

Regen, F.: Apuleius philosophus Platonicus. Untersuchungen zur Apologie (De magia) und zu De mundo (= Unterscuhungen zur antiken Literatur und Geschichte 10), Berlin 1971

Reinhardt, K.: Poseidonios, München 1921

- Kosmos und Sympathie. Neue Untersuchungen über Poseidonios, München 1926

Reitzenstein, R.: Poimandres. Studien zur griechisch-ägyptischen und frühchristlichen Literatur, Leipzig 1904, Nachdr. Darmstadt 1966

Reitzenstein, R./Schaeder, H.H.: Studien zum antiken Synkretismus aus Iran und Griechenland (Studien der Bibliothek Warburg IV), Leipzig/Berlin 1926, Nachdr. Darmstadt 1965

Ries, J. (Hg.): Gnosticisme et monde hellénistique: Les objectifs du Colloque de Louvain-la-Neuve (11-14 mars 1980), Publications de l'Institut Orientaliste de Louvain 27, Louvain-la-Neuve 1982

Rudolph, K.: Gnosis und Gnostizismus. Ein Forschungsbericht, ThR 34 (1969) 121-175.181-231.358-361, 36 (1971) 1-61.89-124, 37 (1972) 289-360, 38 (1974) 1-25

- Simon-Magus oder Gnosticus? Zum Stand der Debatte, ThR 42 (1977) 279-359

- Die Gnosis. Wesen und Geschichte einer spätantiken Religion, Leipzig/Göttingen 1977, 2.Aufl., 1980

- Die Nag Hammadi Texte und ihre Bedeutung für die Gnosisforschung, ThR 50 (1985) 1-40

Samburski, S.: Das physikalische Weltbild der Antike, Zürich/Stuttgart 1965

Scopello, M.: Le mythe de la "chute" des anges dans l'Apocryphon de Jean (II,1) de Nag Hammadi, RerSR 54 (1980) 220-230

Schenke, H.-M.: Nag-Hammadi-Studien I: Das literarische Problem des Apokryphon Johannis, ZRGG XIV (1962) 57-63

- Nag-Hammadi-Studien II: Das System der Sophia Jesu Christi, ebd. 263-278

- Nag-Hammadi-Studien III: Die Spitze des dem Apokryphon Johannis und der Sophia Jesu Christi zugrundeliegenden gnostischen Systems, ebd. 352-361

- Der Gott "Mensch" in der Gnosis. Ein religionsgeschichtlicher Beitrag zur Diskussion über die paulinische Anschauung von der Kirche als Leib Christi, Göttingen 1962

- Rezension von: M.Krause/P.Labib, Die drei Versionen des Apokryphon des Johannes, Wiesbaden 1962, in: OLZ 59 (1964), Sp.548-553

- Die neutestamentliche Christologie und der gnostische Erlöser, in: K.-W.Tröger (Hg.), Gnosis und Neues Testament, Berlin 1973, 205-229

- Das sethianische System nach Nag-Hammadi-Handschriften, in: P.Nagel (Hg.), Studia Coptica, Berlin 1974, 165-173

- Bemerkungen zum koptischen Papyrus Berolinensis 8502, in: Festschrift zum 150jährigen Bestehen des Berliner Ägyptischen Museums, Mitteilungen aus der Ägyptischen Sammlung, Bd.VIII, Berlin 1974, 315-322

- The phenomenon and significance of gnostic Sethianism, in: B.Layton (Hg.), The Rediscovery of Gnosticism, vol.II, Leiden 1981, 588-616

Schenke, G.: Die dreigestaltige Protennoia. Eine gnostische Offenbarungsrede in koptischer Sprache aus dem Fund von Nag Hammadi eingeleitet und übersetzt, ThLZ 99 (1974) 731-746

Schmekel, A.: Die Philosophie der mittleren Stoa, Berlin 1892, Nachdr. Hildesheim 1974

Schmidt, C.: Irenäus und seine Quelle in adv.haer. I,29, in: Philothesia, P.Kleinert zum LXX Geburtstag, Berlin 1907, 315-336

Schoedel, W.R.: "Topological" Theology and some Monistic Tendencies in Gnosticism, in: M.Krause (Hg.), Essays on the Nag Hammadi texts in honour of Alexander Böhlig (NHS III), Leiden 1972, 88-108

Schwerdtfeger, A.: De Stoicorum catalogis affectum ordines continentibus, Diss. (Masch.), Marburg 1925

Siegert, F.: Drei hellenistisch-jüdische Predigten: Ps.-Philon, "Über Jona", "Über Simson" und "Über die Gottesbezeichnung 'wohltätig verzehrendes Feuer'", Bd.I: Übersetzung aus dem Armenischen und sprachliche Erläuterungen (WUNT 20), Tübingen 1980

Stroumsa, G.G.: Polymorphie divine et transformations d'un mythologième: l'Apocryphon de Jean et ses sources. VigChr 35 (1981) 412-434

- Another Seed: Studies in Gnostic Mythology (NHS XXV), Leiden 1984

Tardieu, M.: Trois mythes gnostiques. Adam, Éros et les animaux d'Égypte dans un écrit de Nag Hammadi (II,5), Études Augustiniennes, Paris 1974

Till, W.: The Gnostic Apocryphon of John, in: The Journal of Ecclesiastical History III, London 1952, 14-22

Treu, K.: Art.: Nemesius, in: RGG (3.Aufl.), Bd.IV, Sp.1399

Tröger, K.-W. (Hg.): Gnosis und Neues Testament. Studien aus Religionswissenschaft und Theologie, Berlin/Gütersloh 1973

- (Hg.): Altes Testament-Frühjudentum-Gnosis. Neue Studien zu "Gnosis und Bibel", Gütersloh 1980

Unnik, W.C.van: Evangelien aus dem Nilsland, Frankfurt a.M. 1960

- Die Gotteslehre bei Aristides und in gnostischen Schriften, ThZ 17 (1961) 166-174

- A Formula Describing Prophecy, NTS 9 (1962/63) 86-94, abgedr. in: ders., Sparsa Collecta, Part II (Suppl.z.NT 30), Leiden 1980, 183-193

- Die "geöffneten Himmel" in der Offenbarungsvision des Apokryphon des Johannes, in: Apophoreta. Festschrift für E.Haenchen, BZNW 30, Berlin 1964, 269-280, abgedr. in: ders., Sparsa Collecta Phart III (Suppl.z.NT 31), Leiden 1983, 273-284

- Der Neid in der Paradiesgeschichte nach einigen gnostischen Texten, in: M.Krause (Hg.), Essays on the Nag Hammadi Texts in honour of Alexander Böhlig, Leiden 1972, 120-132

Vögtle, A.: Die Tugend- und Lasterkataloge exegetisch, religions- und formgeschichtlich untersucht (NTA XVI,4/5), Münster 1936

Welburn, A.J.: The Identity of the Archons in the "Apocryphon of John", VigChr 32 (1978) 241-254

Werner, A.: Bemerkungen zu einer Synopse der vier Versionen des Apokryphon des Johannes, in: P.Nagel (Hg.), Studia Coptica, Berlin 1974, 137-146

- Das Apokryphon des Johannes in seinen vier Versionen synoptisch betrachtet und unter besonderer Berücksichtigung anderer Nag-Hammadi-Schriften in Auswahl erläutert, Diss. (Masch.), Berlin 1977

Whittaker, J.: Neopythagoreanism and Negative Theology, Symbolae Osloenses 44 (1969) 109-125 (dt. Übers. in: Der Mittelplatonismus, hrsg. v. C.Zintzen, Darmstadt 1981, 169-186)

Wibbing, S.: Die Tugend- und Lasterkataloge im Neuen Testament (BZNW 25), Berlin 1959

Williams, M.A.: The Immovable Race. A Gnostic Designation and the Theme of Stability in Late Antiquity (NHS XXIX), Leiden 1985

Wilson, R.Mcl.: Gnosis und Neues Testament (Urban-Taschenbücher 118) Stuttgart 1971 (englisch: Oxford 1968)

- The Gospel of the Egyptians, in: Studia Patristica 14 (TU 117), Berlin 1976, 243-250

- "Gnosis/Gnostizismus II. Neues Testament, Judentum, Alte Kirche", TRE 13 (1984) 535-550

Wisse, F.: Stalking Those Elusive Sethians, in: B.Layton (Hg.), The Rediscovery of Gnosticism, vol.II, Leiden 1981, 563-576

Wolfson, H.A.: Albinus and Plotinus on Divine Attributes, HThR 45 (1952) 115-130 (dt. Übers. in: Der Mittelplatonismus, hrsg. v. C.Zintzen, Darmstadt 1981, 150-168)

Zandee, J.: The Terminology of Plotinus and of some gnostic writings, mainly the fourth treatise of the Jung Codex, Istanbul 1961

- Die Lehre des Silvanus. Stoischer Rationalismus und Christentum im Zeitalter der frühkatholischen Kirche, in: M.Krause (Hg.) Essays on the Nag Hammadi Texts in honour of Alexander Böhlig, Leiden 1972, 144-155

- "Les enseignements de Silvain" et le Platonisme, in: J.-É.Menard (Hg.), Les textes de Nag Hammadi, Colloque de Centre d'Histoire des Religions (Strasbourg, 23-25 octobre 1974) NHS VII, Leiden 1975, 158-179

- "Die Lehren des Silvanus" als Teil der Schriften von Nag Hammadi und der Gnostizismus, in: M.Krause (Hg.), Essays on the Nag Hammadi Texts, Leiden 1975, 239-252

Zeller, E.: Die Philosophie der Griechen in ihrer geschichtlichen Entwicklung, 6 Bde, Teil I/1, Leipzig 1919 (6.Aufl.), I/2, 1920 (6.Aufl.), II/1, 1922 (5.Aufl.), II/2, 1921 (4.Aufl.), III/1, 1923 (5.Aufl.), III/2, 1923 (5.Aufl.), Nachdr. Darmstadt 1963

Stellenregister

1. Bibelstellen

2. Apokryphon des Johannes

Ausgewählte Primärquellen

Zum vorliegenden Buch

Dieser religions- und philosophiegeschichtliche Beitrag erarbeitet anhand von zwei alternativen Weisen der Welt- und Lebensdeutung des 2. Jh. n. Chr., nämlich der Stoa, die noch einmal eine Blütezeit erlebte, und der neu entstandenen Gnosis, die damals erstaunlich kühne Systeme hervorbrachte, einen Hintergrund für ein angemessenes Verständnis der Entwicklung des frühen Christentums.

Gnosis und Stoa sind in ihrer Auffassung von Welt und Mensch so diametral entgegengesetzt, daß die Forschung diese beiden philosophischen und religiösen Strömungen meist wie isoliert voneinander existierende geistige Welten behandelt, ohne mit einer Wechselwirkung zu rechnen: Von der stoischen Weltbejahung führt dann keine Brücke zur gnostischen Weltverneinung.

Die vorliegende Studie kommt zur neuen Einsicht, daß die gnostische Schrift *Apokryphon des Johannes* durchgängig gegen die Stoa polemisiert, indem sie oft bewußt gegeneinander ausspielt, was für die Stoa eine Einheit bildete: Vorsehung *(Pronoia)* und Schicksal *(Heimarmenē)* werden zu mythischen Gegenspielern. Sitz im Leben dieser Auseinandersetzung ist die Polemik der Gnostiker gegen die Orthodoxie, die sich ihrerseits stoischer Argumente gegen die Gnostiker bediente.

ISBN 3-7278-0606-0 (Universitätsverlag)
ISBN 3-525-53909-6 (Vandenhoeck & Ruprecht)

NOVUM TESTAMENTUM ET ORBIS ANTIQUUS (NTOA)

Bd. 1 MAX KÜCHLER, *Schweigen, Schmuck und Schleier.* Drei neutestamentliche Vorschriften zur Verdrängung der Frauen auf dem Hintergrund einer frauenfeindlichen Exegese des Alten Testaments im antiken Judentum
XXII–542 Seiten. 1986

Bd. 2 MOSHE WEINFELD, *The Organizational Pattern and the Penal Code of the Qumran Sect.* A Comparison with Guilds and Religious Associations of the Hellenistic-Roman Period
104 Seiten. 1986

Bd. 3 ROBERT WENNING, *Die Nabatäer – Denkmäler und Geschichte*
Eine Bestandesaufnahme des archäologischen Befundes
252 Seiten und ca. 20 Karten. 1986

Bd. 4 RITA EGGER, *Josephus Flavius und die Samaritaner.* Eine terminologische Untersuchung zur Identitätsklärung der Samaritaner
412 Seiten. 1986

Bd. 5 EUGEN RUCKSTUHL, *Die literarische Einheit des Johannesevangeliums.* Der gegenwärtige Stand der einschlägigen Forschungen. Mit einem Vorwort von Martin Hengel
344 Seiten. 1987

Bd. 6 MAX KÜCHLER/CHRISTOPH UEHLINGER (Hrsg.), *Jerusalem, Texte – Bilder – Steine*
238 Seiten. 1987

Bd. 7 DIETER ZELLER (Hrsg.), *Menschwerdung Gottes – Vergöttlichung von Menschen*
236 Seiten. 1988

Bd. 8 GERD THEISSEN, *Lokalkolorit und Zeitgeschichte in den Evangelien.* Ein Beitrag zur Geschichte der synoptischen Tradition
348 Seiten. 1989

Bd. 9 TAKASHI ONUKI, *Gnosis und Stoa.* Eine Untersuchung zum Apokryphon des Johannes
208 Seiten. 1989